红色静安

中共上海市静安区委党史研究室 编

首部党章诞生地的

个故事

文汇出版社

图书在版编目（CIP）数据

红色静安：首部党章诞生地的一百个故事 / 中共上海市静安区委党史研究室编. — 上海：文汇出版社，2021.7
ISBN 978-7-5496-3608-2

Ⅰ.①红… Ⅱ.①中… Ⅲ.①革命故事—作品集—中国—当代 Ⅳ.①I247.81

中国版本图书馆CIP数据核字（2021）第124463号

红色静安
——首部党章诞生地的100个故事

编　　者 / 中共上海市静安区委党史研究室
责任编辑 / 戴　铮
助理编辑 / 邱奕霖
封面装帧 / 薛　冰

出版发行 / 文汇出版社
　　　　　上海市威海路755号
　　　　　（邮政编码200041）
经　　销 / 全国新华书店
排　　版 / 南京展望文化发展有限公司
印刷装订 / 上海颛辉印刷厂有限公司
版　　次 / 2021年7月第1版
印　　次 / 2021年7月第1次印刷
开　　本 / 720×1000　1/16
字　　数 / 380千字
印　　张 / 25.75

ISBN 978-7-5496-3608-2
定　　价 / 128.00元

编委会

编委会主任 顾春源
编委会委员(按姓氏笔画为序)
    叶孝慎 孙明丽 林 捷 郭晓静

主 编 林 捷
副主编 郭晓静
编辑人员(按姓氏笔画为序)
    一 冰 王俊华 王 莺 化燕楠 叶 蕾
    刘伟星 刘 茜 李烨洁 陈叔骐 范建英
    蒋 妍 瞿 熙

前 言

静安,因其独特的地理位置,在新民主主义革命时期,留下众多的革命遗址,被誉为"红色静安"。这里是马克思主义传播地、革命领袖足迹地、中国共产党首部党章诞生地、中共中央早期机关聚集地、群众运动策源地。最新的普查和统计资料显示,静安共有红色革命旧址和遗址多达106处。在这些星罗棋布、熠熠生辉的革命旧址和遗址里,一代代中国共产党人都留下过许多光辉印记和可歌可泣的红色故事。它们跨越建党时期、大革命时期、土地革命战争时期、全民族抗日战争和解放战争时期等新民主主义革命的各个历史阶段,遭逢了第一次工人运动高潮、中共二大、第一次国共合作、五卅运动、第三次工人武装起义、淞沪抗战、五二〇事件、六二三运动等许多党史上的重大事件、重要会议。中国共产党人在这里筚路蓝缕、奠基铺路,舍生忘死,奋斗不息,给后人们留下了丰厚的红色资源。

2021年是中国共产党建党百年,并且是全党开展党史学习教育活动的重要一年。在庆祝我们党百年华诞的重大历史时刻,在"两个一百年"奋斗目标历史交汇的关键节点,根据近年来的研究成果和新的发现,中共静安区委党史研究室决定组织编写出版《红色静安——首部党章诞生地的100个故事》。一百年、一百位共产党人、一百个故事……串起风起云涌的静安红色往事,筑起了一代共产党人永垂不朽的精神丰碑。这其中有毛泽东、刘少奇、周恩来、邓小平、陈云等革命领袖在静安的故事,有蔡和森、瞿秋白、罗亦农、恽代英、邓中夏、林育南、向警予等伟大的革命先驱者故事,也有上海大学师生、平民女校学员、军委四烈士等英雄群像,还有一些鲜为人知的英模人物,如张宝泉、柯麟、共舞台烈士等,更有一些在革命特殊年代产生的特殊家庭,如余泽鸿、吴静恁夫妇，王一飞、陆缀雯夫妇，恽雨棠、李文夫妇，张纪恩、张越霞夫妇，陈为人、韩慧瑛夫妇，沙文汉、陈修良夫妇，等等。他们或者在静安开展革命工作，或者在静安负笈求学，或者在静安短暂居住，或者和在静安域内发生的重大革命历史事件息息相关，因此这些中国共产党人和静安都产生过时空交汇。他们的故事如散金碎玉般点缀在各种党史著作、回忆录和许多档案材料里，无一不是真真切切的历史存在，把它们挖掘出来，抢救回来，宣传开来，是我们党史工作者义不容辞的责任。尽管历经岁月积淀，但开卷诵读，那种燃烧的激情，感人的瞬间，鲜活的青春仍然会扑面而来。这里有伟人初心、惊涛骇浪、刀光虎影，这里也有悲欢离合、慷慨激昂和默默坚守，人、岁月、生活和党的历程、国家的兴衰、民族的复兴就这样紧密地联系在了一起。

我们党历来重视党史学习教育，注重用党的奋斗历程和伟大成就鼓舞斗志、明确方向，用党的光荣传统和优良作风坚定信念、凝聚力量，用党的实践创造和历史经验启迪智慧、砥砺品格。习近平总书记在党史学习教育动员大会的重要讲话中指出，在一百年的非凡奋斗历程中，一代又一代中国共产党人顽强拼搏、不懈奋斗，涌现了一大批视死如归的革命烈士、一大批顽强奋斗的英雄人物、一大批忘我奉献的先进模范，形成了一系列伟大精神，构筑起了中国共产党人的精神谱系，为我们立党兴党强党提供了丰厚滋养。

在新的历史时期，静安区广大干部群众正以习近平新时代中国特色社会主义思想为指导，在区委区政府的坚强领导下，坚持将"中心城区新标杆、上海发展新亮点"和"实现新作为、开创新局面"作为主线贯穿始终，努力全面建设服务功能更加完善、综合实力更加雄厚、城区治理更加高效、文化魅力更加彰显、群众生活更加美好的"国际静安、卓越城区"。学史明理、学史增信、学史崇德、学史力行，我们精心编写此书，既是向建党百年献礼，更重要的是想用这些中国共产党人的奋斗故事和伟大精神来感召和激励新一代静安人，传颂伟大精神，传承红色基因，传递光荣梦想，就如本书中王一飞烈士给妻子陆缀雯的信中所说的："望你继续上进，不做'时代之落伍者'。"这是革命先辈的互相勉励，也必将是新时代静安人源源不竭的前进动力！

编者

2021 年 6 月

目 录

"我已成为一个马克思主义者了"
——青年毛泽东第三次沪上行 / 001

直挂云帆济沧海
——毛泽东在此留下欢送留法勤工俭学生的珍贵合影 / 005

"工人就是天"
——党公开的做职工运动的总机关 / 009

风雨晦暝中的晨鸡
——党培养妇女干部的摇篮 / 013

播火者
——李达和人民出版社的故事 / 017

革命者与文学家
——商务印书馆走出的茅盾 / 021

大沽路上的青年烽火
——中国社会主义青年团中央机关的故事 / 025

霞浦之光
——中国共产党第一部党章的守护者张人亚 / 029

点亮星火的人
——中国共产党早期党员董亦湘 / 033

同心若金，攻错若石
——三曾里的革命家庭 / 037

自古英雄出少年
——上海大学的师与生 / 040

在上海为革命牺牲的第一位共产党员
——黄仁与天后宫事件 / 044

"我是江南第一燕"
——瞿秋白在上海大学的故事 / 048

要为真理而斗争
——《向导》的故事 / 053

不要管我，我自有办法
——李立三和总工会的故事 / 057

此身已非昔比，今后专干革命
——陈云和商务印书馆的故事 / 061

我们心中果然有热的血
——《热血日报》的故事 / 065

我们为之付出的一切，都是值得的
——国华印刷所的故事 / 069

中国的"第比利斯地下印刷所"
——文明印刷所的故事 / 072

为社会谋改造　为人民谋幸福
——记五卅运动中英勇牺牲的上海大学学生何秉彝 / 075

目录

大通里的"杨老板"
——毛泽民与党的出版发行事业 / 079

不做"时代之落伍者"
——王一飞的故事 / 083

中国青年运动的先驱
——殷夫在民立中学的故事 / 087

留得豪情作楚囚
——恽代英和沈葆英的故事 / 092

枪毙我一个，还有十个、一百个
——孙津川的故事 / 096

英烈倒下在"四一二"前夜
——汪寿华和湖州会馆的故事 / 100

灵如有知，将永远拥抱你
——罗亦农与李哲时的故事 / 104

中国共产党全党党员的楷模
——党史上第一位牺牲的政治局常委罗亦农 / 108

随无产阶级之奋斗而不朽
——革命党人的好楷模张宝泉 / 112

没有干部就没有革命事业
——周恩来在中央组织部机关 / 116

我们要获得胜利，只有坚决的前进
——陈云和中共淞浦特委的故事 / 120

我不死，我还要工作
——张唯一、陈为人和"中央文库"的故事 / 124

红色电波的诞生
——李强与中共第一个秘密电台的故事 / 127

关了电灯咋还闪呀
——张沈川和大西路电台的故事 / 131

不重复的伟大创举
——周恩来和豪密的故事 / 135

推动人民军队正规化、制度化建设
——中央军委组织编译第一批红军条令 / 138

不结业不得私自离开
——彭干臣、李宇超和中央军事训练班的故事 / 142

革命需要我，我要走
——夫妇英烈余泽鸿和吴静焘的故事 / 146

朝闻道，夕可死矣
——军委四烈士最后的革命足迹 / 150

中央特科在行动
——名医柯麟的故事 / 153

石库门里的红色摇篮
——董健吾与大同幼稚园的故事 / 157

谜一样的特科夫妇
——邹志淑和宋再生的故事 / 161

人民代表大会制度从这里迈出
——林育南和全苏大筹备处的故事 / 164

周恩来每次来，总是轻敲大门三下
——李平心、胡毓秀和"苏准会"的故事 / 168

目录

快！拉开身后警号
——从兴庆里到合庆里的密台故事 / 172

吊起脑袋干革命
——中共中央秘书处的故事 / 176

龙华塔下并肩远行
——恽雨棠和李文的故事 / 180

在"云上"做"地下"工作
——鲜为人知的云上邨1号 / 184

"信是明年春再来"
——瞿秋白编制党的第一个档案管理办法 / 187

"打狗队"喋血锄奸
——中央特科和斯文里的故事 / 191

党啊，我重回您的温暖怀抱
——陶承和她家人的故事 / 195

扑不灭的抗日救国烈火
——"十·一"惨案和上海民众反日救国联合会的故事 / 199

冒着敌人的炮火，前进
——上海民众反日救国义勇军的故事 / 203

中国无产阶级革命音乐的开拓者
——聂耳与恒德里 / 207

到雨花台去死，正是死得其所
——十三烈士和共舞台案的故事 / 211

我不愿造一点点罪恶在我生命中
——巾帼英烈郭纲琳的故事 / 215

上海成长的"大众哲人"
——艾思奇的故事 / 219

我是革命组织的一个细胞
——巾帼英雄李林在上海爱国女中 / 223

芬芳桃李姐妹情
——青年会女工夜校的故事 / 227

以青春的热血　为革命鼓与呼
——胡乔木在培明中学点燃火种 / 231

"绝对不作无原则的让步"
——潘汉年与陈立夫在沧州饭店的国共合作商谈 / 235

巨浪扁舟
——"李公馆"的故事 / 239

统一战线"三人团"
——中共上海临委和群委的秘密活动 / 243

最后一课
——季沄和暨南大学的故事 / 247

灶披间里的秘密排字房
——《团结》周报的故事 / 251

涛声回荡，不朽的深情歌词者
——桂涛声与《在太行山上》/ 254

三尺讲台上的"外婆"
——钱勤和三和里女工夜校的故事 / 258

风云叱咤小楼中
——沙文汉与陈修良在上海的地下工作 / 262

目录

以绝对沉默捍卫最高机密
——缪谷稔、郑文道和"中央文库"的故事 / 266

打入汪伪特工总部的女诗人
——关露在 76 号的故事 / 269

电波中永生
——李白在静安的故事 / 273

"胖刘"经商专做蚀本生意
——刘长胜和"荣泰烟号"的故事 / 276

深入敌腹逞英豪
——刘长胜的地下斗争岁月 / 280

黑夜中看到了曙光
——钱其琛和大同附中二院的故事 / 284

向前走！希望就在前头
——蒋文焕和晓钟剧团的故事 / 288

"有路道"的一家子
——方行夫妇和密台的故事 / 291

新闻战士的沪上最后居所
——邹韬奋在沁园村 / 295

医学化验所的斗争往事
——中央上海局和上海市委秘密活动点之一 / 298

誓做上海工人的喉舌
——《生活知识》周刊的故事 / 302

火红的青春
——战时的华东模范中学 / 305

我们的背景就是全市妇女
——上海妇女庆祝"三八"节的故事 / 310

让正义之声播撒每一角落
——钟氏兄弟和中联广播电台的故事 / 313

黑暗里求光明，黎明前献血花
——张困斋和"丰记米店" / 317

要与魔鬼打交道，总要有点魔鬼手段
——卢绪章、杨延修和广大华行的故事 / 321

不关你的事，你不要管
——刘少文和福民食品社的故事 / 325

谁是"吴文义"
——吴克坚和恒德里的故事 / 329

孩子心底的铁皮房子
——第一儿童福利站和《新少年报》的故事 / 332

共产党员的骨头是铁硬的
——卢志英的故事 / 337

我们冒着黑暗前进，向着黎明前进
——"五三〇"大逮捕的故事 / 341

不屈者永生
——记《文萃》和"富通"事件 / 345

青春的步伐
——党组织在市西中学开展的斗争 / 349

肃霜天晓
——刘晓的"潜伏"故事 / 353

布道声中的牧师电台
——钟韵、赵蔚卿和地下台的故事 / 356

红色隐形人
——薛伯青与《永不消逝的电波》/ 360

战斗在敌人心脏里
——史永和重庆号起义的故事 / 365

按住蒋介石脉搏的人
——沈安娜的故事 / 369

地平线上的曙光
——曾路夫、许福闵和领袖画像的故事 / 372

我们要永远记着他们
——陈尔晋、王曼霞夫妇和宋公园的故事 / 376

他，牺牲在解放前夜
——陈仲信烈士在建承中学 / 380

太阳升起的声音
——上海广播电台播报上海解放 / 384

后记 / 389

参考文献 / 391

"我已成为一个马克思主义者了"
——青年毛泽东第三次沪上行

上海解放前，青年毛泽东一共12次来沪，与上海这座城市结下不解之缘。1919年3月14日，毛泽东第一次来到上海。此番到沪，他只有一个目的——为赴法勤工俭学的青年送行。4月初，离沪返湘。同年12月中旬，湖南人民驱逐军阀张敬尧运动进入高潮，毛泽东率领"驱张"代表团前往北京争取舆论支持。途经上海时恰逢蔡和森、向警予、蔡畅等在沪候船赴法勤工俭学。他在沪稍事停留，与挚友们亲切话别后，未及蔡和森等启程，即率团匆匆北上。1920年4月，当"驱张"胜利在望时，毛泽东带着"湘事善后"的问题奔赴上海。这是他第三次来沪，也是对他此后的人生轨迹产生重大影响的一次。

5月5日，毛泽东抵达上海，寓居哈同路民厚南里29号（今静安区安义路63号）。这是一幢坐南朝北二层砖木结构沿街的旧式店房建筑。据新民学会会员李思安回忆，毛泽东到上海以前，这个房子是她出面租赁的，用来作为湖南新民学会会员到上海活动时的住处。毛泽东和随同来沪的湖南一师学生张文亮住在前楼正房，房内有两张单人木板床，毛泽东的床铺横放在落地长窗下，床头有一张方形茶几，上面堆放着各种报刊。小阳台上放置一张藤睡椅，毛泽东常坐在上面看书。楼下店堂不住人，供吃饭和会客、开会之用。靠近楼梯的地方，有一圆形柴炭风炉，炭篓放在楼梯底下。所有家具，都是东租西借凑合起来的。

青年时期的毛泽东

民厚南里的生活十分简朴和艰苦。他们每人每月才3元零用钱,大家轮流做饭,常常吃蚕豆煮米饭和青菜豆腐汤。为了维持生活,毛泽东参加了工读互助团,为人洗衣服。他在给友人的信中诉说自己工读生活困境:"因为接送(衣服)要搭电车,洗衣服所得的钱又转耗在车费上了。"

艰难的物质生活阻挡不住毛泽东"以天下为己任"的脚步。5月8日,毛泽东到沪后的第四天,与在沪新民学会会员萧子暲(萧三)、彭璜、李思安等12人在南市半淞园聚会,为赴法的会员送别。半淞园是当时上海一处有名的私家园林。这里贴近黄浦江,故将江水引入园中,以水为主景,并以唐代杜

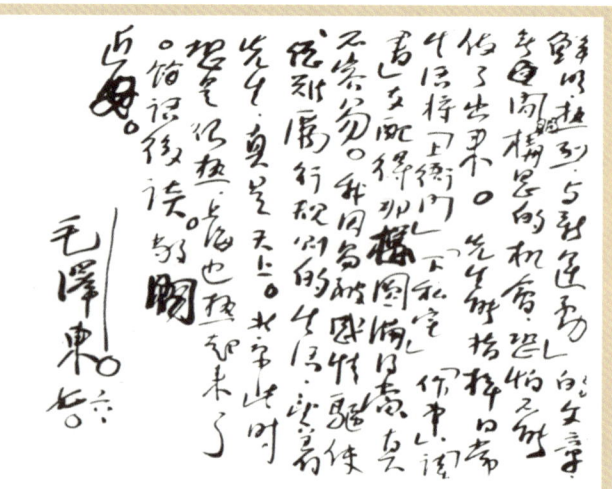

1920年6月7日,毛泽东写信给北京的黎锦熙(字邵西)老师,信中谈及他此次南下的见闻和热烈追求革命真理的精神

甫"焉得并州快剪刀,剪取吴淞半江水"的诗句,取园名为"半淞"。毛泽东一行人在"雨中拍照,近览淞江半水。绿草碧波,望之不尽"。在这里,他们讨论了新民学会会务问题,确定"潜在切实,不务虚荣,不出风头"为学会态度,并议决吸收新会员的若干条件。一群满怀理想的有志青年讨论得热火朝天,"天晚,继之以灯。但各人还觉得有许多话没有说完"。这次会议加强了新民学会的思想建设和组织建设,是新民学会历史发展的一个重要转折点。随后,毛泽东等来到洋泾浜法国码头,送会友陈赞周、萧子暲等六人赴法勤工俭学,同他们握手挥巾,道别于黄浦江畔。

送别了战友,毛泽东把精力放到国内问题的研究中:虽然张敬尧被驱出湖南只是时间问题,可他终究还没有走,还得再烧一把火。再者,张被驱后,湖南的出路又在哪里?毛泽东来上海前,曾派彭璜等人在上海出版《天问》周刊,专门揭发张敬尧的罪行。到沪后,他联络湖南在沪的一些新闻界和教育界人士,成立湖南改造促成会,并亲自为《天问》周刊撰写了《湖南人民的自决》《湖南改造促成会复曾毅书》等文章。在这些文章里,毛泽东"设计"着湖南的未来——成立湖南人民自决会,推进湖南人民自治;提出在

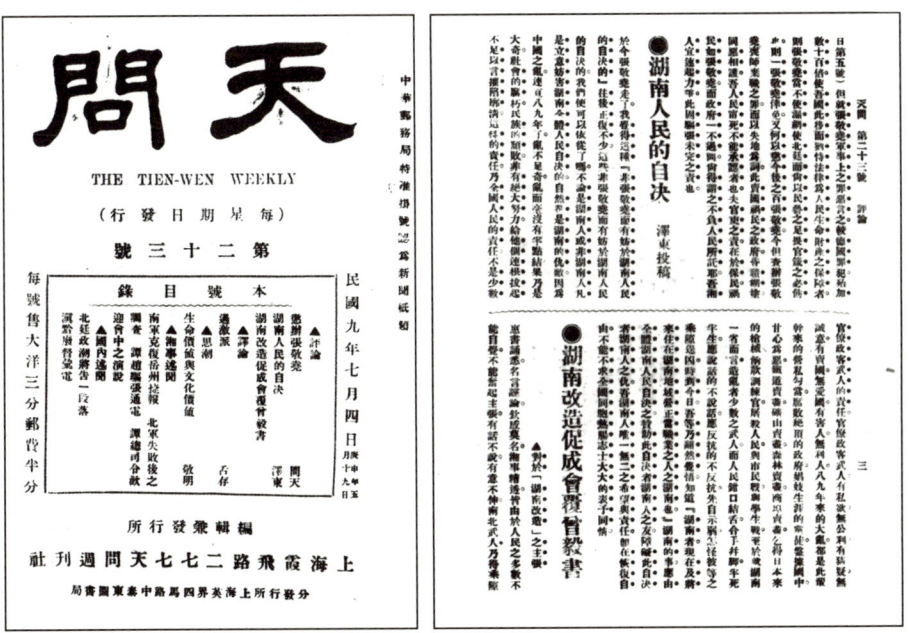

《天问》第二十三号刊登的《湖南人民的自决》

"驱张"后改造湖南的方针策略——废督裁兵，实现民治；指明中国的出路，必须推倒帝国主义的走狗——南北军阀的统治。在强大的社会舆论压力下，6月底，张敬尧被逐出湖南，毛泽东领导的"驱张"运动取得胜利。

此番来沪，毛泽东又遇到了陈独秀。此前，毛泽东在两次北京之行中就与陈独秀有过交往。他对陈独秀关于社会问题的精辟见解深深叹服，并认为陈在倡导"科学"和"民主"上有"至坚至高的精神"，称其为"思想界的明星"。陈独秀也非常赏识毛泽东的才干，他从《湘江评论》、"驱张"运动和与毛泽东的交谈中，真切感受到湖南人的奋斗精神在毛泽东这样"可敬可爱的青年身上复活了"。正是得益于这种思想基础，两人的沟通和交流也就非常顺畅和融洽了。

在沪逗留的两个月时间里，毛泽东曾多次来到环龙路老渔阳里2号，登门拜访求教于陈独秀。陈独秀的谈话，对毛泽东确立马克思主义信仰起到重要推动作用。后来毛泽东回忆这段经历时说："他对我的影响也许超过其他任何人"，"和陈独秀讨论我读过的马克思主义书籍。陈独秀谈他自己的信仰的那些话，在我一生中可能是关键性的这个时期，对我产生了深刻的印象"，"到了一九二〇年夏天，在理论上，而且在某种程度的行动上，我已成为一个马克思主义者了，而且从此我也认为自己是一个马克思主义者了"，"我一旦接受了马克思主义是对历史的正确解释以后，我对马克思主义的信仰就没有动摇过"。

在与毛泽东的交谈中，陈独秀还介绍了正在酝酿的建党计划。7月初，毛泽东离沪返湘，积极致力于建党的准备工作。几个月后，长沙共产党早期组织建立。次年7月，毛泽东肩负使命再次来到上海，参与并见证了中国共产党的诞生。

直挂云帆济沧海

——毛泽东在此留下欢送留法勤工俭学生的珍贵合影

寰球中国学生会，由南洋华侨、留美学生李登辉等人发起，1905年7月1日成立于上海，朱少屏任总干事。会址位于静安寺路51号（今南京西路大光明电影院附近），后迁卡德路（今石门二路）191号。该会在五四运动和留法勤工俭学运动中发挥了重要作用。

寰球中国学生会是留法勤工俭学业务的主要承办者

1919年五四运动期间，寰球中国学生会积极参加反帝斗争。5月11日，上海学生联合会成立大会在寰球召开，并以寰球会所为办事处。5月底，孙中山莅沪后应朱少屏之邀，在寰球会所接见上海学生代表，赞赏学生的反帝爱国热情。10月18日，孙中山再次到寰球发表主题为"救国之急务"的长篇演讲。

经过五四文化运动的洗礼，不少中国进步青年渴慕学习西方新思想新知识。1919—1920年兴起的留法勤工俭学运动为他们提供了实现梦想的"翅膀"。

留法勤工俭学运动源于辛亥革命前后的留法俭学、旅法华工教育及旅法华人的勤工俭学活动，在十月革命影响和五四运动的推动下，从1919年3月到1920年底走入高潮。上海作为远东国际大都市和中国最大的港口城市，是绝大多

向警予

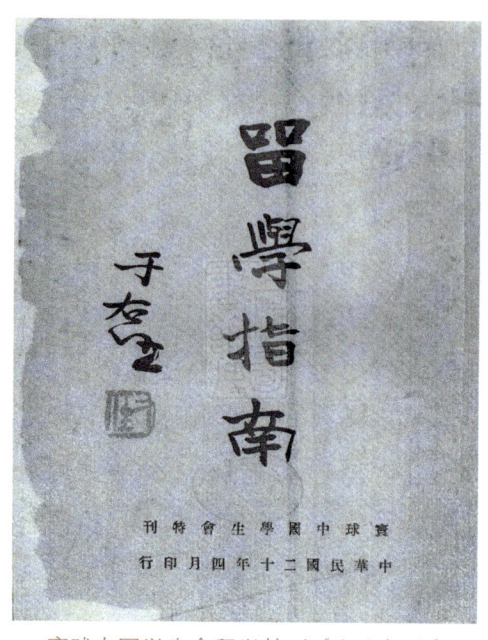

寰球中国学生会留学特刊《留学指南》

数留法勤工俭学生的出发地，先后有20批1 600人左右的留法勤工俭学生从上海乘船赴法。其中周恩来、赵世炎、蔡和森、陈毅、向警予、邓小平、李富春、聂荣臻、李维汉等日后都成为中国共产党的重要领导干部。

寰球学生会作为留法勤工俭学的主要承办者，为留学生办理各种烦琐手续，办证培训，迎来送往，进行细致周到的留学服务。聂荣臻回忆："寰球学生会是中国学生出国求学的促进组织，对每期赴法学生，他们都组织欢送。"

毛泽东3次到上海欢送湖南留法勤工俭学生

湖南是开展留法勤工俭学工作最好的省份之一，在华法教育会名册登记的1 600多人中，湖南籍346人，留法人数仅次于四川。新民学会是湖南留法勤工俭学运动的重要组织者和推动者，毛泽东作为新民学会的主要领导者，积极筹措费用，"出力最多"。

1919年3月，在北京的毛泽东接到从上海的新民学会会员寄来的信，请他到上海为首批赴法勤工俭学的湖南留学生送行。这批留法勤工俭学生共89人，其中湖南籍学生最多，有欧阳钦、林蔚等43人。

3月14日，毛泽东首次到达上海。15日下午，他参加在寰球学生会隆重举行的第一批赴法勤工俭学留学生欢送会，与会者有300余人，朱少屏主持会议并致欢迎辞。会议完毕后全体与会者摄影留念，毛泽东参加集体摄影。次日《申报》以《学生会欢送留法学生纪事》为题报道，并刊登"寰球中国学生会送别留法学生摄影"集体摄影照。17日，这批留法勤工俭学生乘因幡丸号日轮启程，毛泽东登船送行。

3月29日，寰球中国学生会和法国驻沪总领事，在法租界公董局大厅举行第二批留法勤工俭学留学生欢送大会，毛泽东出席了这次欢送会。这批留法勤工俭学者共26人，其中湖南籍10人。3月31日，这批留学生乘坐贺茂丸号日轮启程，毛泽东登船送别。

12月中旬，毛泽东回湖南探望母病，第二次绕道来沪，借住于寰球中国学生会会所，专程拜访了正在上海候船赴法留学的蔡和森、蔡畅、向警予和蔡母葛健豪等，同他们畅谈勤工俭学、湖南政局和社会革命等问题。由于蔡和森等行程推迟，毛泽东没等到他们乘船，就离开上海北上继续开展湖南人民的驱张运动。12月25日，蔡和森等人乘盎特莱蓬号法轮启程。蔡和森到达法国后，"猛看猛译"，努力阅读马克思主义著作，与毛泽东书信来往密切。他在书信中提出鲜明的建立无产阶级政党思想、建党原则、方法步骤等，积极探索中国革命和建党问题。

1920年5月5日，毛泽东以驱张代表团成员身份，第三次到上海，住在

1919年3月15日，在上海寰球中国学生会内举行的赴法勤工俭学学生欢送会与会者合影（最后排右一为毛泽东）

哈同路民厚南里29号（今安义路63号）。8日，毛泽东召集留在上海和准备留法勤工俭学的新民学会会员萧三、彭璜、欧阳泽、刘明俨、李思安、劳启荣、魏璧、周敦祥、陈绍休、熊光楚、张伯龄等12人，在半淞园举办送别会，留下宝贵的合影。同时议决新民学会采取"潜在切实，不务虚荣，不出风头"会风，决定吸收新会员的条件为纯洁、诚恳、奋斗、服从真理。5月9日，毛泽东再至黄浦江畔欢送萧三、劳启荣等6名新民学会会员赴法勤工俭学。新民学会78个会员中共有19人留法，不少人后来成长为中国共产党的重要干部。

"工人就是天"
——党公开的做职工运动的总机关

20世纪20年代,工人阶层力量的逐步壮大,劳资矛盾的日渐激化,为中国革命的新发展提供了客观的阶级基础和社会基础。上海是当时产业工人最集中的地区,在中外工厂企业中,工人劳动条件很差、劳动时间很长、生活十分贫困。1921年7月,中国共产党正式成立后,就将"成立产业工会"和"提高工人的觉悟"作为当时党的基本任务。为了加强党对工人运动的统一领导,更好地凝聚工人阶层力量,中国劳动组合书记部应运而生。

这个指导全国工人运动的总机关应当如何命名?当时在中共中央局负责组织工作的张国焘认为,这个机构不是由各地工会选举产生的,不能称为总工会。他问共产国际代表马林,根据各国工人运动的经验,这个机构应该叫什么名字合适?马林建议叫"中国劳动组合书记部"。据罗章龙回忆,中国劳动组合书记部来源于英文"Trade Union Secretariate",其中,"Trade Union"即现在的工会,日本人早先翻译为"劳动组合";"Secretariate"即"书记处"(秘书处)。全称"中国劳动组合书记部",即意为中国工会的秘书处。罗章龙推测,由于马林早年曾在日本从事过工人运动,这一名称可能是由他引荐到上海的。

1921年8月11日,中国劳动组合书记部正式成立。书记部主任为张特立(张国焘),干事有李启汉、李震瀛、包惠僧等。办公地点设在公共租界北成都路19号C(今静安区成都北路899号),这里原是一幢沿街砖木结构一开间两层坐西朝东石库门里弄住宅。8月16日,在中共中央局机关刊物《共产党》月刊上发表了由张特立等26人联名签署的成立宣言,指明"中国劳动组合书记部是一个要把各个劳动组合都联合起来的总机关,他的事业是要发达劳动组合,向劳动者宣传组合之必要,要联合或改组已成立的劳动团体,使劳动者有阶级的自觉"。

为了扩大宣传和联络,书记部编辑出版机关报《劳动周刊》,是为中国第一个全国性的工人刊物。随后,在长沙、武汉、北京、济南、广州等地设立了五个分部,毛泽东为湖南分部的负责人。

作为中国共产党"公开的做职工运动的总机关",许多工厂工人在罢工前都来书记部请求指导和帮助。据曾在书记部工作的董锄平回忆,"那时,劳动组合书记部很活跃,人家也知道这是共产党办的,来找我们实际上就是找共产党,他们并不感到可怕","工人来(北成都路19号C)找我们,接上了头,就另外约定联系地方,不再到那里去了"。

为启发和提高工人的阶级觉悟,书记部在沪西小沙渡工厂区创办工人补习学校。李启汉和李震瀛轮流住在那里主持工作,书记部的工作人员经常来学校上课。他们用通俗的方法来启发工人觉悟,在教授工人们认识"工人"二字时,就把这两个字拼成一个"天"字,指出"工人就是天",并让他们懂得"天下工人是一家"的道理,逐步引导工人们按产业团结组织起来。

书记部另有一项重要工作,就是深入和发动工人群众,组织工会开展罢工斗争。这项工作是十分艰巨的。在工厂企业里,不仅有中外反动势力爪牙和暗探的监视,且有帮派分子的活动。为了打开局面,书记部决定派几名同

中国劳动组合书记部旧址旧照

"工人就是天"

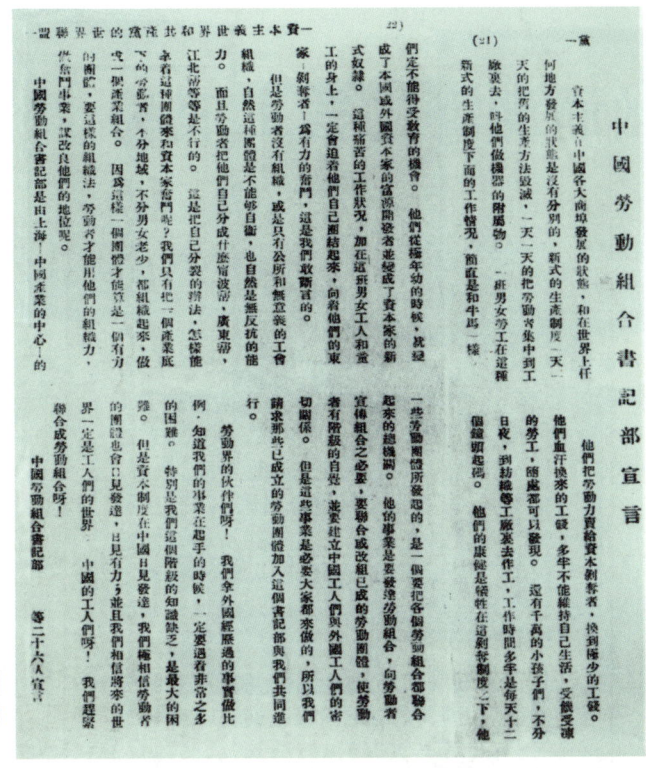

1921年《共产党》第6号刊登的《中国劳动组合书记部宣言》

志潜入一些帮派中,利用帮会关系,取得广泛联系工人群众的条件和机会。对此,包惠僧曾回忆:"李启汉同志在工人补习学校里认识了一个纺织工人,她是一个在帮的人,她同李启汉同志处得很好;由她的引荐,李启汉同志就拜了她的师父。李启汉同志加入青帮以后,由小沙渡纺织工厂辗转发展到杨树浦的各纺织厂至浦东的烟草工厂,都发生了联系,工作这才逐渐开展起来。在上海的广大工人群众中扎下了根基。"

就这样,在中国劳动组合书记部的支持和领导下,从1922年1月香港海员大罢工起,到1923年2月京汉铁路工人大罢工的13个月里,全国发生罢工100余次,参与人数多达30余万人,形成了中国工人运动的第一个高潮。卓有成效的工作让书记部为工人阶级的觉醒立下了不朽功勋,得到了全国工人阶级的拥护。1922年5月,在广州召开的第一次全国劳动大会一致通过了在"全国总工会未成立以前,请中国劳动组合书记部为全国通讯机关"的决议,公认书记部在全国工人阶级中的领导地位。

《劳动周刊》

工人运动的蓬勃开展，使租界当局极为惊恐。帝国主义勾结国内反动势力，把镇压的矛头对准了书记部。联合绞杀之下，1922年7月18日，中国劳动组合书记部被查封。当月，总部从上海迁到北京，上海改设为分部，张国焘辞去书记部主任职务，由邓中夏继任。书记部上海分部在极其严峻的形势下，继续不懈地开展帮助建立工会、利用时机进行合法斗争，以及支援和领导罢工斗争等活动。1925年5月，在第二次全国劳动大会上成立了中华全国总工会。至此，书记部完成了光荣的历史使命。

风雨晦暝中的晨鸡
——党培养妇女干部的摇篮

1921年10月,陈独秀与李达商议,决定在上海创办平民女校,以期"养成妇运人才,开展妇运工作"。由于当时党的活动处于秘密状态,平民女校便以上海中华女界联合会的名义招生,并于当年12月在《妇女声》和《民国日报》上刊登了招生简章和广告。何以定名为平民女校?《妇女声》出版的"平民女校特刊号"明确指出:"说'平民',是别于'贵族'的意思……第一,这是平民求学的地方;第二,这是有平民精神的女子养成所。"陈独秀、李达发表文章,热情赞扬平民女校是"到新社会的第一步","希望新成立的平民女学校作一个风雨晦暝中的晨鸡!"

校址选在哪里合适呢?当时李达寓所后面的南成都路辅德里632号A(今静安区老成都北路7弄42号、44号)恰好急于出租,为了就近开展工作,李达就租下这里作为女校校舍。这是独院的一幢二楼二底砖木结构旧式石库门里弄住宅。楼上的客堂间作为教室,课桌椅都是上海中华女界联合会负责人徐宗汉(同盟会元老黄兴的夫人)捐助的。楼上的厢房是学生的宿舍,楼下是学生的工读工场和饭厅。鉴于当时党的经费紧张,每月

《平民女学工作部特别广告》

李达

50元的租金由李达用自己的稿费支付。1922年2月，平民女校正式开学，李达任校务主任，王会悟（李达夫人）负责行政管理工作。

平民女校的诞生，犹如平地响起的一声惊雷。许多学生为了追求真理和妇女解放，纷纷慕名而来。例如，湖南桃源第二女师的进步学生王剑虹在上海拜访了陈独秀、李达、王会悟，了解了平民女校的筹备情况，1921年底，她回湖南时向同学亲友介绍了平民女校的情况，于是她和同窗好友丁玲、湖南溆浦小学教员王一知、堂姑王醒予以及王苏群、薛正源在1922年春从湖南来到上海，进入平民女校。傅一星、黄玉衡是外地女师的学生，因反对封建婚姻，毅然离家进女校。钱希均从小是童养媳，是张秋人的未婚妻。张秋人参加革命后，对童养媳制度深恶痛绝，他们一直没有结婚，张秋人对钱希均的处境寄予深切的同情，处处关心她，把她作为自己的"妹妹"，化名张静，介绍进入平民女校就读。钱希均自此走上了革命道路。

当时，平民女校共有学生约30人，设有高等、初等两个班，中学文化程度以上者进高等班，年长失学者进初等班。女校实行半工半读，学生靠做工获得的收入维持生活。创立一个工作部作为学生参加生产劳动的场所，设成衣和织袜两个组。成衣组代客裁剪制衣，工价较一般成衣店便宜；织袜组有两台摇袜机，织出的袜子对外销售。这种办学形式的创新尝试，不仅解决了学生学习经费紧缺的燃眉之急，而且把理论学习与实践操作有机结合起来，引导了当时女子教育发展的必然趋势。

平民女校的教师阵容相当强大。陈独秀、陈望道、李达、邵力子、沈雁冰、沈泽民、周昌寿等一批名望颇高的国内早期马克思主义者和党的早期领导人都曾在女校任教。在李达的倡导下，他们从教学内容和教学方法上都进行了彻底变革。王会悟曾这样描述道："国文教员邵力子先生。他所选的国文，是从现今报纸上、杂志上、小说上所载的名著译文及评论的一类文字，和那贵族女学所受（授）的什么节妇传，什么太史公牛马走的文章，真是有天上人间之别了。作文教员陈望道先生。他的教法与一般国粹先生完全不同。

平民女校旧址旧照

他第一教我们作文法,他说,先前的作文是重文字,现在的作文是重意义的。"高级班的英文老师沈泽民,专教读本,注重翻译,他的教本是莫泊桑的小说和陀思妥耶夫斯基的《穷人》英译本。陈独秀讲授社会学,向学生宣传社会科学、马列主义的基本理论。代数教员李达,还专门为学生讲授马列主义原理。

最难能可贵的是,除按规定讲课外,平民女校还安排每周两个小时的演讲,演讲内容包括妇女问题和妇女运动问题、军阀割据与世界帝国主义的关系、为何要反帝反封建等等。这是一般女校中不可能有的。陈独秀、李达、施存统等人曾到校演讲。张太雷、刘少奇等从苏俄回国后,也曾到校演讲,介绍俄国革命和建设状况,使学生耳目一新。如此全面的、前沿的课程教授,极大地拓宽了学生们的眼界,鼓舞了她们追求真理、投身革命的热情。

平民女校鼓励和组织学生参加社会上的各种革命活动,宣传党的主张,支援工人运动,号召群众团结起来反帝反封建反军阀。据王一知回忆,女校的积极分子主要到各工厂、特别是一些女工工厂去进行宣传鼓动、贴标语、发传单、听工人的诉苦等等。1922年3月,女校学生参加了上海工人和各界人士举行的黄爱、庞人铨追悼会,抗议军阀杀害湖南劳工领袖。1922年4月和 5 月，浦东日华纱厂 3 000 多工人两次举行罢工，平民女校学生在党的领导下积极向日华纱厂罢工女工进行慰问与宣传，并由王会悟带头到工厂去演讲。女校学生还参加了全市学生组织的罢工工人经济后援会，拿了写着"支援工人罢工！""不许虐待工人！""要求改善劳动条件！"的小旗，不顾巡捕的威胁，到街上募捐，支援罢工工人。女校学生们在革命斗争的洪流中茁壮成长起来。

1922 年底，由于办学经费拮据等原因，平民女校被迫停办。部分学生转入上海大学或上海大学附中学习。平民女校虽然仅仅维持了八个月，但为党和革命培养了一批优秀妇女干部，在党的工人运动史、妇女运动史和教育史上都留下了浓墨重彩的一笔。

播火者
——李达和人民出版社的故事

南湖回来,李达累了。真的累了。但又兴奋。真的兴奋。只要闭上眼睛,他的眼前,便会闪过一张张脸。他们是毛泽东、何叔衡、董必武、陈潭秋、王尽美、邓恩铭、张国焘、刘仁静、周佛海、包惠僧。他们在一条丝网船上,讨论了党章和今后的工作方向,决定"在党的组织方面分中央与地方,中央设书记、宣传主任与组织主任",由宣传主任李达"仍旧以《新青

人民出版社编辑部旧址

年》为公开宣传刊物,以《共产党》月刊为秘密宣传刊物",[1]大力宣传马克思主义。

那一时期的李达租住南成都路辅德里625号（今老成都北路7弄30号）,一栋一楼一底的石库门房子。那房子虽说在公共租界,却更毗邻法租界,两者隔路相望,其间只横着一条福煦路（今延安中路）。在那里,李达可以同时看到"红头阿三"和安南捕快。在那里,李达既潜心编辑《共产党》月刊,又"主持"创立人民出版社,计划出一套丛书——

> 此外,本年秋季,在上海还成立了"人民出版社"（社址在南成都路辅德里625号）,准备出版马克思全书十五种,列宁全书十四种,共产主义者（康民尼斯特）丛书十一种,其他九种……[2]

中共中央成立人民出版社的背景是中央局书记陈独秀亲自签发的《中国共产党中央局通告——关于建立与发展党团工会组织及宣传工作等》对李达分管的"中央局宣传部"明确提出了"在明年七月以前,必须出书（关于纯粹的共产主义者）二十种以上"。[3]李达是一个典型"学究",办事极认真。陈独秀下了死命令,他便因陋就简,身兼数职,把陈望道、李汉俊等人全都发动起来,跟他一起来做"著作者和编辑"。

人民出版社正式成立于1921年9月1日,成立时在第九卷第五号的《新青年》（1921年9月1日出版）上刊登了"通告"。"通告"以人民出版社的名义声称:"近年来新主义新学说盛行,研究的人渐渐多了,本社同仁为供给此项要求起见,特刊行各种重要书籍,以资同志诸君之研究。"

"通告"里所说的"本社同仁",其实只有两人。一是"主编"李达"兼编辑、校对和发行工作",二是雇来的一个工人,专"作包装书籍和递

---

[1] 李达:《中国共产党的发起和第一次、第二次代表大会经过的回忆》,原载《"一大"前后——中国共产党第一次代表大会前后资料选编》二,人民出版社1980年7月第一版,第12页。

[2] 李达:《中国共产党的发起和第一次、第二次代表大会经过的回忆》,原载《"一大"前后——中国共产党第一次代表大会前后资料选编》二,人民出版社1980年7月第一版,第14页。

[3] 陈独秀:《中国共产党中央局通告——关于建立与发展党团工会组织及宣传工作等》,原载《中共中央文件选集》第一册,中共中央党校出版社1989年8月第一版,第27页。

书籍的工作"。[1] 而此时的人民出版社,除了各种本版书要发,甚至还负责发行《共产党》月刊。《共产党》月刊的发行严格保密,覆盖外埠,最高发行量高达 5 000 多份,其工作量之大不言而喻。但李达任劳任怨,夙夜在公,很快出了两种马克思全书(《共产党宣言》《工钱劳动与资本》)、五种列宁全书(《劳农会之建设》《讨论进行计划书》《劳农政府之成功与困难》《共产党礼拜六》《列宁传》)、五种康民尼斯特丛书(《俄国共产党党纲》《国际劳动运动中之重要时事问题》《第三国际议案及宣言》《共产党底计划》《俄国革命纪实》),每种印数 3 000 册。还为声援香港海员大罢工和上海英美草公司、浦东纺纱工人罢工,大量印发文章、传单,有力配合了党的中心工作,在 1922 年 7 月召开的中共二大上受到诸多好评。

受到鼓舞的李达倍加努力,至同年 9 月,又新出列宁的《国家与革命》,以及《劳动运动史》《两个工人谈话》《太平洋会议与

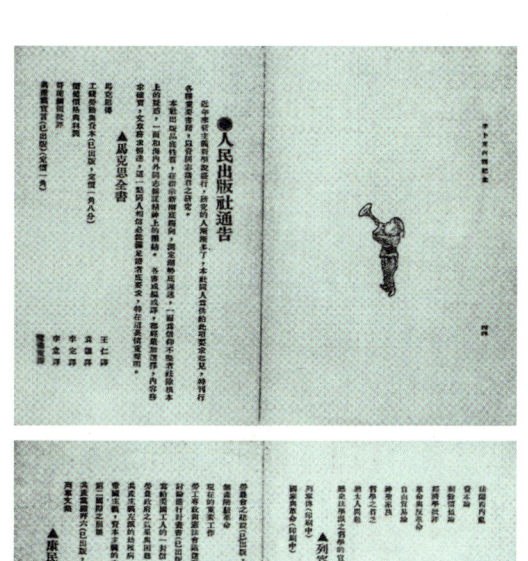

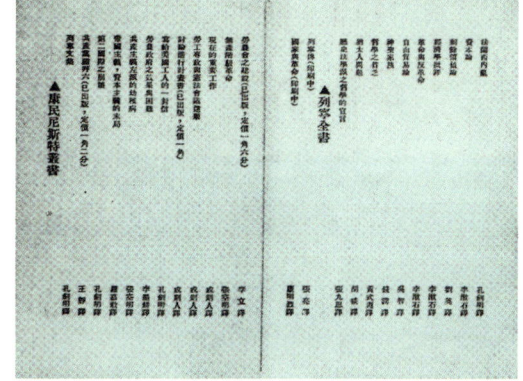

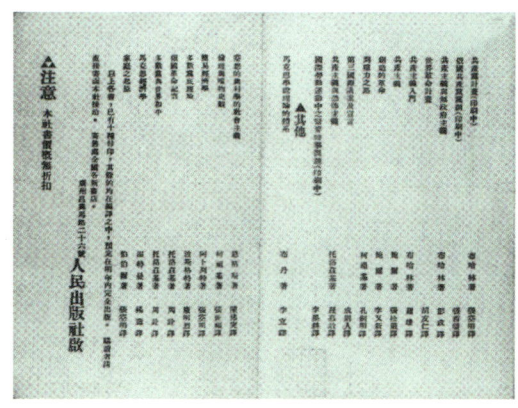

人民出版社关于编译出版马列全书、共产主义丛书等的通告

---

[1] 李达:《关于中国共产党建立的几个问题》,原载《"一大"前后——中国共产党第一次代表大会前后资料选编》二,人民出版社 1980 年 7 月第一版,第 3 页。

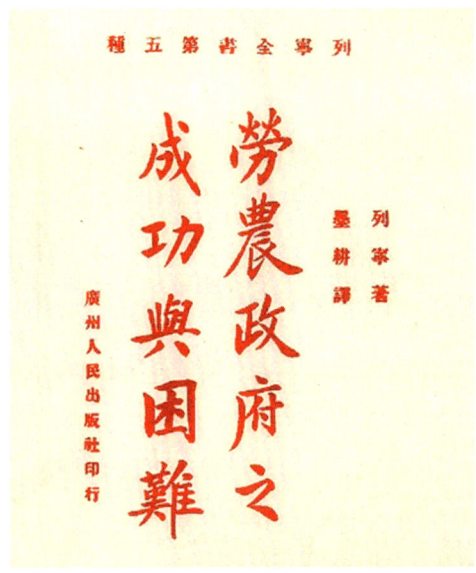

人民出版社出版的《劳农政府之成功与困难》

吾人之态度》《李卜克内西纪念》《反对帝国主义运动》《社会进化简史》《女性中心论》《马克思主义和达尔文主义》《进化》等十一种。

前后二十三种马列经典或马列主义辅助读物的集中问世堪称近现代中国马克思主义传播史上的一大奇迹。这奇迹归于人民出版社——中国共产党历史上的第一个直属中央的出版机构,党早期传播马克思主义的一个重要途径。这奇迹归于李达——中国无产阶级最早的启蒙思想家之一,一位无私无畏的播火者。

革命者与文学家
——商务印书馆走出的茅盾

1916年，通过亲戚举荐走进河南路张元济先生办公室的20岁北京大学预科毕业生沈雁冰应该不会想到，他将在商务印书馆迈进文学之门，以"茅盾"之名驻留中国现代文学史，并踏足大时代滚滚洪流之中，成为中国共产党最早的党员之一。

沈雁冰曾说过："如果不是我到上海来，不是我到商务印书馆来工作，可能就没有我以后的文学道路和文学事业，也不会有我在文学史上一系列的地位。"

20世纪初的上海，是中国文学的中心，也是先进思想汇聚冲击的最前线。商务印书馆作为当时中国最大的现代印刷出版企业，集印刷、出版和发行于一体，垄断中国的中小学教科书市场，并建造了远东地区藏书量最大的东方图书馆（位于今静安区宝山路，于1932年1月28日被日军焚毁）。以这一平台为起点，沈雁冰得以站在先进思潮的第一线，在五四运动时期脱颖而出，成为新文学运动的干将。

沈雁冰

沈雁冰初到上海，住在商务印书馆编译所宝山路的宿舍中，除了上班，大部分时间他都在商务印书馆的图书馆——涵芬楼读书。1919年，五四运动风云激荡，沈雁冰受《新青年》影响，发表大量译作，逐渐在新文化运动中崭露头角，被时任商务印书馆经理的张元济起用担任《小说月报》的主编。沈雁冰不负厚望，迅速将《小说月报》打造为新文学杂志，引领中国的新文学运动，使其成为名副其实的新文学第一刊，沈雁冰本人也因此名闻新文坛，他回忆那时候"是一个学术思想非常活跃的时代，受新思潮影响的知识分子如饥似渴地吞咽外国传来的各种新东西，纷纷介绍外国的各种主义、思想和学说"。在这样的时代背景中，沈雁冰受时代使命感的驱使，阅读大量西方哲学、社会学著作，选择了马克思主义。1920年初陈独秀到上海，住在法租界环龙路老渔阳里二号，为了筹备在上海出版《新青年》，即约陈望道、李汉俊、李达、沈雁冰谈话。

1920年10月，沈雁冰由李达、李汉俊介绍，加入了上海共产党早期组织，成为中共最早的党员之一。中共一大在浙江嘉兴南湖的一条游船上召开，这条游船就是沈雁冰的妻弟孔另境预先租借的，可知沈雁冰在早期党的工作中介入之深。加入中国共产党以后，沈雁冰一口气翻译了《共产主义是什么意思》《美国共产党党纲》《共产党国际联盟对美国IWW的恳请》《美国共产党宣言》《共产党的出发点》等文章，为刚刚诞生的中国共产党早期理论建设，做出了不可磨灭的贡献。

中共一大以后，各省的党组织次第建立，党中央与各省党组织之间的信件和人员的来往日渐频繁。沈雁冰作为《小说月报》编辑，日常接收各地来信投稿，十分便于掩护。中央局决定由沈雁冰担任直属中央的联络员，他便成了中共建党以后设立的第一个交通联络员。外地给中央的信件外写"沈雁冰先生转钟英女士台展"或"沈雁冰先生转陈仲甫先生台启"等，另有内封则写"钟英"（中央之谐音），由沈雁冰每日汇总送到中央，外地人士来沪寻访党中央，也由沈雁冰负责接头，他在当时的政治环境下承担这样责任重大、性命攸关的工作，又要负责主编《小说月报》，身兼两任，工作尤为繁忙，幸而好友郑振铎也在商务印书馆工作，帮助他减轻了一些工作负担。据说，由于当时沈雁冰经常与"钟英"小姐信件往来，引起了商务印书馆年轻同事的注意，大家时常猜测这位钟英小姐的身份，是不是他秘而不宣的情人，而沈雁冰也总是避而不答。有一天郑振铎难耐好奇，趁沈雁冰不在偷拆开一封钟英小姐来信，不想信里不是情话，而是共产党福州地方委员会给中央的报告，大惊之余迅速封好还给了沈雁冰，并在此后帮助他保守了这个秘密。

沈雁冰一边忙于党内秘密工作和平民女校、上海大学的教学，一边编刊物写文章，奋战在新文化运动的第一线。1924年春，沈雁冰直接参与和策划组织上海工人纪念京汉铁路"二七"大罢工的大会。同时，他还在写《论无产阶级艺术》，于1925年五卅运动前后，分数次发表在《文学周报》上，成为当时新文学界"旷野的呼声"，是我国现代文学史上第一篇用马克思主义的立场、观点、方法，系统全面地论述无产阶级文艺的论文。1925年的五卅运动，沈雁冰是中国共产党党内的直接组织者和参与者之一，并与商务青年知识分子集资创办《公理日报》，宣传五卅精神，揭露五卅惨案的真相。五卅运动后，沈雁冰作为商务印书馆党组织的负责人，领导商务印书馆工会罢工成功，成为上海工运史上浓墨重彩的一笔。

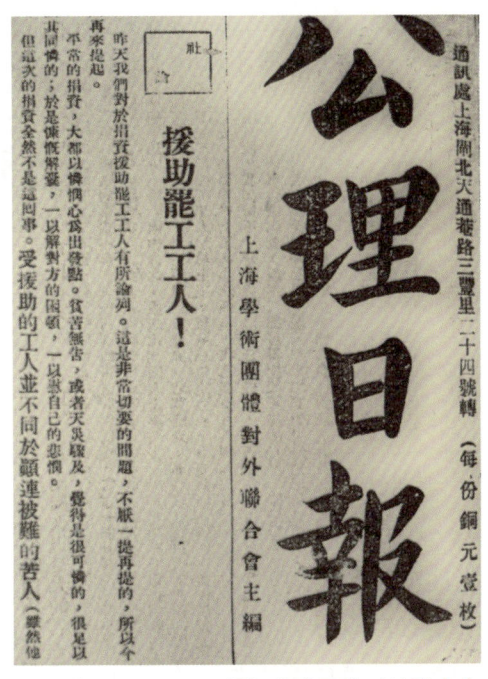

1925年6月3日，上海学术团体对外联合会创办《公理日报》，由郑振铎、沈雁冰主编

　　1926年4月，沈雁冰离开了工作十年的商务印书馆。这十年间，沈雁冰从一名青年知识分子成长为马克思主义者和中国共产党早期的杰出党员，其间经历深远影响了他的思想与写作生涯。大革命失败后，沈雁冰蛰居在上海景云里11号，开始他以大革命时期为背景的第一部小说《幻灭》并正式使用了"茅盾"这一笔名。1928年7月，由于逃避蒋介石的通缉，沈雁冰化名方保宗流亡日本，从此便与党组织失去了联系。他于1930年从日本返回上海参与"左联"工作，并于1931—1932年间完成长篇著作《子夜》，奠定了在中国现代文学史上的重要地位。

　　作为革命者，沈雁冰即使与党组织失去联系后也从未停息。作为文学家，他以表现时代面貌为己任，将文学创作与革命实践始终联系在一起。1940年在延安，沈雁冰提出恢复党的组织生活的要求，党中央研究以后，认为他留在党外工作，对革命对人民更为有利，他接受了党的安排。1981年3月14日，沈雁冰病重，在病床上致信党中央提出恢复党籍的心愿："为了共产主义的理想我追求和奋斗了一生，我请求中央在我死后，以党员的标准严格审查

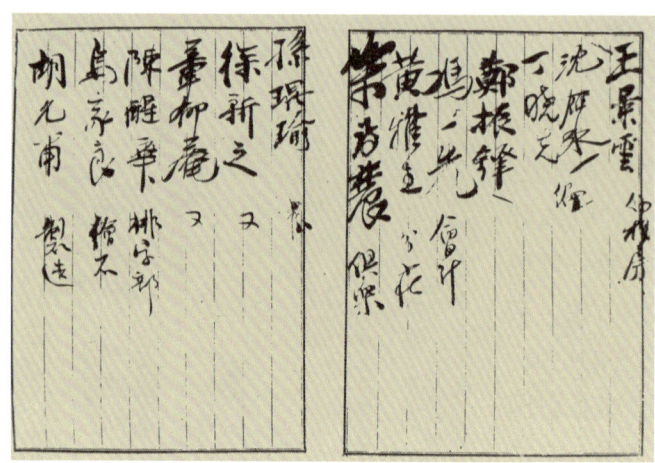

1925年8月，商务印书馆工会派出王景云、沈雁冰等13人为代表，与资方进行谈判

我一生的所作所为，功过是非。如蒙追认为光荣的中国共产党员，这将是我一生的最大荣耀！"

1981年3月31日，中共中央在恢复沈雁冰同志党籍的决定中说："我国伟大的革命家沈雁冰（茅盾）同志，青年时代就接受马克思主义，1921年就在上海先后参加共产主义小组和中国共产党，是党的最早的一批党员之一。……中央根据沈雁冰同志的请求和他一生的表现，决定恢复他的中国共产党党籍，党龄从1921年算起。"

沈雁冰，这位商务印书馆走出的中国共产党党员，党龄长达60年，在中国现代文学史中无人可及，正如著名作家孙犁挽文所言："大树根深，其质乃坚，高山流水，其声乃清，我辈所重，五四遗风。"

大沽路上的青年烽火
——中国社会主义青年团中央机关的故事

提起"中国社会主义青年团中央机关遗址",人们熟知的是新渔阳里6号,而大沽路400—402号(原大沽路356、357号)这一处,却鲜为人知。它曾是中国社会主义青年团临时中央局从新渔阳里退租后的办公地点,仅使用7个多月便被租界发现查封。让我们沿着历史的隧道,回顾那段烽火岁月。

1920年8月22日,俞秀松、施存统、陈望道、李汉俊、叶天底、沈玄庐、袁振英、金家凤8名当时平均年龄24.5岁的年轻人,在中国共产党发起组的领导下,在霞飞路(今淮海中路)新渔阳里6号成立了一个"新式"青年组织——上海社会主义青年团,也是中国第一个社会主义青年团。之所以

中国社会主义青年团中央机关遗址旧照

称之"新式",是因为这个团体里的先进青年分子开始意识到"人"的价值,深感帝国主义的侵略和压迫给人民群众带来的苦难,继而渴望推翻帝国主义和打倒军阀,探索新的救国救民的道路。随后,北京、广州、长沙、武汉等地均有同样的团体建立,与上海的青年团相响应。由于那时的社会主义青年团,只不过带有社会主义的倾向,存在着思想成分复杂、组织结构松散、经费困难等问题,再加上上海社会主义青年团的主要领导和大批骨干前往苏俄,导致各地青年团在1921年5月前后实在办不下去了,就只得宣告暂时解散。[1]

1921年7月,中国共产党第一次全国代表大会在上海召开,大会决定在各地建立和发展社会主义青年团。8月,张太雷从莫斯科带回了青年共产国际第二次代表大会发展青年团的指示,即在"还没有共产主义青年组织的国家创立组织"。[2]

1921年11月,新渔阳里6号退租,团的临时中央局机关搬到大沽路400—402号。同月重新制定的《中国社会主义青年团临时章程》中明确规定,"以研究马克思主义、实行社会改造及拥护青年权利为宗旨",同时,临时章程还规定,"有5个地方团成立时,即召集全国大会,通过正式章程及组织中央机关。正式中央机关未组成时,以上海机关代理中央职权"。依此规定,上海社会主义青年团承担起了团临时中央局的职权,并在上海发起召开社会主义青年团全国代表大会的工作。团临时中央机关内设"马克思学说研究会""陈列各种书籍报纸,青年学生入内观看,不取分文"。[3]经常在这里活动的有张秋人、徐梅坤、董锄平、孙瑞贤等。当时上海的团员都知道这个地方,团员开会也经常在这里,到会人数少则五六十人,多则一百人。因楼下地方小,所以开会时绝大部分团员都是站着,有时连天井里也占满了人。

1922年1月,施存统从日本回国,"被中央局书记陈独秀指派负责团临时中央局,全力以赴进行团的组织整顿、发展和筹建团的'一大'工作,同

---

[1] 中国新民主主义青年团中央委员会办公厅:《中国青年运动历史资料》,中国青年出版社,1957年。
[2] 共青团中央青运史研究室、中国社会科学院近代史研究室编:《青年共产国际与中国青年运动》,中国青年出版社,1985年。
[3] 民国日报,1922-6-10。

时兼顾上海地方团的工作"。恢复和整顿团的艰巨任务为何会落在施存统的肩上呢？对此，施存统回忆说："1922年初，我从日本回国，大约因为我比较年轻，党就派我恢复社会主义青年团。"[1] 1922年7月，中共二大在上海召开，施存统作为青年团的代表出席了大会。

施存统

团临时中央局成立后，积极投身第一次工人运动高潮。1922年1月17日，湖南劳工领袖黄爱、庞人铨（二人虽然在思想上倾向于无政府主义，但都是中国社会主义青年团团员）惨遭军阀杀害，团临时中央局紧急召开会议，听取黄、庞被害经过，会议决定参与组织黄、庞追悼大会。3月26日，追悼会在霞飞路358弄尚贤堂举行，李启汉主持，陈独秀、蔡和森发表演说，会上散发毛泽东起草的《中国社会主义青年团为黄、庞被害事对中国无产阶级宣言》。5月，上海日华纱厂罢工，因为当时党处于秘密状态，团临时中央局出面发起了一场大规模的募捐活动，发出《中国社会主义青年团请求全国各界和各团体援助上海浦东纺织工人书》，声援并号召全国各界援助日资纱厂工人的罢工斗争。1922年3月，为揭露帝国主义国家利用宗教对中国进行文化侵略的罪行，团临时

中国社会主义青年团机关刊物《先驱》

---

[1] 中国社会科学院现代史研究室，中国革命博物馆研究室：《"一大"前后——中国共产党第一次代表大会前后资料选编（二）》，人民出版社，1985年。

中央倡导发起非基督教运动，北京、上海率先响应，成立了"非基督教学生同盟"。不久，湖北、湖南等地的青年团纷纷响应，非基督教运动迅速遍及全国，严重打击了帝国主义的文化侵略行径。

在团临时中央局的领导下，各地团组织得到迅速的恢复和发展。据统计，从1921年11月至1922年5月，团临时中央局成立半年，"地方团成立者有十七处（上海、北京、南京、天津、保定、唐山、塘沽、武昌、长沙、杭州、安庆、广州、潮州、梧州、佛山、新会、肇庆），全国团员达五千余（大多数为工人，次之则学生）。其他各处将成立而未正式成立者尚很多"。[1] 1922年5月5日，中国社会主义青年团第一次全国代表大会在广州东园开幕。6月9日，租界巡捕房以"妨碍治安"为由将此处查封。翌日，《民国日报》登载查封消息。团临时中央局由此移至闸北，继续领导全国青年运动。

---

[1]《中国社会主义青年团第一次全国代表大会》（1922年5月），中国青年运动历史资料（1915—1924），第1册，第125页。

霞浦之光
——中国共产党第一部党章的守护者张人亚

1921年7月举行的中国共产党第一次全国代表大会宣告了中国共产党的正式成立,但由于早期的中国共产党人对当时中国的社会性质和革命形势的认识还不充分,再加上内忧外患,一大并没有制定正式的党章,但其讨论通过的党纲规定了党员条件、入党程序等,暂时发挥了党章的作用。

1922年7月,中国共产党第二次全国代表大会在上海公共租界南成都路辅德里625号(今老成都北路7弄30号)李达的寓所中举行。中共二大第三次全体会议讨论通过了11个文件,其中就包括中国共产党历史上的第一部正式党章——《中国共产党章程》。党章是党的总章程,对推进党的工作、加强党的建设具有根本性的规范和指导作用。二大党章采取分章的体例,共6章29条,对党员的条件和审批程序、党的组织系统及其构成、党的会议和活动方式、党的组织纪律、党的经费来源及使用等方面做了较为详细的规定,初步形成了相对完整的体系。中共二大制定并通过的党章,具有开创性,是我们党的根本大法的源头,标志着党的创建工作的最终完成,党的事业由此走向更广阔的新天地。

在沧桑的历史长河中,中共二大的许多原始文献相继遗失,唯一存世的《中国共产党第二次全国代表大会决议案》铅印小册子珍藏在中央档案馆,最后10余页收录的便是第一部党章——《中国共产党章程》。它的背后,有一段鲜为人知的保存故事。故事的线索是小册子封面盖有的收藏章:"张静泉'人亚'同志秘藏"。

张静泉,又名人亚。1898年5月18日,出生在宁波市霞浦镇(现北仑区霞浦街道)。因为家里生活拮据,16岁的张人亚为谋生来到上海老凤祥银楼

中共二大会址俯瞰

当金银首饰制作工。1922年,加入当时的上海社会主义青年团,同年加入中国共产党,是上海最早的21名工人党员之一。1923至1928年,张人亚先后担任上海金银业工人俱乐部主任、中国社会主义青年团上海地方执行委员会书记、中共江浙区委宣传部分配局负责人等多个职务。其间,张人亚同顾玉娥结了婚,但几年后妻子病逝,张人亚自此孤身一人长住上海。1928年后,张人亚担任中共中央秘书处内埠交通科科长,并受命到芜湖建立中共中央金库,指导安徽沿江和江南地区34个县的党组织工作。1931年底,张人亚到中央苏区工作,担任中华苏维埃共和国中央工农检察委员会委员。1932年6月,担任中华苏维埃共和国中央出版局局长兼印刷局局长。

张人亚

张人亚不是中共二大代表,没有参加中共二大会议,为何会得到小册子?根据档案资料显示,中共二大会议结束后,中央领导机构按照规定,将大会通过的章程和决议案送给莫斯科的共产国际;与此同时,还将文件铅印成册,分发给党内的有关人员学习贯彻。没有参加中共二大的陈公博得到一本,赴美以后将其翻译成英文并附在了自己的论文《共产主义运动在中国》里,由此有了文献的英文稿,而张静泉也获得一本。

1927年4月,蒋介石发动四一二反革命政变,严重的白色恐怖笼罩着上海滩。当时,张人亚手里保存着中共二大、三大等机密文件和书刊,其中重要的就是中国共产党第一部党章。张人亚深知这些文件书刊对革命事业的重要性,一定要保护下来。经过再三考虑,他决定将这些机密文件转移到宁波乡下。1927年冬,张人亚秘密回到宁波霞浦老家,对父亲张爵谦说,他在上海的住所要搬迁了,请求父亲将他带回来的一批书刊和文件收藏好。那天傍晚,张爵谦拎着一大包东西,向菜园里停放着张人亚妻子顾玉娥棺材的地方走去。几天后,张爵谦佯装很伤心地对邻居说,他的二儿子张人亚长期在外不归,已不在人世。由于上海工人三次武装起义中牺牲了不少同志,四一二大屠杀中,更有大批工人遇难,而张人亚自从妻子顾玉娥去世后,已有好几年没有回家了,所以邻居们也都深信不疑。张爵谦在家乡为张人亚和顾玉娥修了一座合葬墓,但墓碑上的名字既不是张人亚,也不是他的原名——张静泉。为了保密,"静"字省去了,称"泉张公墓"。张人亚一侧是衣冠冢,放的是空棺。张爵谦用好几层油纸把这些文件书刊精心包好,以防受潮霉变,之后再秘密藏进空棺,埋入墓内。张爵谦知道此

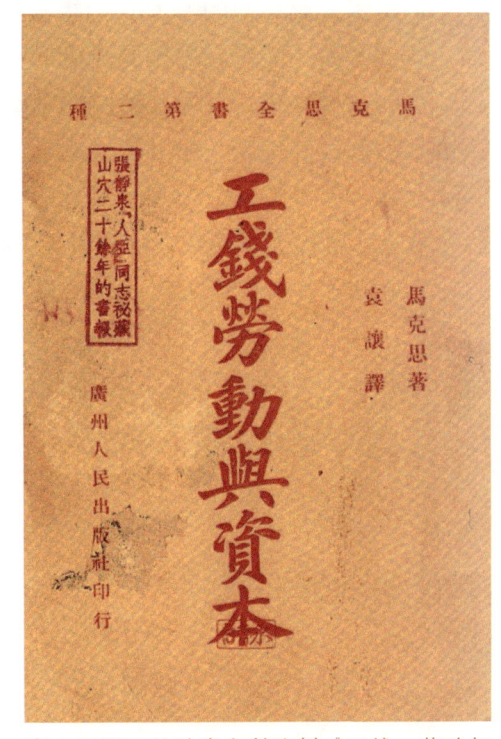

张人亚留下的珍贵文献资料《工钱、劳动与资本》,上有"张静泉(人亚)同志秘藏"字样

举事关重大，没有对任何人透露过，就自己一个人默默地守护着，等待儿子回来提取。老人苦苦守着这个秘密，却再也没有等来儿子张人亚的消息。直到1951年，张爵谦请人打开了儿子的空坟，将文件取出捐献给国家。

几十年来，张人亚的亲属从没放弃过寻找他的下落。2005年，亲属们查到一份1933年1月7日的《红色中华》报纸，报纸第三版左下方刊登了一篇题为《追悼张人亚同志》的悼词，最终揭开了张人亚的下落之谜，张人亚同志于1932年12月23日病故于由瑞金赴汀州的路上。《红色中华》报在悼词中写道："人亚同志对于革命工作是坚决努力，刻苦耐劳，在共产党内始终是站在党的正确路线之下，与一切不正确思想作坚决斗争，在党内没有受过任何处罚，因为努力工作为革命而坚决斗争使他的身体日弱，以致最后病死了。人亚同志已死了，这是我们革命的损失，尤其是在粉碎敌人大举进攻中徒然失掉了一个最勇敢坚决的革命战士。"

正是张人亚和他的家人几十年来坚守信仰，冒着生命的危险保护党的文献，我们今天才能看到中国共产党第一部党章的原貌，感悟中国共产党和中国革命的曲折进程。自中共第一部党章诞生以来，中国共产党章程已历经17次的不断修改和完善。中共十九大后，习近平新时代中国特色社会主义思想写入党章，使党章充分体现了马克思主义中国化的最新成果，更好地把中国特色社会主义伟大事业和党的建设新的伟大工程推向前进。

点亮星火的人
——中国共产党早期党员董亦湘

1923年7月8日,上海召开全体党员大会,传达中共三大的相关精神,并成立上海地方兼区执行委员会,鉴于当时上海共产党员发展迅猛的情况,执行委员会召开的第一次会议,将当时上海的53名党员以便于掩护、方便活动为原则,进行重新编组,住在闸北一带的党员编在第二组,命名为商务印书馆小组,有13名成员,组长董亦湘,该组组员有沈雁冰、沈泽民、杨贤江、张国焘、刘仁静、徐梅坤等。

在其时星光璀璨的精英人物中,董亦湘相对而言并不广为人知,但他却是在中共一大前即入党的最早一批共产党员之一。董亦湘是常州武进人,1918年进入上海商务印书馆编译所工作,与1916年进入商务印书馆的沈雁冰同辈共事,生活中也有比较亲密的关系。当时董亦湘的胞弟董涤尘,因在常州参加五四运动无法在家乡继续读书,就来到了上海和董亦湘住在一起,兄弟俩与沈雁冰夫妇共住在商务印书馆附近,今静安区宝山路和天通庵路附近的同一幢石库门,沈雁冰夫妇住在三楼,董亦湘兄弟住在二楼的厢房内。1921年5月,上海早期党组织在沈雁冰家中召开会议,经沈雁冰介绍,其胞弟19岁的沈泽民和董亦湘同时被吸收为中共上海小组成员。后来,董涤尘也参加了中国共产党,积极参与党的活动,在周恩来身边工作过,并于新中国成立后担任上海民进市委副主任。中国共产党最早期的革命星火,就在这样的

董亦湘

小小石库门房子里点亮。

董亦湘是中国共产党早期著名的政治活动家和思想宣传工作者。1922年5月1日，董亦湘和沈雁冰、徐梅坤等共产党员在上海北四川路尚贤堂附近组织纪念五一国际劳动节的群众集会，向与会群众宣传"五一节"的由来及其意义，这是董亦湘参加党领导下的群众运动的开始。1924年，在国共实行第一次合作的形势下，董亦湘以个人名义加入国民党，并在国民党上海执行部任国民运动委员会委员。在此期间他曾结识时任执行部组织部秘书的毛泽东，毛泽东还曾赠给董亦湘一本亲笔评点过的《唐诗三百首》。他频繁来往于上海、无锡、苏州、丹阳、镇江等地，积极开展国民运动，改组国民党组织，发展国民党员并从中发现和培养了许多党的积极分子，1924年，董亦湘利用到无锡指导开展国民会议运动的机会，介绍孙冶方等人加入共产党，帮助他们建立起无锡地区最早的中共组织，他成为无锡党团组织的创建人之一。

1925年5月初，商务印书馆中共小组改为中共商务印书馆支部，董亦湘继续担任支部书记，并在五卅惨案发生前后积极奔走，组织各类活动与演讲，激发上海民众爱国热情。他支援上海工人的罢工斗争，与沈雁冰等共同发动和领导商务印书馆职工3 000多人开展罢工斗争，并取得了阶段性胜利。

《商务印书馆职工会宣言》

20世纪20年代初,国共合作创办上海大学,是中国共产党实际领导的一所新型革命学校,也是中国共产党诞生后最早创办的一所培养革命干部的大学,中共中央派了一批党的教育家、理论家到校讲课,其中就有董亦湘,他于1924至1925年间,在上海大学社会系任教讲授社会发展史课程。他亲自编写的课程教材《社会发展史讲义》,与瞿秋白等人在上海大学和上海学联联合发起组织的夏令讲学会上讲课,先后发表《唯物史观》《人生哲学》等长篇演讲,宣传马列主义。他还曾在陈独秀指导下翻译了德国社会主义活动家考茨基的《伦理与唯物史观》一书。

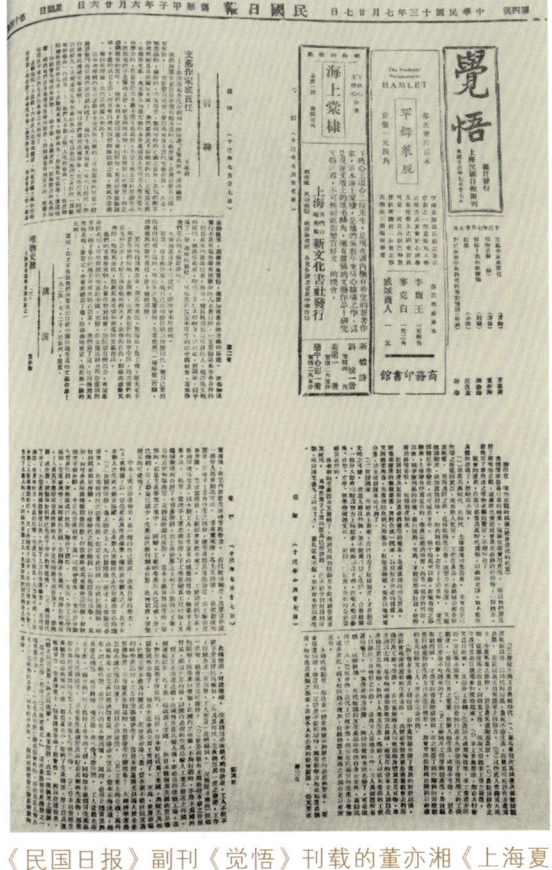

《民国日报》副刊《觉悟》刊载的董亦湘《上海夏令讲学会演讲稿之一——唯物史观》

作为党小组组长和党支部书记,董亦湘先后吸收一大批优秀青年加入中国共产党,其中两位是在中共党史上有着重要影响的著名人物,一位是张闻天,另外一位就是陈云。陈云在14岁高小毕业后便进入商务印书馆成为一名学徒工。在商务印书馆工作期间,他勤奋自学,在中共上海地委开办的工人夜校里接触到马克思主义相关著作,在五卅运动中表现出了非凡的勇气和能力,引起了中共商务印书馆党支部的重视。1925年8月,陈云经董亦湘、恽雨棠共同介绍,正式加入中国共产党,成为陈云人生的重要转折点,几十年后,陈云回忆说:"……入党以后,自己觉得此身已非昔比,今后不是做成家立业的一套,而要专干革命。"

如果继续共同奋战,陈云或许可以与董亦湘结下更深厚的革命情谊,可惜命运没有留给他们多少时间,1925年10月,也就是陈云入党两个月后,

29岁的董亦湘受中共中央派遣，带领100多名党团员，前往苏联莫斯科中山大学留学。出发前，董亦湘满怀热血地对弟弟董涤尘说："我们这次出国后回来，至少要放一把'火'。"作为中山大学学生领袖之一，董亦湘在校读书期间担任过助教，为邓小平等低年级学生授过课，曾任苏联内务部政治保卫局远东全权军事代表，后因对官僚主义、宗派主义作风的坚决抵制，遭受打击。1937年，苏联内部大清洗之时，董亦湘被诬陷，致其在哈巴罗夫斯克（伯力）被捕入狱。1939年5月19日，含冤病逝于此，忠魂客死他乡。

1959年1月，苏联有关方面经过复查核实，对董亦湘做出"无罪结案"并"恢复声誉"的结论。中共中央于1984年5月为董亦湘正式平反昭雪，恢复名誉。1987年3月，民政部又追认董亦湘为革命烈士。同年4月，中共常州市委在董亦湘家乡潘家桥建立了董亦湘纪念碑，六十多年前被董亦湘接引入党的年轻人陈云，历经风云变幻，已是开国元勋、中共中央副主席，他亲自为青年时期引路人题写了"董亦湘纪念碑"六个大字，想来令人不胜景仰。

在家国危难之际，正是无数像董亦湘这样的革命者，于大时代之中前仆后继、舍身报国，为后来人点亮星火，汇聚成冲向新世界沉默坚毅的洪流。董亦湘年轻时曾在笔筒上刻下的十四个字，正可做他一生注解："大丈夫以身许国，好男儿志在四方。"

同心若金，攻错若石
——三曾里的革命家庭

1923年6月，中共三大在广州召开。会议确定了国共合作、大力发展工人运动的方针，并选举产生新的中央执行委员会，由陈独秀、蔡和森、毛泽东、罗章龙、谭平山（后因谭平山调任驻粤代表，9月补入王荷波）五人组成中央局，陈独秀任委员长，毛泽东任秘书，罗章龙任会计，处理中央日常工作。

当时，广州地处偏隅，粤汉铁路尚未开通，在华南的中共中央与全国各地的地方党组织联系十分不便。经过讨论，中共中央决定将中央局机关迁回上海。正如委员长陈独秀、秘书毛泽东在当年7月写给共产国际的信中所说："我们决定把中央执行委员会的机关搬到上海工作，这不仅因为上海是工业最发展的中心区，而且也便于对全国工作进行指导和传达。"

为落实中央的决定，中央执行委员王荷波于1923年7月来到上海物色中央局机关办公地。经过反复勘察，他发现公兴路与香山路（今临山路）交叉处有一条小弄堂，原来住着三户曾姓人家，俗称三曾里。这里紧靠北火车站，虽地处华界，但道路纵横交错，与外面的通讯联络较为便利，且与租界毗邻，如有紧急情况可迅速向租界转移。三曾里周围的住户大多为平民百姓，五方杂居，工人聚集，便于党组织隐蔽。凭借长期秘密工作的经验，王荷波看中了这块地方，以私人名义租借了其中一幢两楼两底的石库门房子作为中央局机关办公地（即三曾里3号，今静安区临山路202—204号）。至当年9月，毛泽东、蔡和森、向警予、罗章龙陆续从各地来到上海，入住于此。1924年初夏，杨开慧携幼子毛岸英、毛岸青从长沙来到上海，同毛泽东一起寓居三曾里。

三曾里3号这幢普通的石库门房屋，楼上楼下大小共有八九间房。常住此地的有三户人家：毛泽东、杨开慧夫妇住在楼下前厢房，蔡和森、向警予夫妇

中共三大后中央局机关——
三曾里模型

住在楼下后厢房，罗章龙住在楼上。对外称是"王姓兄弟"一家人。这个"家庭"以"关捐行"的职业作为掩护，即帮人填外文表格到海关去报税。向警予做事很有经验，就被推为户主。中央开会和里里外外的事都由她安排照顾。

陈独秀的寓所虽然在别处，但在三曾里专门设有床位，开会晚了或有事不能回去就在这里留宿。王荷波住在公共租界同孚路（今石门一路），也常来这里。共产国际代表常派人来此联系工作。恽代英当时是团中央书记，中央开会也要来列席。三曾里成为中共中央最高层领导决策中国革命前途和命运的重要机关所在地。

三曾里的革命家们平日工作生活节奏十分紧张。他们每天都要阅读《新闻报》《申报》《上海民国日报》《密勒氏评论》等多种中外报纸杂志，研讨国内国际的政治动向，草拟文件、决议，为《向导》等党报撰文，还经常静思澄虑直至深夜。但他们都以革命为信仰，经常开展批评与自我批评，改进工作，显现出一派蓬勃朝气之象。"同心若金，攻错若石""团结一致，同舟共济"成为他们共同遵守的信条。

为了更安全稳妥地开展工作，三曾里诸同志口头约定了一些共同遵守的纪律，即不准到外面上餐馆、不看戏、不到外面照相、不在上海街上游逛，休息时间和业余时间如要外出，可在空旷的地方散步，假日可到吴淞炮台、

同心若金，攻错若石

兆丰公园或松江、太湖、虎丘等地旅行。作为中央局机关，三曾里也有一套极其严格的保密制度。经常来往的几个人，对外就称亲戚串门。其他人只有在特殊情况下，经中央允许和来人接头后，方可进入。

杨开慧携两幼子来上海后，虽然仅在三曾里短暂居住了一段时间，但作为共产党员，她始终严格遵守中央机关的组织纪律和保密制度。据罗章龙回忆："湖南有个青年从长沙来找杨开慧，杨问明来意，知道他头次到上海，很想在此留宿，杨说不行，叫他回去。这个青年远道而来，很难过，杨说你一定要离开，以后也不能来，就把他送到了车站。"

虽然按照纪律，不能到外面照相，但三曾里"寓中自备有袖珍相机及暗室，并有冲洗放大设备"，经组织同意，杨开慧和彼时还不到两岁的毛岸英以及尚在襁褓之中的毛岸青拍摄了一张"不完美的全家福"。为什么全家福中只有杨开慧和两个孩子，却不见父亲、丈夫的身影？原来，由于中央有严格的纪律规定，毛泽东没有入镜。1930年11月，年仅29岁的杨开慧壮烈牺牲。这张留存下来的"不完美的全家福"，也就成了毛泽东对曾经携手并肩的革命伴侣的追思之物。

罗章龙著《椿园载记》中关于"三曾里三户楼"的记述

杨开慧和毛岸英、毛岸青合影

自古英雄出少年
——上海大学的师与生

上海大学的前身,是原上海私立东南高等专科师范学校(简称东南高师),这是一所打着陈独秀、于右任等人的旗号招徕学生,却教学设备简陋、师资力量薄弱的"学店"。在五四运动影响下,校内学生发动罢课,诉求改革校务,撤换校长。学生代表拜托邵力子出面力劝于右任担任新校长,此时正值部分国民党人想从教育方面寻找革命出路,竟真促成此事,1922年10月23日,上海大学在东南高师的旧址成立,就在青云路西宝兴路西首的一条弄堂里。

于右任接任校长后,趁国共合作酝酿时期,请求共产党人共同参与办学。1923年4月,邓中夏在李大钊推荐下,出任上海大学总务长,负责主持学校的行政工作,目的是把上海大学建设成为"党的干部学校",他制定了《上海大学章程》,鲜明地提出了"传播革命理论,培养建国人才,推动革命运动"的办学宗旨。同年7月,瞿秋白出任上海大学教务长,同时兼任社会学系主任,他与胡适的通信中表示,希望"上大能成南方的新文化运动的中心"。

邓中夏

上海大学聚集了中国共产党思想宣传战线的中坚力量,成为宣传马克思主义革命思想的前沿阵地。瞿秋白兼任系主任的社会学系是上海大学最大最活跃的一个系,开设了瞿秋白的《社会学概论》《马列主义哲学》、蔡和森的《社会进化史》、董亦湘的《民族革命演讲大纲》、杨贤江的《青年问题》、张太雷对列宁《帝国主义论》的解读、李达的《新社会学》等课程。教师们教学风格各有特色，给学生们留下了深刻的印象。在杨之华的记忆里，张太雷"轻松愉快"，蔡和森"循规蹈矩"，恽代英和萧楚女对问题分析一针见血、诙谐幽默。丁玲则喜欢沈雁冰（茅盾）讲的《奥德赛》《伊利阿特》，对每次上课讲得"手舞足蹈，口沫四溅"的俞平伯，讲西洋诗与讲惠特曼、渥兹华斯的田汉都记忆深刻，但她心中"最好的教员"则是瞿秋白。早年毕业于社会学系的刘昶曾也说瞿秋白非常受欢迎，"不仅外系的同学，甚至本校的好老师恽代英、萧楚女也来听课。教室容纳不了，只好站在窗外听课和做笔记"。

上大广揽贤才，除社会学系之外，中国文学系有陈望道、邵力子、谢六逸、沈雁冰、田汉、俞平伯、郑振铎等；英国文学系有何世桢、董承道、冯子恭、孙邦藻；美术科有洪野；中学部由教育家侯绍裘主持，精英云集，在短短两年时间内闻名遐迩，一时无二。1923年，著名女作家丁玲、沈雁冰妻弟孔另境、后来的"和平将军"张治中都到上海大学就读。上海大学招收了大批追求救国救民真理的进步青年，纷纷走向救亡兴国的道路，其中有在民主革命中牺牲的何秉彝、刘华、郭伯和、何挺颖、李硕勋、秦邦宪（博古），

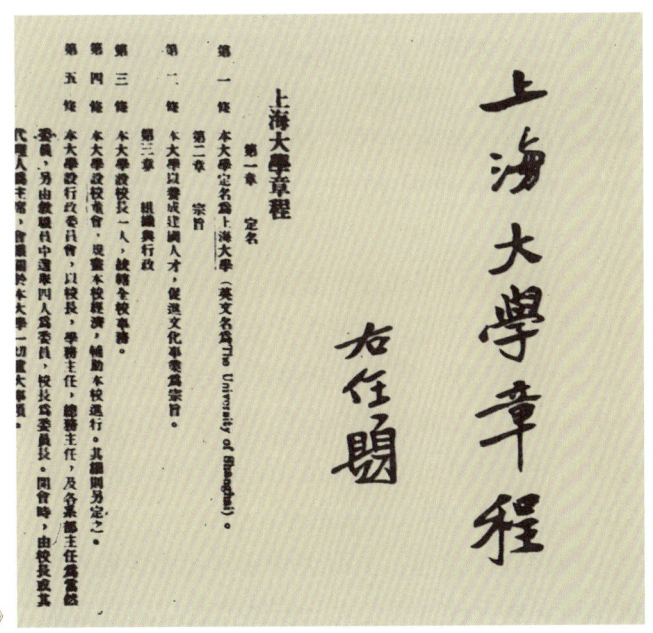

《上海大学章程》

有致力于在台湾地区共产主义事业发展的翁泽生、谢雪红。杨之华因与前夫沈剑龙志趣不投，只身来到上海大学读书，就此与瞿秋白结识，成为终身伴侣。国家领导人杨尚昆曾在上大社会学系学习，以"四川同学会"的名义在同乡中开展工作，并积极参加了第一、第二次上海工人武装起义的筹备工作。

上海大学的蓬勃发展，青云路校舍逐渐不能容纳慕名会聚而来的青年学子。1924年2月，上海大学迁往当时公共租界内的西摩路29号的时应里，即今恒隆广场的所在地，同时租下了敦厚里、甄庆里等民房作为中学部的教室，上海大学步入辉煌时刻。陈望道在其晚年的回忆录中写道："西摩路（今陕西北路），也就是当时上海大学校址，是'五卅'运动的策源地。5月30日那天，队伍就是在这里集中而后出发到南京路去演讲。"

为唤醒民众的阶级觉悟，上海大学全校教室晚间全部开放，举办平民夜校，提供免费书籍文具，吸引大批工人入学，刘华就是经上大附中进入上大后调到沪西工作，逐渐成长为被社会认可、民众肯定的上海工人的领袖。中共上大支部分别在其他工人聚集的地区组织夜校，顾正红就是当时沪西工人夜校的学生。五卅运动爆发前，上海大学学生就积极组织演讲，援助工人罢工，在上海学生运动中占有重要地位。1925年5月15日，以顾正红壮烈牺牲为导火索，五卅运动爆发，上海大学师生迅速发动了与周边院校联合的上街募捐活动，抚恤顾正红烈士家属，援助罢工工人，活跃在爱国游行示威阵线的前列，成为一面旗帜。五卅惨案中，上海大学社会学系学生何秉彝等11人中弹身亡，上海大学师生因领导民众战斗而致伤者近百人，被拘捕者达570余人。1925年12月17日，刘华在上海龙华被秘密杀害，结束了26岁年轻的生命。

上海大学开明的办学态度，还吸引和培养了一批进步女性。向警予在上海活动期间，经常到上海大学女生宿舍讨论时事政治问题，引导进步女生到女工中开展工作，顾正红牺牲后，她们还一起创作了短剧《顾正红之死》，并以上海各界妇女救国联合会的名义，在上海街头公演。杨之华被选中在课余协助向警予从事妇女革命运动，她与张琴秋、王一知等同学一起参与了上海妇委通电、宣言等文件的起草。

1924年2月起，上海大学秘密代办黄埔军校招生，为黄埔军校输送了一批优质学生。教员萧楚女、安体诚赴广州任黄埔军校政治教官，教员戴季陶

上海大学教师合影

任政治部主任。北伐战争中,成千成百的上大学子参与其中,在随之而来的革命浪潮中发挥了巨大作用,从而也成就了"武有黄埔、文有上大"之赞誉。

1925年起,上海大学被租界的帝国主义者以"过激"的借口封闭,师生们被迫频繁搬迁,后又在青云路师寿坊(西宝兴路东首)复校,在简陋的环境里继续学习。1927年春,上海大学在江湾镇奎照路圣堂路3号建成校舍,随即被迫停办,江湾镇的上海大学旧址,也在一·二八淞沪抗战中毁于日军轰炸。上海大学的档案和文件,在迁移的过程中,也多数流落,不为后人所知。

上海大学自1922年改组立校至1927年被迫停办,只留存了不到五年,却成为马克思主义知识分子的重要据点,领导并启发了一代进步青年,在短暂动荡的办学生涯里,凝结了众多青年革命者的热血。这座年轻的学校,和年轻的学子,从未背弃"以养成建国人才,促进文化事业为宗旨"的历史使命,以生命热血照亮此后百年家国篇章,成为中国近现代革命斗争史上一个不可忽略的重要节点。

在上海为革命牺牲的第一位共产党员
——黄仁与天后宫事件

轰动申城的天后宫事件

1924年10月10日下午,上海商界、学界等各团体在天后宫(今河南北路3号)为纪念辛亥革命13周年举行国民大会。国民党右派把持大会,意图帮助浙江军阀卢永祥打倒江苏军阀齐燮元。而中国共产党明确指出江浙战争实质是军阀争夺地盘之战,是帝国主义间接之战,主张打倒一切帝国主义和一切封建军阀。因此,中共上海大学党组织领导成员瞿秋白嘱咐参加国民大会的学生要注意国民党右派的活动,随时揭穿他们的阴谋。会前,上海大学的学生广为散发呼吁"打倒一切帝国主义,打倒一切军阀"的传单。会上,全国学生会总代表郭寿华发表演讲,说到"我们应当推翻一切军阀、一切帝国主义"时,台下爆发出热烈掌声,但却遭到国民党右派童里璋等人的阻挠。此时,一群手持木棍的暴徒涌入会场,同时有数人冲上主席台将郭寿华扯倒。几位年轻人奔上主席台严斥这一暴行,并与童里璋评理,

1883年的天后宫(河南北路3号)

表示支持郭寿华的演讲。不料,这群受国民党雇用的暴徒对台上的青年学生拳打脚踢,其中一位青年学生被暴徒们从七尺高的戏台上推落坠地。坠落青年脑部、胸部受到重创,当即昏迷,12日凌晨2时17分,在宝隆医院抢救无效身亡。这一由国民党右派酿成的天后宫事件,一时震动申城,且以其残暴血腥而触犯众怒。在血案中牺牲的这位青年学生,正是就读上海大学的共产党员黄仁,年仅20岁。

离川来沪求学上大

黄仁,字仁觉,1904年出生于四川富顺的一个普通的木材商人家庭。6岁那年,父亲病亡,与母亲、妹妹相依为命。五四运动爆发后,黄仁深感国家工业之落后,产生实业救国的念头,于1920年考入成都叙州旅省中学。他自感川地闭塞,为追求新思想、新文化、新潮流,先于1922年考入江苏省立第一工业学校,学工科。后于1923年考入中华职业学校机械班。在学校,他加入中国社会主义青年团,1923年转为共产党员。[1]他热心参加各种进步活动,并作为学校代表,参加上海学生联合会工作,还参加了夏令讲学的组织工作。1924年1月22日,为了集中力量领导开展上海地方的统一战线工作,中共上海兼区委和青年团上海地委举行联席会议,讨论国民党委员会的组织问题,上海国民党委员会的工作划分为七个区,黄仁负责第二区,他为当时国共合作做了大量工作。[2]通过大量的社会实践活动,黄仁思想上发生了很大变化,决定弃工从文。1924年9月,他考入了上海大学最热门的社会学系,学习勤勉,积极参加各项活动和革命斗争,是瞿秋白十分喜欢的学生。入学不久,黄仁就撰文号召革命青年组织团体,来"唤醒一般民众迷信洋教的迷梦"。

黄仁

---

[1] 吴基民:《七一回望:红色学府上海大学的澎湃往事》,《解放日报》2018年7月1日。
[2] 胡申生:《从上海大学走出来的英雄烈士》,上海大学出版社2020年版,第105页。

烈士蒙难精神永存

天后宫事件发生后第二天，上海大学学生会致电国民党中央，并向全国发出《上海大学学生横被帝国主义与军阀走狗摧残的通电》，强烈谴责国民党右派的暴行。中国共产党领导人也对这一事件迅速做出反应。陈独秀在《向导》周报上发表《这是右派的行动吗，还是反革命？》一文，文章尖锐指出："一个党的左右派分化，是应有的现象。不过近来国民党中所谓右派的反动行为，说他是右派实在还是太恭维了，实在只是反革命的帝国主义及军阀之走狗。"该文揭露了天后宫事件的深层次原因，那就是国共合作时期国民党右派幕后破坏合作的暗流涌动，波及申城有大量国共党员的国民党上海执行部和上海大学。10月13日，上海执行部召开执委会，在瞿秋白、毛泽东等委员的坚持下，通过惩凶、抚恤等办法。会议决定开除打人者童理璋、喻育之的党籍；并且明令在惨案现场的何世桢、周颂西、陈德征于3日内声明承认打人者"为军阀及帝国主义之奸细"，并要他们说明为何袖手旁观。叶楚伧从中阻挠，他提出要把开除童理璋、喻育之的决定的公布时间推迟一天，遭到与会者的一致反对。叶楚伧拗不过众人，就一走了之。23日，叶楚伧以"办理党务困难"为由向国民党中央要求辞去上海执行部职务。经过共产党和国民党左派的努力，初步打击了国民党右派的反动气焰。

10月26日，黄仁烈士追悼大会在上海大学校内举行。当时担任上海大学文学系主任的陈望道任主

邓中夏在《中国青年》上发表的《黄仁同志之死》一文

席主持了大会，何秉彝致悼词，瞿秋白、恽代英、邓中夏等均发表了十分感人的演说。何秉彝还在《向导》上发表了"哭黄仁烈士"的长诗，表示"要尽我这残生，继你的素志，为革命而战！"28日，《民国日报》刊登了《黄仁烈士传》。

黄仁烈士是上海为革命最早牺牲的革命青年、共产党员，他用自己年轻的生命为上海革命史留下了不可磨灭的一页，他的英名如天上的星星，熠熠生辉，永远闪烁。

"我是江南第一燕"
——瞿秋白在上海大学的故事

秋日的午后,阳光透过金黄的树叶洒下斑驳的影,漫步在繁花似锦的上海静安梅泰恒商圈。这时,陕西北路、奉贤路口一块静卧的石碑引起了路人的注意,上面中英文对照镌刻着:上海大学遗址。再细看小字的说明:上海大学成立于1922年10月,1924年由闸北青云路迁至此处(陕西北路299弄4—12号),是国共两党合作创办的文科大学。校长于右任,邓中夏、瞿秋白、恽代英、邵力子、沈雁冰、施存统、陈望道等参加校务工作,培养出大批革命干部……哦!瞿秋白,就是那位从书生到领袖的瞿秋白,他的足迹曾坚实地踏在静安这片土地上。

默默伫立于蓝天白云映照的摩天大楼下,人流如织,人声喧哗,而思绪已漫过百年烟云,飘向那所大学、那个课堂……是的,就在这里,仪容潇洒又才华横溢的瞿秋白无疑是最受学生欢迎的。

当时的瞿秋白刚从苏俄回来不久,他的《赤都心史》一书记载了他到达

宝山路三德里革命文化进步人士活动地旧照,瞿秋白曾在此居住

莫斯科后三年的工作与生活。1920年11月,他应聘为《晨报》特约记者,亲赴俄国,去十月革命后的红都莫斯科进行采访。之所以决然前往,不仅因为他流利的俄语、雄辩的口才、斐然的文采,更是由于五四运动埋下的火种促成了这一趟风雪旅程。而正是这不同凡响的三年,他亲眼看见了俄国社会主义革命的成果,更深入系统地了解马列主义理论。

瞿秋白

1921年5月,瞿秋白由张太雷介绍加入中国共产党,又在陈独秀访俄期间为其作翻译。1922年底回国后,在陈独秀的引荐下,他直接参加了党中央机关工作。1923年夏,由李大钊力荐,瞿秋白加入上海大学,并担任教务长兼社会学系主任。与此同时,陈独秀与李大钊又将编辑党刊《新青年》《前锋》的重任一并交给瞿秋白,可见对这位从苏俄采撷真理归来的革命青年的看重与提携。此时的瞿秋白住在上海闸北,以记者的身份进行公开活动。他的住处,布置得像一个作家的书屋,出入那里的也多是些青年作家。

上海大学创建伊始,百事待举。瞿秋白在1923年7月30日给胡适的信中写道:"既就了上大的事,便要用些精神,负些责任。"同年8月2日、3日,瞿秋白在《民国日报》副刊《觉悟》发表了《现代中国所当有的"上海大学"》一文,为上海大学倾注心血、设计蓝图,明确指出办学宗旨是使其成为"南方的新文化运动中心",根据此宗旨,分为两大学院:社会科学院与文艺院,期望上海大学各大系各大专业的学生,都应该拥有学习现代政治的意识。他引用俄国诗人涅克拉索夫的诗:人人不一定是诗人,做一个"公民"却是你所应当的。

1924年2月,大革命的浪潮已然掀起,报考上海大学的学生从160多人猛增到400多人,闸北青云里容纳不下了,于是搬迁到西摩路(今陕西北路)29号的时应里。

瞿秋白的才华世人瞩目,他出身的家族"世代簪缨,累世书香",他诗词、文章、书画、篆刻样样出众。他是诗人,写下了大量现代新诗和古体诗;他善绘画,山水画风清丽古雅;他善书法,颇受时人追捧;他善治印,郑振

共产党人在上海大学执教时编写的教材

铎结婚时,他送去"贺仪五十元",打开一看,却是两方印章,郑喜之不已。除此之外,秋白还沉浸于学术研究,写成了中国最早的文字改革专著《拉丁化中国字母》……

作家梁衡的《觅渡,觅渡,渡何处?》中写道:"他的才华熠熠闪光,听课的人挤满礼堂,爬上窗台,甚至连学校的老师也挤进来听。后来成为大作家的丁玲,这时也在台下瞪着一双稚气的大眼睛。"

丁玲的倾倒确有其事,她在《我所认识的瞿秋白同志》中有过回忆:"最好的教员却是瞿秋白。……他讲希腊、罗马,讲文艺复兴,也讲唐宋元明。他不但讲死人,也讲活人。他不是对小孩讲故事,而是把我们当作同游者,一同游历上下古今,东南西北。"

文学家孔另境曾是上海大学中文系的学生,他向两个女儿孔海珠、孔明珠回忆说:"瞿秋白的课是最有意思的,课堂是满座的,学生多得挤也挤不进去。"谈起瞿秋白授课的风采,当年上海大学的学生胡允恭在《我所知道的在上海大学》中写道:"秋白对欧洲各种哲学流派了如指掌,尤其对黑格尔的哲学,以及由黑格尔哲学到马克思主义哲学都讲解得十分透彻。他讲课经常了解同学的原有程度和接受能力,决不满堂灌。他常引用许多古今中外的故事,深入浅出地把一个个问题讲得极为通俗易懂。秋白十分注意结合当时革命斗争的实际,尽力讲清每一个概念。同学们很喜爱听他的课,每当秋白讲课时,再大的教室也总是挤得满满的。"

上海大学存在了不到5年时间，因校舍简陋，被戏称为"弄堂大学"，但它却以超常的魅力，聚集了当时一批思想先锋与风流才俊，造就了一大批革命精英，成为闻名遐迩的"红色学府"。当年19岁的王稼祥是上海大学学生，他在日后给自己堂弟王柳华的信中写道："上大为革命之大本营，对于革命事业颇为努力。余既入斯校，自当随先觉之后，而为革命奋斗也。"当时的革命青年中流传这样一句话：在中国，"文有上大，武有黄埔"。1925年初，中共中央指示中共上海区执行委员会在上海有条件的基层建立五个党支部，上海大学被选为第一支部。王观泉在《一个人和一个时代———瞿秋白》中记载，这个支部的党员有瞿秋白、邓中夏、张太雷、恽代英、王一知、施存统、蒋光慈等十多人，这是一支多么澎湃的革命力量！正如茅盾在《我走过的道路》中所说："平民女学是党办的第一个学校，上海大学是党办的第二个学校。"

1927年，在蒋介石密谋的四一二反革命政变后，上海大学被查封。

1927年，瞿秋白主持召开"八七"紧急会议，确定了土地革命和武装反抗国民党的总方针。"八七"会议也确立了以年仅28岁的瞿秋白为中国共产党的最高领导人。

1931年在中共六届四中全会上，瞿秋白被指责犯了"调和路线错误"，备受打击。在上海养病期间，领导左翼文化运动，做出重要贡献。

1935年6月18日，瞿秋白碧血洒长汀，留下《多余的话》，在将要英名流芳时却向自己举起解剖刀，将定格的生命价值又推上一层。拳拳之心，可昭日月，又何谓多余之言？

江苏武进的瞿秋白故居（以前是城西瞿氏宗祠）。故居门前有一条小河，叫觅渡河；河上有一座石拱桥，叫觅渡桥；河边还有一所觅渡桥小学（原名冠英小学），是秋白母校。当年梁衡到此，闻听"觅渡"二字心中暗惊，感叹桥名恰如秋白一生写照。

"觅渡"实在是一个颇费思量的词，觅渡、觅渡，渡何处？千古文章未尽才，秋白的一生短暂而光辉，荡气回肠又"误会丛生"，不禁令人想到一首悲壮的古诗《箜篌引》：

公无渡河，
公竟渡河。

> 渡河而死，
> 其奈公何？

他的一生都在"觅渡"，本质是笔墨书香的文人，却用病弱的身躯挑起一个政党统帅的重担。"为大家闯一条光明的路"，成为中国无产阶级政治与文化的先驱——

他第一个向中国人民实事求是地介绍了十月革命胜利后的俄国，并与列宁相见，"取得火种，把它点燃在中国的黑暗的大地"；

他第一个翻译《国际歌》，"让千万人用中文唱出国际歌"，让"英特纳雄耐尔"的词句从人们心中流淌；

他创办中共中央第一份日报《热血日报》，著述文论对当时的中国产生深远影响；

他力排众议，第一个明确支持毛泽东的农民运动观点，为毛泽东的《湖南农民运动考察报告》出版单行本，亲自撰写序言，并指示尽快出版发行；

他编制了中国共产党第一个《文件处置办法》，其基本思想、原则和方法沿用至今。

他是正确评价鲁迅第一人，并将此看成是"文化革命"战线上的一个重大任务。他被鲁迅引为终生知己："人生得一知己足矣，斯世当以同怀视之。"鲁迅对秋白的过早离世痛惜道："这在文化上的损失，真是无可比喻。"

秋白有诗云：

> 万郊怒绿斗寒潮，检点新泥筑旧巢。
> 我是江南第一燕，为衔春色上云梢。

于秋白的坦荡清白人生而言，这个"江南第一燕"当之无愧！

要为真理而斗争
——《向导》的故事

上海书店的被查封是在 1927 年初，反动当局查封上海书店的理由是"印刷过激书报，词句不正，煽动工团，妨害治安"。于是，中国共产党人奋起反击，又在上海闸北宝山路宝昌路口开设宝山书店，并于 1927 年 3 月 27 日，上海工人第三次武装起义胜利后第五天，上海工人代表大会在闸北湖州会馆召开的当天，在《民国日报》等各大报纸上刊登《〈向导〉〈新青年〉〈中国青年〉上海总发行所启事》，宣称"革命军已到上海。直、鲁余孽已肃清，本社为应革命的民众之需要起见，特以在上海闸北宝山路宝昌路口设临时发行所，准于本月二十七日开始交易"。

这是一个重要信号。因为《向导》《新青年》和《中国青年》，是当年中国三大最具影响力的进步刊物，尤其是《向导》的横空出世最鲜明体现了中

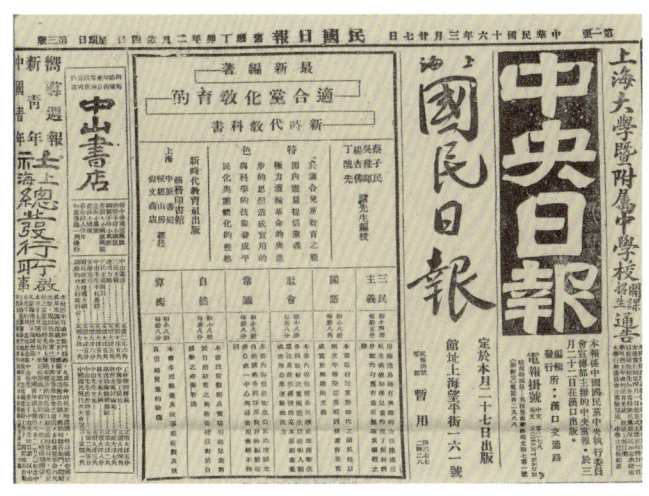

1927 年 3 月 27 日，《民国日报》上刊登的《〈向导〉〈新青年〉〈中国青年〉上海总发行所启事》

国共产党人的初心，体现了开天辟地的一代让思想冲破牢笼的理论品质——

《向导》周报本是中国共产党专为"国民革命"运动而创办的刊物，后来就成为正式党报了。……当时，觉醒起来的城市和乡村民众，有很大的求知欲，要知道这次革命究竟领他们往哪里去的。但他们在国民党宣传品中找不到满意的解答，即使这些宣传品是共产党员写的。他们去找共产党自己的宣传品，找《向导》《新青年》《中国青年》。他们一旦明白，原来共产党果真是要废除私有财产制，要"共产"，而这革命是客观发展必然的结果，是不可避免的。于是工人和农民怀抱了这个最后的目的来参加目前仅仅反帝国主义和军阀的斗争。[1]

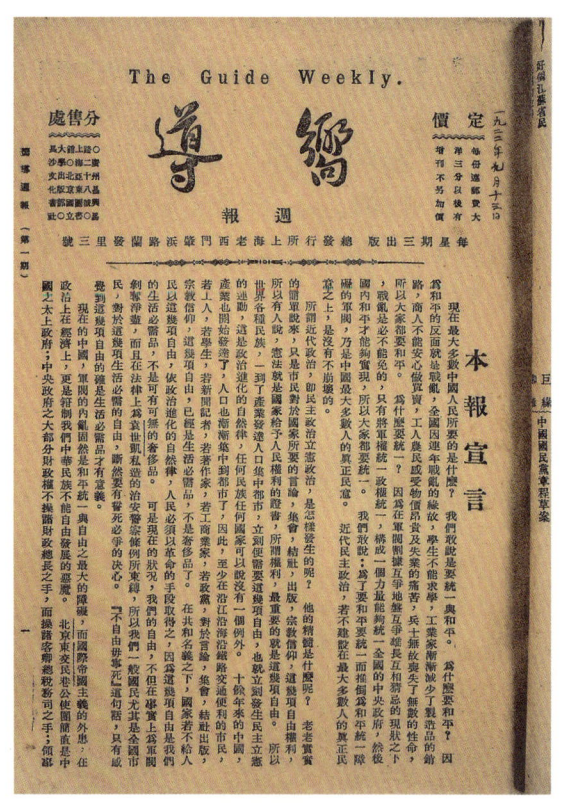

1922年9月13日出版的《向导》周报第一期

尽管郑超麟是《向导》全盛时期的实际主持者，但《向导》的真正灵魂还是蔡和森。蔡和森是毛泽东的同乡、知交。1919年12月，毛泽东专程到上海送蔡和森、蔡畅、向警予等人赴法勤工俭学。1920年9月，蔡和森致信毛泽东，明确主张"明目张胆正式成立一个中国共产党"。1921年1月，毛泽东回复蔡和森，热情洋溢地说："你这一封信见地极当，我没有一个字不赞成。"

1921年10月，蔡和森回国抵沪，正式加入中国共产党，并于第二年6月参加中共二大，当选中央委员，任《向导》主

---

[1] 郑超麟：《郑超麟回忆录》，东方出版社1995年3月第一版，第88页、第111页。

编，与夫人向警予同住"慕尔鸣路一个弄堂房子"——

> 慕尔鸣路房子两楼两底，厢房沿马路，且有一个过街楼，从楼上前厢房通过去横过弄堂。彭述之就住在这过街楼内。楼上厢房空着，中间放一张大方桌，桌子旁边几把不整齐的椅子。靠过街楼方面有一张空床，现在我的铺盖就摊在这空床上面。后厢房是瞿秋白的寝室，他的爱人死去不久，现在是鳏居。客堂楼住着蔡和森夫妇。楼下客堂间住着李隆郅夫妇。张太雷的母亲，老婆和孩子则占据楼下全厢房。亭子间住着两个娘姨，一个是服侍瞿秋白的；另一个，龙嫂，是毛泽东从湖南带来，现在替我们烧饭。[1]

当年的慕尔鸣路即现在的茂名北路。当年的蔡和森、瞿秋白、彭述之、郑超麟等人的住处等于是《向导》编辑部。所以"慕尔鸣路房子是有名的布尔塞维克机关，反动派很注意"。[2] 所以，1924年10月10日下午，天后宫猝发血案，上大学生黄仁惨死暴徒之手，《向导》编辑部也就随蔡和森、向警予、彭述之、郑超麟等人的"迁出慕尔鸣路"而搬到了哈同路民厚里。

蔡和森

> 这是张伯简找的房子，房租很贵，两个统楼每月四十元。二房东是两代寡妇，住在蔡和森夫妇楼下；我和彭述之住在另一间统楼，楼下是其他的房客；龙嫂替我们烧饭，毛泽东回湖南去，把她留下来给向警予。当时，民厚里很有名，叫黄包车时，无须说什么路，只说民厚里，大多可以拉到。民厚里住的人很复杂，尤多官僚政客，因为朝西去再没有弄堂式房子了，朝东也须到西摩路才

---

[1] 郑超麟：《郑超麟回忆录》，东方出版社1995年3月第一版，第82页。
[2] 郑超麟：《郑超麟回忆录》，东方出版社1995年3月第一版，第84页。

有弄堂式房子。上海大学在西摩路,所以民厚里住了好多上大学生,我们常听见人唱国际歌。[1]

当年的哈同路即今铜仁路。虽然而今的安义路远无往昔民厚里的"有名",1994年重建的上海大学也早已不在西摩路(今陕西北路)上,但《向导》也好,《新青年》也好,《中国青年》也好,宝山书店也好,它们之于现代中国的影响,却与史长存,永不湮灭。因为革命是不朽的。因为无论何时,无论何地,人成其为人的基本要素之一就是发现真理,接受真理,传播真理,捍卫真理。

---

[1] 郑超麟:《郑超麟回忆录》,东方出版社1995年3月第一版,第90页。

不要管我，我自有办法
——李立三和总工会的故事

永远难忘这样一段话："血曾经淌在这块地方，总有渗入这块土里的吧。那就行了。这块土是血的土，血是我们的伙伴的血，还不够是一课严重的功课么？血灌溉着，血滋润着，将会看到血的花开在这里，血的果结在这里。"

这一段话被叶圣陶写进了他的《五月三十一日急雨中》。叶圣陶是现代中国著名作家，当时正在商务印书馆编《小说月报》。

他在五卅惨案发生后"一口气赶到'老闸捕房'门前"。他"想参拜伙伴的血迹"。他"想用舌头舔尽所有的血迹，咽入肚里"。但是，老闸捕房门前什么也"没有了，一点儿也没有了！已经给仇人的水龙头冲得光光，已经给烂了心肠的人们踩得光光，更给恶魔的乱箭似的急雨洗得光光"！

于是，叶圣陶以其"满腔的愤怒"，"诅咒"世间"种种的魔影"，对"拦路的荆棘"大声说："你们灭绝！你们消亡！永远不存一丝儿痕迹于这块土地上！"于是，李立三主持召开各工会代表会议，宣布代表上海21万工人的上海总工会正式成立，由他出任委员长，公开挂牌办公，会址便设宝山路宝山里（今403弄）。

李立三，本名李隆郅，1899年生，湖南醴陵人，1919年赴法勤工俭学，1921年加入中国共产党，1922年担任中共湘区最早的产业工人支部——安源支部书记，同年5月担任安源路矿工人俱乐部主任，1924年担任中共上海地方执委会工农部主任兼工会运动委员会主任，1925年领导上海日资纱厂工人举行规模空前的罢工斗争，是中国工人运动当之无愧的卓越领袖，深受广大工人爱戴，同时也就不可避免地遭到中外反动派的敌视和算计。他们不择手段地打击他，谋害他。

上海总工会在五卅运动中成立

当时敌人相互勾结，策划了这么一个计划：准备出高赏（每人给五块钱）收买几百个人，叫他们以手枪、斧头等凶器武装起来，去捣毁总工会，杀死工会领导人，然后借口总工会没有能力领导工人，由驻军出面占领总工会大楼，最后让青帮头目来承担改组总工会的任务。我们是先听到一些风声，但也没有太多地注意。[1]

李立三经历过太多风浪，浑身是胆，大意了。结果，1925 年 8 月 22 日下午，李立三正在总工会的办公室里埋头工作，真就有人找上门来，大声嚷嚷，非得李立三见他。

李立三见他胡搅蛮缠、形迹可疑，马上对总务主任刘少奇说："此人很可疑，很可能是受人指使，想把我们拴在这里。弄不好，后面会有一帮工贼跟过来捣乱。你马上就走，快叫小沙渡工人纠察队过来保卫总工会。"

---

[1] 李立三：《自述》，原载《李立三百年诞辰纪念集》，中共党史出版社 1999 年 11 月第一版，第 558 页。

不要管我，我自有办法

刘少奇问："那你怎么办？"

李立三说："不要管我！我自有办法！"

刘少奇一走，李立三一边关照会计把现金锁进保险箱，一边收拾文件，把最要紧的揣进衣兜。

五卅运动中的李立三，时任上海总工会委员长

> 我只耽搁了五分钟，正准备离去，前庭就闹起来，响起了喊声和枪声。负责保卫我的两个同志堵住楼梯口，准备战斗。我从屋脊上跑到邻近房内，给总工会各区办事处写了一份指令。[1]

李立三的指令是在一位老奶奶家的阁楼上写的。那是一位好心的工人老奶奶。她见李立三处境危急，便将他反锁进她家堆放杂物的阁楼里，又给他找来纸笔，让他利用板壁缝里透进来的一丝光亮写指令，一口气写下四点：（1）各区立即派出工人纠察队（每一区不少于500人）来总工会；（2）全体工人纠察队集合，保卫各区工会及总工会办事处；所有干部在办事处守夜，领导反对工贼、反对帝国主义的斗争；（3）立即召集代表会议讨论决定第二天上午10点组织保卫总工会、反对工贼、反对帝国主义的示威游行；（4）各工会要全力以赴动员群众参加明日游行。

李立三刚写完，老奶奶已找来四五个年富力强的可靠工人。他们拿上墨汁淋漓的指令便分头分送，李立三则不顾个人安危，在另外一些闻讯赶到、自发前来保护他的工人簇拥下返回总工会。

这时大楼已被戒严部队占领，工人纠察队无法进去，便马上找戒严司令要求立即撤出，否则工人纠察队和戒严部队一旦发生冲突，就要他

---

[1] 李立三：《自述》，原载《李立三百年诞辰纪念集》，中共党史出版社1999年11月第一版，第559页。

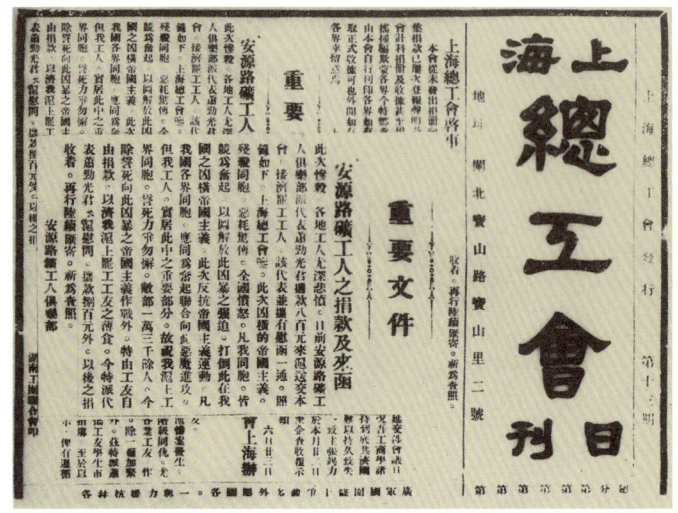

上海总工会机关报《上海总工会日刊》

向上海公众舆论负责。戒严司令被迫同意。我和工人纠察队一起进入工会大楼,看到楼里有好几个人躺在血泊里(当时共有8人受伤),惨不忍睹。我把事情处理好,就去中央开会。[1]

李立三赶到,所有中央领导喜出望外,热烈鼓掌。因为刘少奇脱险后即向中央报告,说李立三掩护他撤退,自己留在总工会内应变、抵挡。大家都以为他凶多吉少,业已遇难。而陈独秀更是拍案怒起,挥毫起草指示,命令上海各区委强烈反抗,统一出动,以所有可以动用的资源,不计后果地全线反击反动派。

李立三赶忙劝阻大家,千万别蛮干。他说这样一个指示一旦下达,定将引起全市恐慌,其结果只能是工会彻底倒台,斗争成果荡然无存。

李立三的劝阻有利、有理、有节,赢得了中央大多数领导的赞同。于是,第二天,不计后果的大反击变成秩序井然的大示威。浩浩荡荡的示威游行队伍涌上上海街头,充分展现了社会各界对于帝国主义分子及其走狗的革命愤慨和保卫工会组织的坚强决心,大大强化了总工会及其领导下的总罢工。

---

[1] 李立三:《自述》,原载《李立三百年诞辰纪念集》,中共党史出版社1999年11月第一版,第559页。

此身已非昔比，今后专干革命
——陈云和商务印书馆的故事

商务印书馆，中国近现代出版业的开端，1907年落成新厦，在上海闸北的八十余亩土地（今宝山路499弄）上建起印刷总厂和编译所；又于1919年由本馆工程师舒震东研发成功我国第一台真正具有实用价值的华文打字机，被万氏兄弟（万籁鸣、万古蟾）拍成第一部国产广告动画片，在社会上公映，引起大轰动。同年，年仅14岁的陈云高小毕业，经青浦颜安小学校长、恩师张行恭介绍，进商务印书馆当学徒，被分配在发行所做文具柜台练习生。对此，陈云的晚年回忆是："从青浦到上海，这是我人生中间非常重要的一段，这步迈出去以后，才有机会接触到共产党，才有这一生。"

陈云加入中国共产党是在1925年。这一年初，陈云学徒期满转为店员，被大家推选为商务印书馆罢工临时委员会委员长。8月22日，商务印书馆发行所成立职工会筹备会，陈云又当选委员长，与沈雁冰（茅盾）等人一起领导了全馆职工罢工。

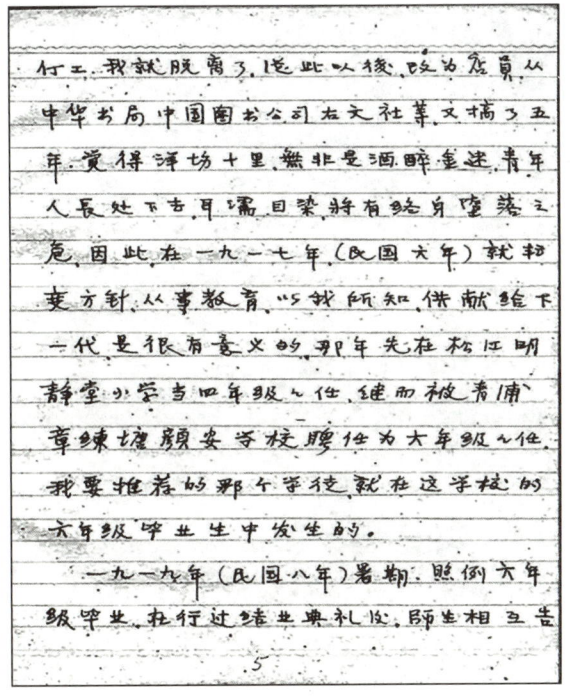

张行恭校长回忆介绍陈云到商务印书馆的信件

罢工是由发行所（主要是虹口分店，那里的廖陈云（陈云）、章郁庵都是党员）先发动而印刷所立即响应的。而诱发此次罢工的原因则为商务当局有裁减职员之议而为职工所知。……当天晚上在天通庵路三民学校开会讨论，因军警干涉，临时易地数次，最后在青云路上海大学附属中学开会，到一百六十八人。会议至二十二日凌晨结束，决议罢工，提出复工条件十二项、职工会章程草案、罢工宣言等，并选临时委员十五人：有廖陈云（委员长）、赵耀全、章郁庵、徐新之、孙琨瑜等。罢工就此开始了，这是 22 日的事。[1]

发行所带头罢工后，陈云、孙琨瑜、徐新之、恽雨棠等人便前往印刷总厂发动更多人。当晚，印刷所工会、发行所职工会、总务处职工会的代表在东方图书馆底层召开会议，宣布联合行动。

1926 年 6 月，商务印书馆上海虹口分店暨中国商务广告公司同仁合影。后排右五为陈云

---

[1] 茅盾：《我走过的道路》上，人民文学出版社 1981 年版，第 281—282 页。

此身已非昔比，今后专干革命

第二天（23日），上午，罢工执行委员会开会，汇总复工条件。下午，四千多罢工职工在东方图书馆俱乐部前的广场上集会，由陈云担任大会主席。

二十三日下午，罢工职工共约四千人（印刷所三千余人）在商务印书馆编译所对面的东方图书馆之俱乐部前面的广场上开大会，廖陈云主席，当场决定归并两所（发行、印刷）一处所提的要求为若干条，其中重要的，如公司应承认工会有代表全体职工之权；增加工资；缩短工作时间，废除包工制，优待女工。二十四日，编译所全体职工也罢工了。[1]

8月24日，上海《时报》报道了商务印书馆罢工的消息，题为《职工会委员长之谈话》，其中特别说到"自前日至今，公司方面虽屡有人来此接洽，但均非正式，且无结果"；所以，陈云认为："在工会方面，确有组织工会之

1925年8月24日，上海《时报》报道了商务印书馆的罢工消息

---

[1] 茅盾：《我走过的道路》上，人民文学出版社1981年版，第282页。

必要，其理由有二：(一)增进公司与同人之感情；(二)排除公司与同人之种种隔阂。故先邀公司承认工会，然后再开谈判。在公司方面，增加若干俸金，或肯容约磋商，但须打消工会之组织。由此以观，双方相差太远，风潮当不能即日平静。"

到了26日，罢工进入第五天，劳资双方在总务处会客室继续谈判，忽然有淞沪镇守使派来的一个营长带了几个卫兵闯进来"调解"，趾高气扬地宣称，你们工人说要成立工会吗？那不成。联帅（指直系军阀孙传芳，时称五省联帅）命令取缔一切工会。几千人罢工，地方治安就不能维持了，限你们双方今天立即签字复工。这一番话，劳资双方，都不赞成，都不作声。这个营长就拍案而起，威胁说，明天我派兵来，一定要复工，说着就朝外走。

罢工直至27日方始出现转机。迫于各地学校开学在即，急需教科书，商务资方被迫做出让步，承认工会有协调职工与公司之效用；从10月起增加工资，增幅从百分之三十到百分之十不等；发行所柜台减少工作时间1小时，如办不到，此1小时照加工资；女工生产前后各休业1个月；公司不因罢工开除此次罢工人员，罢工期间的薪水照发。协议还规定，上议各条，自签字之日起实行，有效期为3年。

28日上午，商务印书馆全体职工在东方图书馆广场集会，由沈雁冰代表罢工中央执行委员会报告谈判经过，解释了跟馆方达成的协议内容。到会职工一致同意复工，这场历时7天的罢工斗争，最终取得了胜利。同时，陈云的思想也发生了重大转变。他从小小的柜台出发，一步步投身于革命的滚滚洪流，踏上了为中国共产党领导的中国人民解放事业的道路。所以，他后来写自传，特别强调自己"罢工以后，就接近了党了"。他"觉得此身已非昔比，今后不是做'成家立业'的一套，而要专干革命"。这是一个"人生观上的改革"。这一个"改革"对于他的人生"有极大的帮助"。

我们心中果然有热的血
——《热血日报》的故事

五卅运动爆发以后，商务印书馆资本家为了表示爱国或其他原因，拿出一万元给职工办一张小报。职工们于是出了《公理日报》。固然是爱国的，同情当时轰轰烈烈运动的，但态度温和而稳健。瞿秋白看到后对我说：哪里有甚么"公理"！我们自己来办一个《热血日报》罢。几日之后就办起来了。[1]

据郑超麟生前回忆，《热血日报》"编辑部设在闸北香山路东端与之垂直的路（似是宝通路，总之在东方图书馆西边）的一条弄堂内的最后一幢房子。编辑室设在楼上。发行所另在一个地方"。[2]

郑超麟说他从"未去过"发行所，亦"忘记了谁负责"。其实《热血日报》的发行所也在闸北，即北浙江路（今浙江北路）华兴坊（今343、373弄）56号。

至于印刷，最初是交给了公共租界梅白格路（今新昌路）186号的明星印刷所。明星印刷所规模较大，老板徐尚珍同情共产党，主要"为中共中央代印文件、书刊"，[3] 其中包括《向导》《中国青年》等。

---

[1] 郑超麟：《我所知道的瞿秋白——我做过瞿秋白的秘书》，原载《怀旧集》，东方出版社1995年3月第一版，第11页。
[2] 郑超麟：《我所知道的瞿秋白——我做过瞿秋白的秘书》，原载《怀旧集》，东方出版社1995年3月第一版，第11页。
[3] 毛齐华：《风雨征程七十春——毛齐华回忆录》，当代中国出版社1997年6月第一版，第36页。

1925年6月4日,《热血日报》创刊,瞿秋白主编,这是中共中央创办的中国共产党历史上第一份日报

《热血日报》的正式出报是在1925年6月4日。瞿秋白以他执笔的发刊辞号召"全上海市民"以"热的血和冷的铁"来彻底"洗涤"既往的"洋奴冷血之耻辱"。《热血日报》就此"每天下午都送到上海总工会由工人们去分发。日报刊登一些有关'三罢'的情况和社会上的动态,使广大群众及时了解五卅运动的进展情况,深受广大市民的欢迎"。[1]

《热血》销路超过了《正义》,印刷厂印出来几乎不能供给需求,但二十几日后被巡捕房发现,老板吃了二日官司,工厂被封,罚款了结。

---

[1] 毛齐华:《风雨征程七十春——毛齐华回忆录》,当代中国出版社1997年6月第一版,第30页。

这些损失由我们赔偿。[1]

从1925年6月4日至,《热血日报》虽然只出版了24期,但作为中国共产党创办的第一份日报,自有特定意义。

瞿秋白临危受命,从中央宣传部、上海《民国日报》抽调出中共党员郑超麟、沈泽民、何味辛等人组成编辑部,几个人挤在一个狭小、简陋、密不通风的房间里,一边忍受着酷暑的煎熬,一边在昏暗的灯光下奋笔疾书。不眠不休奋战了两天两夜后,中共中央报刊史上的第一份日报《热血日报》终于在1925年6月4日正式出版了,《热血日报》是八开大小,每天四版,可容一万多字,售价一个铜板,采用编写合一的形式。销量在三万份左右,比同时期的《公理日报》多了一倍,甚至还因为销量增大而易地发行。

内容包括揭露五卅惨案真相的长篇报道、反对军阀政府媚外求和的屈辱政策,批判民族资产阶级的怯懦软弱,弘扬上海民众反帝爱国风潮的各种文章,战斗性强、鼓动性高,可谓是张张、字字、句句都能使人感受到满腔的爱国热血在沸腾,一如其发刊词中所说的,"已被外人的枪弹烧得沸腾到顶点了"。

《热血日报》编辑沈泽民

编辑部的分工是:瞿秋白任总编辑并负责撰写社论,郑超麟写文章,沈泽民,何味辛编写新闻,有时也写文章。[2]

报馆地址则采用虚拟地址,从第2期到第11期的报头左边都以小号字体登的通讯处地址是"北

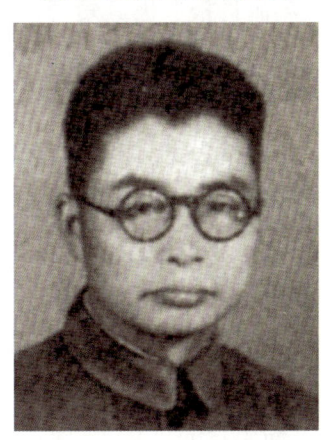

《热血日报》编辑何味辛

---

[1] 郑超麟:《郑超麟回忆录》,东方出版社1995年3月第一版,第88页、第105页。
[2] 郑超麟:《怀旧集》;东方出版社1995年3月版。

浙江路华兴坊五六七号转"。从第12期起，通讯地址改为"社址上海北浙江路华兴路五十六号"。

1925年的6月16日（是时该报已发行至第13期）在上海《民国日报》头版刊登的启示："兹为扩大销行的范围起见，特设发行所于北浙江路底华兴路五十六号。"可见，北浙江路56号仅仅是发行所，《热血日报》头版上刊登发行所地址，应该是出于保护编辑部的目的，这也是特殊年代的特殊情况。查考前期"北浙江路华兴坊五六七号转"，"转"也就暗示了此地址可能只是代收稿件、邮寄订阅函和读者来信，而非编辑部或报社。而后期特意把"转"去掉并且加上"社址"则是一种迷惑敌人的手段。[1]

6月23日，《热血日报》被禁售，坚持了几天，27日清晨7点左右，梅白格路（今新昌路）186号的明星印刷所，突然被大批巡警包围，巡警查获印刷所承印的大量《热血日报》和《劳动青年》《陈独秀演讲》小册子，随即查封印刷所。

郑超麟所说的"自己的印刷厂"指的就是位于闸北的地下印刷所，虽然《热血日报》极其短寿，总共出版了24期，但它以大量篇幅对五卅事件进行了连续报道，撰写了包括《中国人不要做外人爪牙》《推翻媚外的军阀官僚》等一系列猛烈抨击帝国主义、反动军阀、买办资产阶级的丑陋嘴脸、罪恶行径的文章，把报刊的宣传作用发挥到了极致，让更多的上海人了解到事实真相，从而积极投入五卅爱国运动中。

尤其值得一提的是，第九期至第十二版的《热血日报》还特意将第四版整版设为"呼声"，以刊登"民众中发出的反抗声"，其中就有身受日本纱厂资本家压榨的工人们的控诉，有店员、职员、商人、警察、记者对反帝救国的热烈建言，甚至有日本海员声援中国民众的投书，真正做到了"反映中国革命民众的日常斗争而予以指导"，为"一班彷徨歧路的革命群众指示出一条出路"，真所谓"一支秃笔，三寸不烂之舌"，可以"横扫千军"！

---

[1] 何霞：《热血日报：中共第一份日报》，《联合日报》2020年7月18日第2版。

我们为之付出的一切，都是值得的

——国华印刷所的故事

1925年6月23日，《热血日报》被禁售，坚持了几天，27日清晨7点左右，梅白格路（今新昌路）186号的明星印刷所，突然被大批巡警包围，巡警查获印刷所承印的大量《热血日报》和《劳动青年》《陈独秀演讲》小册子，随即查封印刷所。

明星印刷所被查封了后，《热血日报》的印刷便就转到了崇文堂印务局。崇文堂印务局亦名国华印刷所，是中国共产党自己创办的地下印刷所，设在闸北中兴路西会文路（一说香山路香兴里，毗邻今宝昌路临山路口）的一条弄堂里，为两上两下石库门房子，所长倪忧天。

倪忧天，原名倪中虚，浙江鄞县（今宁波鄞州区）人，1895年生，1911年到省城杭州，入浙江官纸印刷局学排字，1913年去《之江日报》当技工，又进浙江印刷公司任缮校，1920年任浙江印刷公司工作互助会总干事长，1921年以"民族革命团体领袖"身份赴苏联参加远东各国共产党和民族革命团体第一次代表大会，1923年加入中国共产党。

1925年夏，倪忧天奉命创办崇文堂印务局，苦于少帮手，就通过上海印刷总工会的郑复他和徐梅坤找到了毛齐华——

> 那时我虽然工作非常忙碌，但深知创办地下印刷厂的重要性和迫切性，便毫不犹豫地接受了这项艰巨的任务，每天利用晚上和工余时间，协助倪忧天工作。[1]

---

[1] 毛齐华：《风雨征程七十春——毛齐华回忆录》，当代中国出版社1997年6月第一版，第30页。

当时印刷所里有两部对开机，一部圆盘机（脚踏架），一部切纸机（刀架），一只浇字摇炉，一副老五号宋体钢模，以及三、四号铅字等。倪忧天、毛齐华，以及排字房的负责人陈豪千，个个热情高涨，干劲十足，就是凭着这些设备，确保了《热血日报》的继续出版。

但《热血日报》终究仅"勉强印了一期"，就"停刊"了。[1]

同样，崇文堂印务局亦因"上海的反动势力活动猖獗，形势一天比一天紧张，环境越来越恶劣"，而于1925年秋，停产关门，紧急撤离全部人员。

尽管国华印刷所没有被敌人查抄，但随时可能被敌人破坏。为了保密，拆卸机器没有请外人，我一个人夜以继日地拆卸、整理、装箱；用了两天多的时间拆卸完，然后雇了两辆老货车，把机器运到新厂址安装好。再由倪忧天通知原国华印刷所的陈豪千等人来厂开工印刷，厂名定

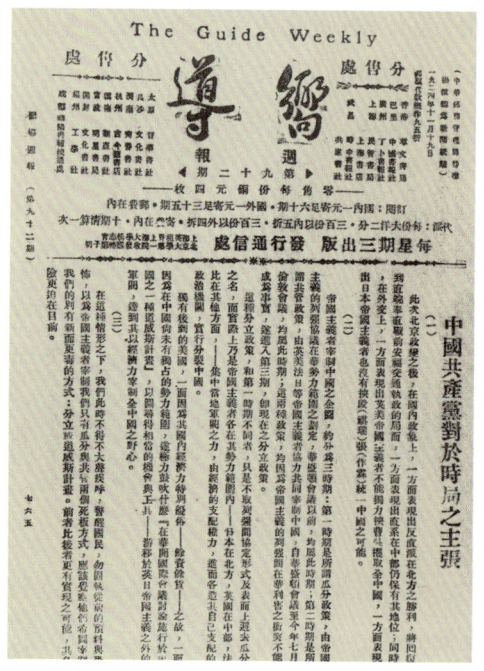

国华印刷所印刷的《向导》

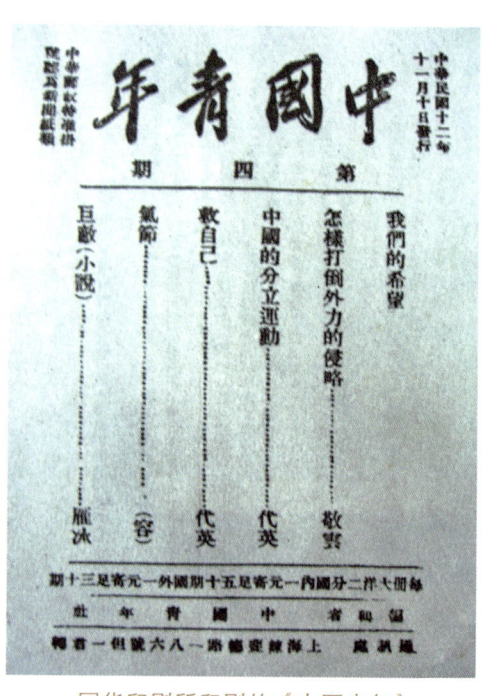

国华印刷所印刷的《中国青年》

[1] 郑超麟：《郑超麟回忆录》，东方出版社1995年3月第一版，第105页。

我们为之付出的一切,都是值得的

为"和记印刷厂"。[1]

停工延续至 10 月,拆卸全部设备的工作由毛齐华主持,国华印刷所终于搬离香山路,转移至别处。

从 1925 年 6 月创办到同年 10 月停办,国华印刷所和崇文堂印务局的历史仅有短短 5 个月的时间,但他们先后承印了五卅运动宣传品、上海总工会的小册子、马列主义书籍、各式传单、公告和党内刊物。还先后印发了《向导》《向导丛书》《中国青年》《平民课本》《新社会观》《青年平民读本》等一大批革命启蒙刊物。

新的和记印刷厂"在青云路青云桥南,靠近横浜河,设在广益里内东边的一幢半房子里",总的负责人仍然是倪忧天。

后来,青云路的那个厂也暴露了,党的地下印刷厂就又马上转移,迁过苏州河,搬到新闸路 638 弄新康里(今斯文里)22 号,租了两幢房子,挂文明书务局的牌子。

晚年毛齐华细说以往,依旧清晰、动情。他说他的话"并非多余",因为"我们心中果然有热的血"。因为"我们心中的血,只要依然热着;只要今天的人们,尤其是青年朋友,依然热着心中的血;那么,我们为之付出的一切,就都是值得的"。

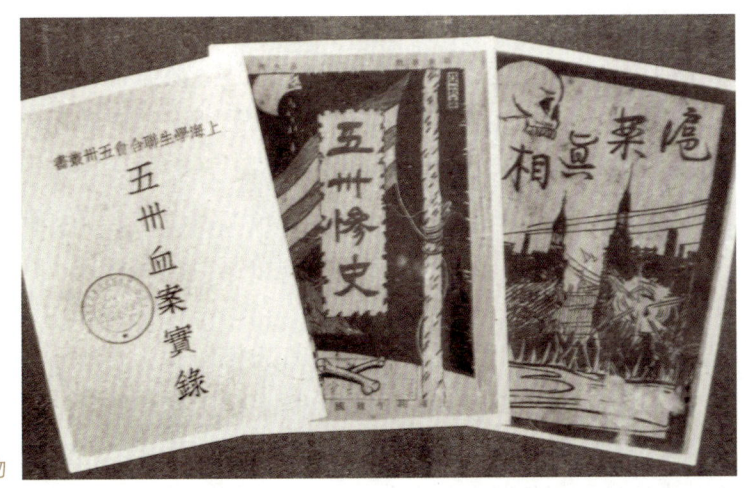

五卅运动宣传刊物

---

[1] 毛齐华:《风雨征程七十春——毛齐华回忆录》,当代中国出版社 1997 年 6 月第一版,第 38—39 页。

中国的"第比利斯地下印刷所"
——文明印刷所的故事

茅盾先生有一篇著名的散文,叫《第比利斯的地下印刷所》,介绍了1903年至1906年斯大林与其他革命者曾经在这个"地下印刷所"秘密印制革命报刊和宣传品。茅盾先生用准确生动的语言再现了这个隐蔽性极强、结构精妙又颇具革命浪漫气息的印刷所,令人读来不禁有探险之感。无独有偶,20世纪20年代,在上海的公共租界里,也有这么一所革命的地下印刷所。

1926年初,在公共租界的热闹地段,新闸路638弄23号(今新闸路大田路口),挂出了一块不甚醒目的牌子:文明印务局,亦即文明印刷所实体之所在。这便是经倪忧天建议,由杨杰(毛泽民)同志报经中共中央出版委员会批准而成立的,负责排、印、制型和制本等业务的综合印刷厂。

当时的新闸路638弄23号是一幢两层砖木结构的旧式石库门里弄住宅,位于西斯文里。这里,周围交通四通八达,还有福新面粉厂等不少中小型工商户以及众多寺庙、教堂、同乡会馆和公所。这样的环境比较利于地下印刷所隐蔽。与此同时,在新闸路的另一头,还有着另一家中共中央重要地下印刷机构中兴印刷所。因此,一条新闸路上,出现了两家中共中央重要的地下印刷机构——文明印刷所和中兴印刷所,一西一东,为安全起见,他们互不往来。

文明印刷所的设备主要是由原青云桥印刷所搬迁而来,负责排印党的内部文件和公开查禁的书籍。审核流程上,所有印件皆由毛齐华专程护送到杨杰(毛泽民)同志手上。自此,文明和中兴两个印刷所的总负责人都是倪忧天,由毛齐华担任具体经办与联系人,并兼任两厂党支部书记。

不出两个月,两家印刷厂就已经扩至20多名印刷工人,骨干多是共产党中国的"第比利斯地下印刷所"

文明印刷所遗址旧照

中兴印刷所旧照

员和共青团员，学徒则多为中共领导人的子弟，政治素质高，组织纪律强。

但受限于现实，环境和劳动条件都比较差，厂房面积原本就小，而机器却都是大块头，操作工人脚下几乎没有立锥之地，只能在机器底下钻来爬去，老实说，安全隐患的确不小。但为了吹响革命的号角，把党的先进思想广为传播出去，大家的责任心和工作热情都空前高涨，从来无人抱怨。

尽管条件艰苦，但没有人将此仅当作一份养家糊口的差事，更多的是将其视为星星之火可以燎原的崇高事业。

随着上海工人运动的日益高涨，军阀政府和租界巡捕房对印刷所的管制格外严酷。今人可能会问，既然如此，文明印刷厂又凭什么能在上海白区长期存活下来呢？非常时期非常道，文明印刷所自有一套独特的生存本领。其中最重要的一条便是纪律严明。当时，印厂的所有人员都被要求断绝一切社会往来，甚至要切断与家人的通信，同时，不能随意上街，不能参加集会、结社、游行等活动。外出执行任务必须随身携带钝器、酒瓶一类的近防武器。大家都坚信，自身的安全也是组织的安全。

工人们自觉遵守各项规定,没有加班任务时,都会主动聚在一起学习。中央出版委员会的负责人郑超麟、王若飞、杨杰(毛泽民)、彭礼和等人都出席过文明印刷厂党支部的民主生活会。

有一天,王若飞同志来印所视察工作,见工友小李从门外低头进来,眉角挂着彩,便问他发生了什么事?小李支支吾吾讲不出个所以然来,王若飞感觉事有蹊跷,便找来倪忧天询问此事。倪忧天起先一怔,但一听是小李,最初紧张的神色稍稍舒展了些,回道:"你是说小李啊,那我心里的大石头就算落下一半了,这个人觉悟高,手脚麻利,行事谨慎,更重要的是懂得随机应变,应该不会出什么纰漏,准又是他媳妇干的,我这就去跟他核实一下。"言毕匆匆出门赶往车间。

一刻钟后,倪忧天面带轻松笑意回来跟王若飞汇报。原来,近来毛齐华去外地公干,给杨杰同志送印件的事就交代给了小李。基于效率,小李通常会走一条最短且巡捕不常巡逻的路线,而那条路恰恰经过他自家门口。小李不巧被媳妇撞见,那是个心直口快又彪悍的女人,怀疑自家男人在外面有见不得人的事,无论手上握着什么,举起便打,小李只能躲着她,可也难免吃点皮肉苦头。"就是这么一回事,毛齐华临走前之所以把这么重要的事交托给小李去办,足见对这个人是很信任的,事实上小李也的确是个值得信任的好同志。"

就在这狭窄逼仄的西斯文里,文明印刷所曾先后印发了著名的《布尔塞维克》和《红旗》等刊物。

四一二反革命政变后,上海印刷机构屡遭破坏,厂址也数次迁移,但在印刷工人们的努力坚持与顽强奋战下,党的地下印刷工作一直坚持到1935年2月,因白区斗争环境进一步恶化,地下印刷厂向外地转移,完成了它在上海的光荣使命。

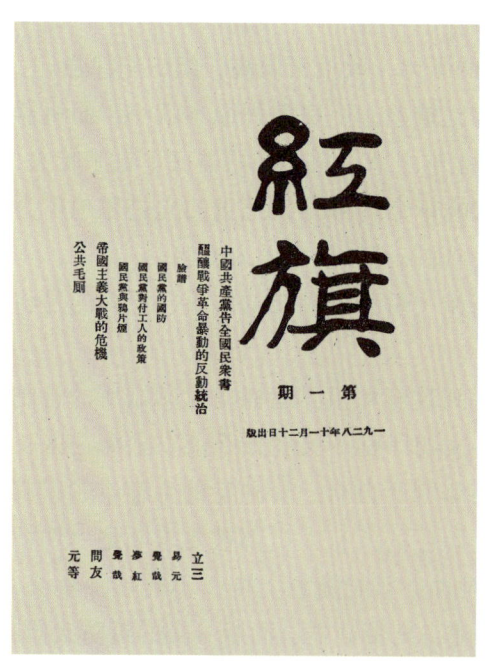

《红旗》

为社会谋改造　为人民谋幸福
——记五卅运动中英勇牺牲的上海大学学生何秉彝

1922年，在国共酝酿合作的大革命背景下，一所由国共两党共同创办的上海大学面世。为适应学校发展，1924年2月，上海大学迁至西摩路132号（今陕西北路342弄），并在斜对面的时应里522—526号（今陕西北路299弄4—12号）设立分部。上海大学在存世的短短五个春秋里，为中国革命和建设培养了一大批杰出人才，尤其是在五卅运动中的英勇作为，在当时就赢得了"北有五四的北大，南有五卅的上大"之美誉。在轰轰烈烈的五卅运动中，上大学生何秉彝作为游行队伍的联络员，在指挥活动中中弹牺牲，年仅23岁。

何秉彝1902年出生于四川彭县。1921年，何秉彝抱着"实业救国"的理想考入成都工业专门学校。在校期间，他接触到了《新青年》等进步报刊，还参加了进步团体"学行励进会"，思想上有了新的认识和提高。出于思想上的觉醒和对当前社会的不满，何秉彝决定冲出四川，到上海另图发展。1923年4月27日，他在临行前写给父母亲的信中谈到了去上海的原因，他写道："若谨遵严命在此四川半生半死之学校中，随便将此三四年处过，固然于金钱方面少用多矣，家庭乐趣成全完矣，又何尝不尽善尽美哉？诚如是，则对于目前虽觉善美，而推之将来，未必得当，实非谋长久福利之法，做完人事之本旨也。男今年已逾二十，既愧一无所成，尤耻不能自立，然东隅虽已逝，桑榆犹非晚，改业固不能，发奋尚堪造。"[1]

1924年初，何秉彝经同乡李一氓介绍，考入上海大同大学数理专科班学

---

[1] 中共彭州市委党史研究室编著：《那些年的青春与热血——何秉彝、何秉钧书信论文选》，中国文史出版社2015年版，第19页。

上海大学（西摩路）校舍

何秉彝

习。大同大学是民国时期一所著名的综合性私立大学，尤以理工科著称。在大同大学学习之余，何秉彝经常到上海大学旁听各类讲座，并常常被这些讲座的内容深深吸引，萌生了弃"大同"到"上大"的想法。到条件和名气都不如大同大学的上海大学就读，何秉彝父母起初是抱有疑虑和不满的。但何秉彝坚信，"它是顶好的学校，信服它的社会科是十分完善的。它的制度、它的组织和它的精神，皆是男所崇拜而尊仰的；男以为它是尽善尽美的，它就是我愿意的学校"。[1] 关于专业，何秉彝选择了上海大学的社会学。他认为，"男何以要研究社会学？因为：男现在是二十世纪

---

[1] 中共彭州市委党史研究室编著：《那些年的青春与热血——何秉彝、何秉钧书信论文选》，中国文史出版社 2015 年版，第 62 页。

的新青年，不是十九世纪的陈腐的以文章为生，以科举为目的的老学究，生在这离奇的二十世纪的社会里，便要为二十世纪的社会谋改造；便要为二十世纪的人民谋幸福"。[1]

1924年7月14日，《民国日报》刊登了题为《上海大学第一次录取新生》通知，公布了上海大学文艺院中国文学系、英国文学系，社会科学院社会学系、经济学系、政治学系，专门部英算高等补习科，中学部等录取的新生名单，其中社会科学院社会学系总计招生正式生15名，名列第一的是何秉彝。何秉彝就此成为上海大学的一名学生。[2]

何秉彝进入上海大学社会学系以后，发奋学习。上大社会学系集聚了众多共产党人，如瞿秋白等，他们将党的理论教学与社会实践结合起来教育广大学生，鼓励学生参加社会实践，组建各类社团，并到工人夜校担任执行委员。在众多名师的教诲和引领下，何秉彝的政治觉悟和马克思主义理论水平有了很大提升。1924年12月9日，上海大学学生会召开大会，改选执行委员会，何秉彝等7人当选为新一届委员会委员。1925年初，何秉彝担任上海学生联合会秘书，又当选共青团上海地委组织主任。虽然学习任务繁重，工作繁忙，但他还笔耕不辍撰写了《被压迫的劳动者起来呀！——为二七和列宁周年纪念而作》《官厅与罢工工人》《孙先生不死》等文章，宣传革命理论。1925年，通过严酷的实践斗争和杰出表现，光荣地加入了中国共产党。

1925年5月15日，日本资本家枪杀工人顾正红引发上海学生、工人示威游行。帝国主义竟然以"扰乱治安"罪逮捕学生。28日，中共中央在上海召开紧急会议，提出把工人阶级的经济斗争转变为反帝的政治斗争。会议决定在上海租界举行反帝大示威，抗议帝国主义屠杀中国人民的暴行，把运动推向高潮。[3] 30日，在上海大学教授恽代英为首的上海学联的指挥下，上海工人、学生等2 000多人，分组在公共租界各马路散发反帝传单，进行讲演，揭露帝国主义暴行。在这次活动中，何秉彝担任示威演讲指挥总部的联络员。

---

[1] 中共彭州市委党史研究室编著：《那些年的青春与热血——何秉彝、何秉钧书信论文选》，中国文史出版社2015年版，第62页。
[2] 《20世纪20年代的上海大学》（上卷），上海大学出版社，第43页。
[3] 胡申生：《从上海大学（1922—1927）走出来的英雄烈士》，上海大学出版社，第68页。

《上大五卅特刊》

当游行队伍行至南京路老闸巡捕房门前时遭到巡捕开枪射击，制造了震惊中外的五卅惨案。行走在队伍最前列的何秉彝不幸被击中肺部，身受重伤，但他忍着剧痛依然高呼"中华民族解放万岁！"31日，何秉彝在上海仁济医院因抢救无效壮烈牺牲，年仅23岁。

何秉彝是上海大学在校学生中，继黄仁以后，第二位为反帝斗争而英勇牺牲的革命烈士。正如上海大学学生会在悼词中所言，"你的救国热血，流在南京路上，渗入国民心里……将永远在爱国男儿脑中激动！"[1]何秉彝不愧是大革命时期革命青年的楷模，值得我们永远学习和缅怀。

---

[1]《20世纪20年代的上海大学》(上卷)，上海大学出版社，第315页。

大通里的"杨老板"
——毛泽民与党的出版发行事业

毛泽民

毛泽民,1896年生,湖南湘潭韶山人,毛泽东之弟,是中国共产党领导下金融事业的奠基人,曾任中央苏区国家银行第一任行长、延安时期的国民经济部部长,并曾重新整顿20世纪40年代濒临崩溃边缘的新疆财政,为其建立起统一的财政金融系统,素被誉为"红色大管家"。除此之外,他还曾以一个"杨老板"的身份,为党的出版发行工作做出了重要贡献。

1925年11月,毛泽民接到党的指示,到上海担任中共中央出版发行部经理,并兼所属公开业务机构上海书店负责人,就居住在静安区大通路大通里(今大田路331弄)。在此之前,毛泽民主要参与工人农民运动相关工作,并未接触过出版发行行业,这个任务无疑是陌生而艰巨的,但他凭借着为党的事业一往无前的精神和出色的管理交际能力,出色地担当起了"出版印刷发行之总责"。

上海书店成立于1923年11月,自述开办宗旨为"搜求全国出版界关于中华文化运动的各类出版物,以最廉价格供献于读者之前",是中共中央早期的出版发行机构,主要任务是出版发行中共中央的宣传刊物。中国共产党的第一份中共中央机关刊物《向导》周刊,及《新青年》季刊,《前锋》月刊,共青团中央的《中国青年》周刊都由此发行,对在知识分子和青年学生中传

《共产主义的ABC》，是当时上海书店的畅销书之一，1927年半年之内就发行了3万册

播革命理念、宣传党的理论、传播新文化思想起了积极作用。上海书店最初的运营情况并不好，在1924年下半年，经济状况才稳定下来，到了1925年，由于革命形势高涨，南方各省对革命出版物的需求陡增，上海书店的营业额也与日俱增，中国共产党的第一个地下印刷所——国华印刷所在香山路（今象山路）香兴里应运而生，另挂"崇文堂印务局"招牌对外营业，国华印刷所作为崇文堂印务局的印刷机构，直属中共中央宣传部。崇文堂印务局由毛泽民、徐白民、徐梅坤三人领导，为适应革命形势的发展，毛泽民在整顿上海书店和国华印刷所的基础上，又在新闸路培德里建起一个秘密印刷发行机构，直接由中共中央出版发行部领导，他一人承担起行政、党务、后勤、财务的工作，逐步制定和完善了发行部和印刷厂的规章制度。

毛泽民根据地下斗争的需要，化名杨杰，以印刷公司老板身份为掩护，时而长衫马褂，时而西装革履，出入于上海的报馆、书店、发行所和印刷所，人称"杨老板"。受党组织委派，杨浦怡和纱厂工会骨干、中共党员钱希均到中共中央出版发行部与他假扮夫妻掩护工作，并负责地下交通和联络。在工作中，他们志同道合，结下了深厚的革命情谊，并在翌年正式结为伉俪。据钱希均回忆，当时的中共中央出版发行部机关、印刷厂分别设于大通路（今大田路）大通里、斯文里，分发秘密文件的基地则在山海关路的一个作坊。1925年12月至1927年4月，夫妇两人一直居住在大通里；1926年11月，毛泽东担任中共中央农委书记，来沪主持制订《目前农运计划》时，也曾在这里短暂居住过。

在印刷发行行业，毛泽民也展现出了他天才的经营管理能力，1926年春，孙传芳查封上海书店，他立即另设宝山书店，使各项业务不处于停顿。为扩大革命书刊的销售量，他调整了上海地区的发行网络，先后在沪西、沪

大通里的"杨老板"

东、闸北建起了多个分销处,甚至在上海大学内部也建立分销。在全国范围内,将分销处由最初的上海、北京、广州、长沙四地,扩展到全国 20 多个大中城市,连香港、巴黎和柏林也设立了代售处。由于运营有方,有时书刊尚未印刷,就能收到上千元的预付款,他便用这些预付款继续投入周转。1926 年底他到任一年时,出版发行部内部结算已盈余 1.5 万余元。到 1927 年,随着革命形势的迅猛发展,毛泽民不断拓展出版发行业务,仅《向导》周刊一期的发行量就有 8 万份,《共产主义的 ABC》一书半年之内在全国销售 3 万余本。

大通里毛泽民旧居遗址旧照

"四一二""七一五"反革命事件后,中共在上海地区的报刊发行处于停顿状态,毛泽民被调往武汉负责管理汉口长江书店。11 月,他重返白色恐怖下的上海,在两手空空的窘境下迅速另起炉灶,重新恢复了党的出版发行工作。1928 年夏,他在爱而近路(今安庆路)春晖里建起党组织当时最大的秘密印刷机构——协盛印刷所,秘密印刷了大革命失败后党中央的第一个公开机关刊物《布尔塞维克》和党内刊物《中央通讯》,面对反动当局的严密搜捕,他指示印刷厂给革命刊物装订上假封面,如《中国文化史》《中国古史考》《平民》等,有时还用国民党机关刊物《中央半月刊》做封面来迷惑敌人,保证党中央的机关刊物和革命书籍源源不断地转送到读者手中。1929 年,协盛印刷所遭到敌人破坏,毛泽民也被巡捕房关押,他咬定自己只是个为了赚钱而开印刷所的普通老板,用江湖套路从巡捕房抽身,并按照中共中央指示,佯装拍卖设备,金蝉脱壳,与部分同志将印刷所设备巧妙转移到了天津。

1931 年初,毛泽民又再次返回上海,与瞿云白(瞿秋白之弟)、钱之光在周家嘴路元兴里筹建党的秘密印刷厂，不料到了 4 月，中共中央特科负责人之一的顾顺章叛变，毛泽民只得离沪转移到香港，后赴江西中央革命根据地任闽粤赣军区经济部部长，随即就任中华苏维埃共和国临时中央政府银行行长，在短时间内解决了苏区大量货币金融问题，自此长期执掌财政工作，"杨老板"开始了他"红色大管家"的革命新征途。

不做"时代之落伍者"
——王一飞的故事

——我们的生活是奋斗的,在动的状态中,如庸夫庸妇之终老牖下,寸步不出雷池者,不可能,亦不愿!如此辗转一想,倒觉得离是我俩经常的生活,同居却是偶然的幸遇!

——望你继续上进,不做"时代之落伍者",要进一步"求正确新颖思想,谋相当技能"。

——如果你我的爱情,不能在学问事业上互相勉励上进,总是抱歉的……至于我自己呢?自然也须随时努力。

——别后思量,才愈觉得聚首时之乐,聚首时一举一动之可贵。

所有这些,都是信中语言。所有这些信,所有这些情深意切的家书,都是出自同一人的手。此人就是王一飞,浙江上虞人,1898年生。

王一飞1920年进上海外国语学社,中共历史上的第一所培养干部的学校;1921年赴苏留学,进莫斯科东方劳动者共产主义大学;1922年加入中国共产党,1925年回国,负责组建中共中央军事部。

中共中央军事部成立之初的"临时工作地点"在"上海市宝山路宝山里一幢二楼二底的房子里"。[1] 这幢房子,究竟是弄内几号,现已失考。我们只知道时任中共中央军事部三人组成员的王一飞,曾在那"一幢二楼二底"的石库门房子里"工作","工作"在"二楼"。[2] 我们只知道1926年2月7日,

---

[1] 姚素贞访谈,引自余沈阳、乐秀钰:《王一飞传略》,原载《王一飞传略·文存》,中共党史资料出版社1988年11月第一版,第27页。

[2] 姚素贞访谈,引自余沈阳、乐秀钰:《王一飞传略》,原载《王一飞传略·文存》,中共党史资料出版社1988年11月第一版,第27页。

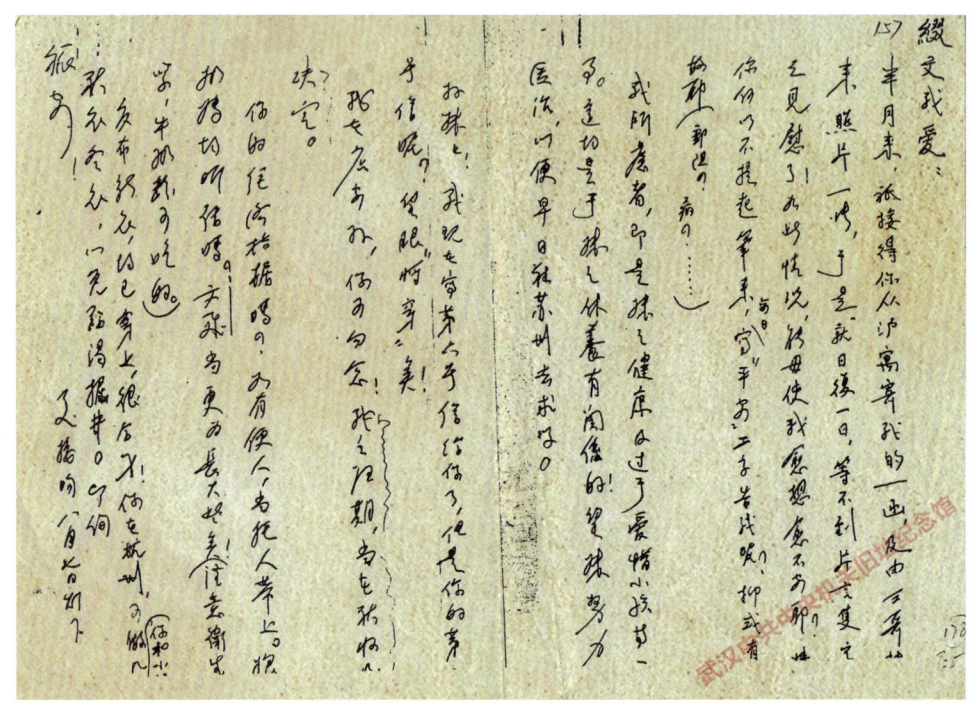

王一飞致妻子陆缀文的信（手迹）

王一飞与"中共江浙区委机关工作人员"陆缀雯结婚，两人"没有买一件家具，仅在江浙区委机关附近租了个亭子间"。[1]我们只知道那一个"租"来的"亭子间"，毗邻中共"江浙区委机关"，既是王、陆夫妇的"住所"，又是中共中央军事部的"秘密办事处"。所以，王、陆婚后，陆缀雯从中共江浙区委调中共中央军事部"守机关"，"守"的就是自己家。[2]她的日常工作之一，就是在那一个毗邻中共"江浙区委机关"的"租"来"亭子间"里，忙于"从报纸上搜集军事情报"。[3]而1925年8月至1927年6月间的中共江浙区委机关，据徐梅坤（首任中共江浙区委书记，时任上海总工会副委员长）回忆，则又在"闸北横浜路附近"。[4]确切地说，是在华兴坊（今华兴路64弄）24

---

[1] 唐振南、曾长秋：《王一飞》，原载《中共党史人物传》第四十五卷，陕西人民出版社1990年10月第一版，第66页。
[2] 王健英：《红军统帅部考实》，广东人民出版社2000年1月第一版，第40页。
[3] 张国焘：《我的回忆》第二卷，东方出版社1991年12月第一版，第137页。
[4] 徐梅坤：《九旬忆旧——徐梅坤生平自述》，光明日报出版社1985年9月第一版，第8页。

号。徐梅坤在他的《回忆1925年的商务印书馆大罢工》中说:"经过长时间的筹措,我和几个人凑到一些钱,在浙江北路华兴坊24号租了一所两层两底的楼房,作为工人活动场所。这里距火车站不远,是中国管辖地区,与英国租界交界处,由于中、英双方统治当局都不过问此地,形成了'两不管'。所以江浙区委认为,利用这里不易引起敌人注意的有利条件,开展工人活动是比较理想的。"[1]换言之,1926年春夏之交的中共中央军事部应该也就在而今的静安区"动员中共组织及工农民众团体参加战争"。[2]

王一飞

1926年春夏之交的战争,中共中央军事部"动员中共组织及工农民众团体"所"参加"的"战争",不是别的战争,而正是"打倒列强,除军阀"的北伐战争。1926年7月9日,国民政府从广东起兵,于9月6日攻占汉阳,7日占领汉口,10月10日占领武昌,新婚仅两个月的王一飞随即溯流而上,奔赴汉口、长沙等地执行重要任务。在客轮上,王一飞写信给深爱着的妻子,动情说道:"骤然离开我爱,忽忽如有所失似的!虽然此次因校事而自动的自愿的且有理智的别离,但终不能打消我私心的难受⋯⋯"这里的"校事"是隐语,显指革命,党的事业。所以,王

1926年底,王一飞与妻子陆缀雯在上海

---

[1] 徐梅坤:《回忆1925年的商务印书馆大罢工》,原载《党史资料》丛刊1983年第一期,上海人民出版社1983年3月第一版,第22—23页。
[2] 张国焘:《我的回忆》第二卷,东方出版社1991年12月第一版,第137页。

一飞奋笔又写:"但我们的生活是奋斗的,在动的状态中,如庸夫庸妇之终老牖下,寸步不出雷池者,不可能,亦不愿!"

天各一方的新婚夫妇遥相祝愿平安、勉励上进,王一飞希望陆缀雯多学习,"不为时代之落伍者",还相互激励"如果你我的爱情,不能在学问事业上互相勉励上进,总是抱歉的……我自己呢,也须随时努力!"

"随时努力"的王一飞最终壮烈牺牲在反动派的屠刀下,留给爱妻的只是数张合影和 51 封往来书信。然而,正是这些合影、这些书信,在那漫漫长夜,在戈登路(今江宁路)的一栋小楼中,与罗亦农、李文宜夫妇同住一楼一底的小亭子间里,给了孤单呵护两岁儿子的年轻母亲陆缀雯以温暖、以力量……

中国青年运动的先驱

——殷夫在民立中学的故事

殷夫是中国共产党的优秀战士,卓越的革命诗人,著名的"左联"五烈士之一。早在1929年四一二反革命政变两周年之际,殷夫创作了著名长诗《别了,哥哥》。诗中,他回顾了二十年来大哥对自己的抚养和爱怜,但他又说,"在你的一方,哥哥,有的是安逸,功名和名号""但这不能留在我不向你告别""你的弟弟现在饥渴,饥渴着永久的真理,因为劳苦大众群众的呼号震动心头,由此他尽日尽夜的忧愁,想做普罗米修斯偷给人们的光明"。他说:"别了,哥哥,从此各走前途,再见的机会是在,当我们和你隶属的阶级交了战火。"这充分表达了殷夫向哥哥所隶属的统治阶级彻底决裂,甘愿为共产主义事业献身的坚定信念。

在民立中学接受革命洗礼

殷夫生于1910年6月,浙江省象山县人。原名徐柏庭,学名徐白,笔名殷夫、白莽等。1920年进象山县立高等小学读书。当时县高小受五四新文化运动的影响较大,师生们经常在校内外宣传"打倒列强,反对军阀",使殷夫受到很深的教育和启迪。不久,父亲病故,由慈母抚育。1923年夏,殷夫高小毕业,由比他大15岁的大哥接到上海求学,他以徐白之名录取在民立中学新制初中一年级,从此于1923年至1926年在民立中学求学。

他在民立中学读书十分用功,他英语学得好,对化学实验有浓厚的兴趣和自己的学习心得。他虽然生性内向,但有良好的文学基础和诗人的敏感与激情,他深感黑暗,于是开始写新诗,这些诗都收录在《殷夫选集》,其中

搬迁到威海路681号之前的民立中学教学楼

《放脚时代的足印》就是1924年—1925年时的作品,它表达了少年殷夫对当时社会的不满和改变现状的希望,也展现了他的文学才华。

1925年,震惊中外的五卅惨案爆发,一场全市范围的"三罢"(罢工、罢课、罢市)斗争掀起。民立中学早在五四时期,就是上海最早的"学联"发起单位之一,有光荣的学生运动传统。在长达一个多月的学校停课中,殷夫和同学们参加了这场如火如荼的反帝爱国运动。在活动中,他们晚膳吃粥,把省下的膳费救济罢工工人;分别步行到浦东杨思地区募捐演讲,去闵行地区宣传演出;夜间协助工人在大达码头至新北门一带轮值巡逻。在运动中,他接受了革命的洗礼,受到了深刻的教育,从而进一步开始他的诗歌创作和参加更多的革命活动。

点燃苦难民众心中的火

1926年7月,殷夫考入浦东中学高中。在这里,他继续接受革命的洗礼,并秘密加入中国共产主义青年团。四一二反革命政变后他第一次被捕,囚禁三个月，几被杀害，后由大哥保释出狱。在狱中他写长诗《在死神未到之前》，表现出革命者视死如归的气节。同年9月，殷夫用徐文雄之名考入同济大学德文补习科，学习刻苦，半年之后即能从事德文翻译。他经常阅读《创造月刊》《奔流》《太阳月刊》等进步刊物，在《太阳月刊》上发表诗歌，得到了著名左翼诗人、作家蒋光慈和著名文艺评论家钱杏村的赏识，参加了革命文艺团体太阳社。在同济，他还结识了同学中的共产党员，经常参加校内外的秘密革命活动，办油印文艺刊物，并被推为学生代表，多次在学生会上与反动学生做斗争。通过斗争考验，殷夫加入了中国共产党。

殷夫烈士纪念碑

1928年秋，殷夫再次被捕，由大嫂托人保释出狱后，转移至故乡——浙江象山。他以小学教员的身份，用各种方式宣传革命思想，受到群众欢迎。这一时期，他创作30多首抒情诗，包括歌颂爱情，和更渴望重返征途，投入新的战斗。

革命的诗唤醒大众

1929年初，殷夫回到上海与党组织接上关系，就此离开学校，专门从事共青团和青工运动。他没有固定住处，生活极其艰苦，有时只啃几只大饼度日，但也将他磨炼得更加成熟、坚强。在四一二反革命政变两周年之际，他创作了著名长诗《别了，哥哥》，表达向哥哥所隶属的统治阶级彻底决裂，甘愿为共产主义事业献身的坚定信念。面对愈演愈烈的白色恐怖，他以满腔激情，创作了《血字》《一九二九的五月一日》等一组被誉为红色鼓动诗的战斗篇章，在中国现代文学史上发射出耀眼的光彩。正是在那斗争的艰难日子里，

静安——首部党章诞生地的100个故事

东方旅社旧照

殷夫把自己非常喜爱的匈牙利民主革命诗人裴多菲的四行格言，作为自己的座右铭，激励自己将全部精力毫无保留地献给无产阶级革命和民族解放的壮丽事业，即：生命诚宝贵，爱情价更高，若为自由故，二者皆可抛。不久，殷夫用白莽的笔名，向鲁迅主编的《奔流》杂志投寄译稿，受到鲁迅的关怀和器重，并建立了深深的师生情谊。这年7月，殷夫在上海丝厂罢工斗争中第三次被捕，遭到严刑毒打，还没收了全部书籍和衣物，敌人由于不知底细，8月释放了他，出狱后他来看访鲁迅，鲁迅热情接待了他，并取出20元让他暂渡难关。11月，他恢复工作，担任共青团中央宣传干事，参加团中央机关刊物《列宁青年》及外围刊物《摩登青年》的编辑工作，还自学俄语，发表和翻译政论文章。

左联战士的自觉与忠诚

1930年3月，殷夫作为发起人之一，参加了鲁迅领导的中国左翼作家联盟，他自始至终执行左联的理论纲领和行动纲领，和实际的社会斗争接触，坚持文艺为工农大众服务，积极关心普通劳苦大众的疾苦，发表了不少诗歌、散文、随笔、传记、剧本，成为左联有影响的青年诗人之一。当年5月，他还以左联代表身份，出席在静安区北京西路上召开的"全国苏维埃区域代表大会"准备会议。

1931年1月17日，由于叛徒的出卖，殷夫在东方旅社参加党的会议时不幸被捕。2月7日深夜，殷夫和其他左联盟员（李伟森、柔石、胡也频、冯铿）一起被国民党反动军警残害在龙华司令部旁边的大烟囱下，年龄尚不满21周岁。

为了表达对无产阶级革命家和卓越诗人殷夫校友的崇高敬意和永久怀念，1983年五四青年节，殷夫纪念碑在民立校园揭幕。爱好文学的学生在老师的辅导下，成立了"殷夫文学社"，从1986年殷夫牺牲55周年起，每年举办"殷夫文艺节"，让殷夫烈士的革命精神永远鼓舞青年学子前进。

留得豪情作楚囚
——恽代英和沈葆英的故事

直至晚年，刘晓都不曾忘了他一脚跨入中央干部训练班时的情景。他进中干班是江苏省委的安排，这是一个难得机会，二十出头的刘晓格外看重那样一个直面中央高层领导、听他们同堂授课的高层级培训的机会。可是，他来到指定地点，竟然只见一大群男男女女，操各地方言，以不同体态，争得面红耳赤，吵得不可开交。刘晓蒙了，半晌方才回过神来，明白那是一场戏，一次假戏真做的预演，以备敌人一旦来袭，所有学员，所有各地来沪受训的县委以上干部，都能从容应对，不出纰漏。而所有这些设计，都跟恽代英有关，恽代英是这个中干班的班主任。

恽代英

恽代英，1895年生，江苏武进人，1921年加入中国共产党，1927年当选中共五届中央委员。

1928年秋，恽代英奉命从香港到上海，担任中共中央组织部秘书，成为周恩来的得力助手。夫人沈葆英同时到上海。担任中央机关的机要员。周恩来的工作非常繁忙，周恩来看重恽代英的理论水平，相信恽代英的工作能力，指定他担任干部训练班的班主任，负责日常事务，外面挂着医院的牌子。[1]

---

[1] 虞建安、李兆娟、汪旭东：《恽代英传》，江苏人民出版社2016年6月第一版，第185—186页。

恽代英跟沈葆英的结合是在大革命失败前夜。沈葆英是恽代英原配沈葆秀的四妹。恽代英与沈葆秀的婚姻由父母议定、媒人撮合，所以，曾经遭到彻底反封建的恽代英的强烈抗拒。但两人真正走到一起，又相互爱慕，产生深厚情感，后来沈葆秀死于分娩，恽代英鳏居整十年，直至沈葆英悄然走进他的心田。

沈葆秀去世时，沈葆英年仅12岁，对姐夫一点不了解。她对大她许多的恽代英，由陌生到熟识，由熟识到喜爱，有一个过程。这一过程，与其说是年岁增长使然，毋宁说是恽代英的人格魅力，影响到一个纯情少女的终生托付。

沈葆英

1927年1月16日，恽代英从广州回到武汉筹办军校时，与沈葆英在武昌德胜桥50号举行婚礼。婚礼十分简单，只有几位亲人在场。恽代英穿着军服，和朴素大方的沈葆英在一对红烛前行了鞠躬礼，成了亲。[1]

大革命失败后，恽、沈二人都到了上海，偕同住进"闸北棚户区"，"活跃在工人中间"。尽管生活条件极其艰苦，尤其沈葆英"本来身体就很弱"，新生了儿子"奶水不足"，还得靠恽代英"每天工作到深夜，再译书写文章换来稿费给儿子买奶粉"，但谁也"不在困难面前徘徊、却步"。他们是革命者，只想着"要去斗争，在斗争中锻炼自己，增添革命的力量"。他们坚信"现在的艰苦奋斗，是为了换取下一代幸福的未来"。[2]

---

[1] 虞建安、李兆娟、汪旭东：《恽代英传》，江苏人民出版社2016年6月第一版，第181页。
[2] 虞建安、李兆娟、汪旭东：《恽代英传》，江苏人民出版社2016年6月第一版，第188页。

当时,恽代英担任中共中央组织部秘书,他最主要的工作就是协助部长周恩来办班,办中干班。他担任班主任,他的课程设置突出时效性、针对性、实践性,不仅让周恩来、彭湃、杨殷、陈潭秋等人重点开讲"游击战争问题""怎样做地下工作""抓住时机,发动群众""职工运动的策略"和"土地问题与农村工作",而且还特意安排了两门实习课,让学员互动,围绕"各省问题"和"支部工作",展开热烈讨论、交流,收到显著效果。

沈葆英则经常化装成不同的身份,把周恩来交给她的文件送到指定的地方去。邓颖超是中共中央直属机关支部书记,她特别关照沈葆英要关心恽代英的身体。她语重心长地说:"葆英啊,一个女同志,作为恩来和代英的亲属,把他们保护好,也就是对党的贡献。"[1]

《中国青年》创刊号,恽代英任主编

沈葆英默默记下了邓颖超的殷殷叮咛,尽力保护好、照料好深度近视、工作起来毫不顾惜自己的恽代英。然而,她越是"担心恽代英会出事",恽代英就越是满不在乎,老拿她开涮,说:"怕什么,来什么。你啥都不怕,就啥事没有。"结果,1930年5月6日"傍晚,在缫丝厂劳累了一天的沈葆英顾不得停顿片刻,就急匆匆地赶往闸北区的贫民窟",却左等右等,一直"不见恽代英的人影"。她"哪里知道,她日夜担心的事情发生了"。她的恽代英被捕了。当日下午,恽代英在杨树浦老怡和纱厂门口被捕,被抓进租界巡捕

---

[1] 虞建安、李兆娟、汪旭东:《恽代英传》,江苏人民出版社2016年6月第一版,第188页。

房,又引渡给国民党上海市公安局。

在狱中,恽代英继续写作,写有《苏武牧羊歌》《时代的囚徒》和七言绝句《狱中诗》等。1953年,恽代英就义22周年,周恩来抚今忆昔,亲笔录下恽代英遗著《狱中诗》全篇,以示后人。而世代后人,无论天晴天雨、月圆月缺,无论潮起潮落、云卷云舒,久远铭记在心的先烈遗言就是:"已摈忧患寻常事,留得豪情作楚囚。"

枪毙我一个，还有十个、一百个
——孙津川的故事

1926年末、1927年初，接连两次上海工人武装起义失败，中共上海区委紧接着部署第三次武装起义，特别军委密令孙津川暂时脱产回到市内做准备。

孙津川，又名方淦，曾用名孙竟川、孙继生，1895年生，安徽寿县人，1925年加入中国共产党，1926年继任中共上海区执行委员会闸北部委铁路党支部书记。

孙津川脱产回到市内后，即以沪宁铁路总工会和罢工委员会名义，把上海地区铁路各系统的罢工工人组成了一支600人的纠察队，并将纠察队的负责人集中在闸北宝兴路一幢石库门房子里，接受必要的军事训练。

3月21日，上海80万工人开始举行第三次武装起义。孙津川带领起义工人到梵皇渡、北站、真如、龙华站、徐家汇等处撬路轨、剪电线，使两路电车陷入瘫痪状态。

孙津川

在战斗中，孙津川身先士卒，勇敢顽强，所戴的礼帽曾被敌军的枪弹打了一个洞。他摘下帽子，掸了掸帽上的尘土，仍旧戴上，继续指挥战斗。[1]

---

[1] 薛耘、钱士鹤：《孙津川》，原载《上海英烈传》第八卷，上海远东出版社1994年5月第一版，第42页。

枪毙我一个,还有十个、一百个

参加起义的上海工人纠察队

当天下午4时半,铁路工人纠察队在南站附近缴获了一辆机车、五级车厢。孙津川马上率领200余名队员乘车前往龙华欢迎北伐军。次日凌晨,孙津川又率领纠察队交通班成员奔赴徐家汇、梵皇渡、麦根路(今淮安路)等处修复铁路,为北伐军开进北站提供方便。

3月28日,两路工人代表80余人,在闸北区总工会集会,正式成立沪宁、沪杭甬两路总工会。孙津川当选为委员长。在此前一天,他还被选为上海总工会第五届执委。

然而,关键时刻,蒋介石在上海发动了四一二反革命政变,孙津川旋即掩护周恩来返回自己家中,让他换上一套工人服装,搀扶着孙母,装扮成一家人模样离开了孙宅,转移到另一个秘密据点。

4月15日下午2时,沪宁、沪杭两路总工会委员正在闸北恒通路梅园里1号开会时,突然被蒋介石的二十六军官兵包围。常委蔡景海和工作人员郑文斐等19人被捕,会场被捣毁。侥幸逃脱的孙津川与两路总工会副委员长丁继曾于次日合写了一份《郑重声明》刊于《申报》,

表明两路总工会"完全拥护国民革命军"的宗旨,而对国民革命军的横蛮行径表示抗议。不仅如此,孙津川还不顾个人安危,亲自去淞沪警备司令部交涉,要求释放被捕人员。凶残的敌人不仅拒绝释放被捕者,而且还拘捕了孙津川。工人们义愤填膺,包围了铁路局办公楼,迫使当局释放了被捕的19人,但仍扣押孙津川。党的组织积极发动工人营救。吴淞机厂700余人举行罢工,要厂长毛尔维出面保释,并提出:"一天不放孙津川出狱,一天不开工!"与此同时,4 000余铁路工人联名致书铁路局长,提出:"如不把孙津川释放,就要举行总罢工。"反动派怕激起更大的工潮,不得不于24日释放了孙津川。[1]

孙津川被释后不久,便偕同妻子杨晨华、妹妹孙方素奔赴新的岗位、新的斗争。

1928年7月,因叛徒告密,孙津川在出席会议途中被捕。敌人对他诱降不成,即多次施加酷刑,又把他的母亲抓来,妄图用母子之情软化他,但遭

四一二反革命政变中,国民党反动派枪杀共产党员和革命群众

---

[1] 薛耘、钱士鹤:《孙津川》,原载《上海英烈传》第八卷,上海远东出版社1994年5月第一版,第43—44页。

枪毙我一个,还有十个、一百个

到他的严词痛斥。

1928年11月6日清晨,一对持枪士兵闯进了牢房,看守长咆哮着:"孙津川,出来!"孙津川镇静如常,和难友们一一握手告别,步履从容,昂首阔步走出牢房,放声高呼:"枪毙我一个,还有十个,还有一百个!千千万万的革命者,你们是杀不完的!""打倒国民党反动军阀!""共产党万岁!"雄壮的口号声压倒了刑场上的凄厉枪声。年仅33岁的孙津川倒下了,但英雄不死,与世长存!

英烈倒下在"四一二"前夜
——汪寿华和湖州会馆的故事

上海,一座车轮子上的城市,在壬寅开埠后的近一百年里,至少吸纳了上百万中外移民。于是,众多海外移民竞相抢滩,在浦江西岸、洋泾浜两侧兴建起一大批洋行、总会、教堂的同时,更多内陆省份的本国移民也都纷至沓来,在一块块魔力无限的土地上建造起林林总总的码头、堆栈、公所、会馆,其中就有位于会文路上的湖州会馆。

现今会文路,本名会馆路,就因为杨信之、沈联芳、周庆云、王一亭等湖州人氏、丝业大佬,率先发起成立湖州旅沪同乡会,又集资公建,在那样一条毗邻上海北火车站、又距苏州河不太远的小路上盖起了湖州会馆。

作为群团组织,湖州会馆集聚会、议事、经贸、仲裁、寄宿、团拜、周

建于 1900 年的湖州会馆

英烈倒下在"四一二"前夜

1927年3月23日,汪寿华在湖州会馆上海工人纠察队成立大会上讲话

济、养病、殡葬、祭祀于一体,始建于19世纪末年,总占地面积约二十亩,大门朝东,周遭多有七弯八拐的老式石库门弄堂。事实上,湖州会馆的门头牌楼,本就全盘仿造石库门弄堂的弄口。会馆内的长通道,也是依石库门弄堂的样式,将右边的第一栋建筑,旅沪湖州人用于疗养保健的"养疴院",建成了五开间坐北面南的两层楼石库门房子。1927年3月21日,中共上海区委发动第三次工人武装起义,上海工人纠察队一举攻克湖州会馆,击溃负隅顽抗的直鲁联军,上海总工会迁湖州会馆办公,在"养疴别墅"边上的主建筑门厅,高挂起红底白字的"上海总工会"横幅;在主建筑前的大天井里,冉冉升起上海工人纠察队的旗帜。

于是,1927年4月12日凌晨4时,蒋介石发动反革命政变,嗜血第一刀,也就恶狠狠砍向湖州会馆,第一个倒下的就是上海总工会委员长汪寿华。

汪寿华,本名何纪元,后名何今亮,1901年生,浙江诸暨人,1920年进上海外国语学社(中共历史上的第一所党校);1921年赴苏留学,被留在西伯利亚的伯力、上乌金斯克一带从事华工教育,担任赤塔远东职工会中国工人部主任。1922年加入中国共产党,1925年回国,出任上海总工会宣传科主任,协助李立三、刘华、刘少奇等人领导五卅运动。

后来,上海工人三次武装起义,北伐军坐享其成,进占上海,妄图解除工人纠察队武装;罗亦农、赵世炎、汪寿华"有一次闲谈",说到了他们"三人不会完全平安无事的,但不知哪个先牺牲"。

当时共产党人的"牺牲"已"渐渐加多"。他们"已经感到新的威胁"。尽管蒋介石仍是"盟友",但"赣州总工会委员长被他捕去枪毙,九江总工会被他买通流氓捣毁"。难道"盟友"蒋介石接下来就"将代替我们的敌人孙传芳和张宗昌来迫害我们么"?

四月十二日果然发生了事情。头一日晚上,何今亮又去访杜月笙。据说杜月笙曾在电话中叫何今亮不要去,但他还是去了。暴动前后,杜月笙一派青帮通过纽永建与我们合作。第二次暴动时,我们在法租界设了指挥暴动机关,就是依赖杜月笙保护的。何今亮是我们同志中与杜月笙接头者之一。他假名汪寿华,身份是上海总工会委员长。四月十一日晚上他坐了汽车到杜月笙那里去,从此不再回来了。次日据汽车夫报告,他被扣留,而且被杀。[1]

据考证,汪寿华是在4月"11日晚8时左右",雇一出租车"赴杜宅时被捕,以后由杜派人押到枫林桥特务处杨虎处,12日被杀害"。[2]之后,大批中华共进会暴徒,臂缠"工"字袖章的"青洪帮流氓凶手分头冲出,在闸北、南市、沪西等地与反革命军队一起动手屠杀,使全上海投入了血海"。[3]

据公共租界工部局警务处情报,四一二事变中,国民党右派共出动武装流氓与反动军人 15 000 余人,分头袭击上海工人纠察队 14 处,其中包括湖州会馆、商务印书馆和东方图书馆,共收缴步枪 3 000 余支,机枪 20 挺,手枪 600 余把,还有更多的长矛、斧头和匕首。3 000 多名工人纠察队队员被强行解散,其中 120 余人牺牲,180 余人负伤……

湖州会馆没了,在八一三淞沪抗战中毁于侵华日军的狂轰滥炸。同时被日本空军投弹炸毁的还有商务印书馆,曾经的上总工人纠察队总部。

[1] 郑超麟:《郑超麟回忆录》,东方出版社 1995 年 3 月第一版,第 194—196 页。
[2] 叶累:《汪寿华烈士是被杜月笙活埋的吗》,原载《上海党史研究》1996 年第二期,第 34 页。
[3] 《四·一二反革命政变的前前后后》,原载《上海工人三次武装起义研究》,知识出版社 1987 年 3 月第一版,第 307 页。

英烈倒下在"四一二"前夜

上海工人第三次武装起义胜利后,工人纠察队在湖州会馆门前列队守卫

被毁的湖州会馆仅存西首丙舍部分房屋。

仅存的西首丙舍部分房屋现也没了,唯有宝山路街道牵头新建的"湖州会馆——1927年上海市总工会遗址"门头,还是青砖拱门、砖木结构,像是老弄堂,像是石库门,像是一个方正的出入口。于是,从这里起步,重回昨日,缅怀更多敦方;阔步明朝,憧憬不少刚正……

灵如有知，将永远拥抱你
——罗亦农与李哲时的故事

1928年4月17日，《申报》上的一则消息震惊了上海市民，"共产党罗亦农被捕"。报纸中提到，罗亦农于15日午后被公共租界总巡捕房逮捕，16日解送临时法院。4月18日，罗亦农被引渡至上海淞沪警备司令部，收押在陆军监狱署，随后，由军法处讯问三次，并无结果，于21日将罗亦农枪决。

霞飞路渔阳里（今淮海中路567弄）6号的外国语学社旧址旧照

罗亦农是湖南省湘潭县人，中国共产党早期领导人之一，1919年受五四运动影响赴上海半工半读，接触到《新青年》《劳动界》等进步杂志，后由陈独秀介绍到中共早期培养革命干部的学校——外国语学社就读，并与刘少奇、任弼时等8名学员一起被吸纳为上海社会主义青年团首批团员。1921年3月加入中共上海早期组织，成为中国最早的共产党员之一。他曾参与领导五卅运动、省港大罢工和上海工人三次武装起义，先后担任中共上海（江浙）区委书记、中共江西省委书记、中共湖北省委书记、中共中央长江局书记、中央临时政治局常委、中央组织局主任，是当时最年轻的政治局常委。

罗亦农与夫人李哲时是一对"假戏真做"的革命夫妻。李哲时在湖北省立女子师范学校读书时，便参加来校任教的董必武组织的妇女读书会、湖北女权同盟会，学习和接受了马克思主义理论。1926年3月3日入党，1926年加入改组后的国民党，担任武昌大学附小国民党分部书记，领导妇女解放运动。1927年7月17日，罗亦农接替张太雷担任中共湖北省委书记，就此在湖北与李哲时相识。李哲时不久后进入湖北省委担任罗亦农秘书，两人在革命工作中渐生情愫。

在1927年的八七会议上，罗亦农被选为中央临时政治局委员，9月底，党中央陆续向上海迁移。1927年11月初，中共中央决定把罗亦农从武汉调到上海党中央工作。他写信给当时在长沙工作的王一飞说"今日我动身去沪，吉凶未卜，但君命急召，加以此次之行程关系甚大"，因而决定"冒险而去"，并随即与李哲时共同前往上海。在11月9日、10日的临时中央政治局扩大会议上，周恩来、罗亦农被补选为政治局常委，罗亦农还担任中央组织局主任。

因党的工作转入地下，机关必"家庭"化。为了避人耳目，罗亦农、李哲时扮为夫妇。他们最早居住在哈同路哈同里，由于李哲时一时还不适应上海的复杂情况，经常忘记关上大门，导致有一位山东来向中央汇报工作的同志提箱失窃，其中有党的文件，为了避免身份暴露发生危险，二人只好迅速搬家到新闸路新闸里28号，同时也将此处作为党中央组织局的机关。这是一幢两楼两底的住宅，正房两间是罗亦农起居和开会的地方，李哲时住在楼上的亭子间，另一个亭子间放东西。秘书处的何家兴和妻子贺稚华，带着小女儿和奶妈住在楼下，瞿秋白、杨之华夫妇也在此居住。李哲时不懂上海话，人生地不熟，不敢出外活动，罗亦农取笑她是"阿木林"（上海话"傻瓜"之意），替她向宣传部借革命理论书籍，罗亦农写文

李文宜（原名李哲时）

章，李哲时坐在书桌旁阅读，罗亦农开会时，李哲时也可旁听，革命生活虽然艰苦，也不乏温情脉脉。

1928年元旦，罗亦农、李哲时正式结婚，瞿秋白、杨之华夫妇，周恩来、邓颖超夫妇，李富春、蔡畅夫妇等人，以及陈独秀、王若飞及中央秘书处的同志们都参加了婚礼。大家在聚会上畅谈时局，并寄希望于新的一年革命高潮到来，气氛十分融洽，甚至唱歌游戏起来，散场时王若飞余兴未了，还学着李哲时的话说"盛会难再"，不料一语成谶。

由于经费日渐困难，1928年1月，组织局机关搬到了戈登路（今江宁路）的一座小房子，罗亦农还在这里邀请了瞿秋白夫妇，共同为李哲时庆祝生日。4月14日晚，负责中央机关外围接洽工作的李维汉与他商定，第二天由罗亦农去爱文义路望德里（今北京西路1060弄）党中央联络点接待从山东省委过来的同志，李维汉前往哈同花园南边成都路机关与另外一个省的同志接头。15日晚，李维汉再次来到新闸里准备汇报接头的情况，却始终没等到罗亦农回来，随后便得到了罗亦农被捕的消息。

罗亦农作为当时党的领导核心之一，早已被列为警备司令部的通缉要犯，叛徒向英国捕头出卖了他的动向，并引导了这次抓捕。罗亦农明白敌人是冲着自己来的，自己早一点离开，其他同志就会少一分危险，就迅速跟巡捕房的人离开了。凶险的是，当时任中共中央事务秘书长的邓小平曾前来与他接头，因在抓捕之前一分钟离开，躲过此劫。

罗亦农作为"共党首要"，被关押在龙华国民党淞沪警备司令部陆军监狱署里，淞沪警备审问他数次一无所获，受蒋介石电令将其"就地处决"，中共中央特科策划武装营救无果，罗亦农于4月21日牺牲，年仅26岁，成为第一位牺牲的中央政治局常委，他的遗物通过地下组织从狱中传递出来，一份抄件留给中共党中央，交代未完成的工作，"勉励在外同志继续奋斗"。另一张字条留给妻子李哲时，上面写道："哲时，永别了！望你学我之所学以慰我。灵如有知，将永远拥抱你。"

当时，罗亦农为筹备党的"六大"，负责起草了《党务问题》的报告，并与瞿秋白一起拟写《党纲草案》，即将赴莫斯科之际，竟就此壮志未酬。李哲时在得知噩耗后悲痛万分，在其他同志的帮助下亲赴刑场取回了罗亦农遗体并妥善保存。她继承他的遗志，赴莫斯科列席了中共第六次全国代表大会，并在莫斯科中山大学学习，回国后活跃在妇女工作阵线上。她在新中国成立后更名李文宜，被选为全国政协第一次会议代表，曾任劳动部办公厅副主任、民盟中央副主席。

李哲时与罗亦农的相守岁月虽然短暂，却缘浅情深，一生未能忘怀。1982年，李哲时在《人民日报》发表文章回忆罗亦农："五十四年弹指而过了。我们的国家发生了巨大的变化。亦农同志为之献身的新民主主义革命事业早已胜利完成了。我们社会主义的祖国，正在向四个现代化的伟大目标进军。亦农同志如英魂有知，一定又会为之放怀大笑了：'哈哈！真是妙不可言！'他那高大的身影、爽朗的笑声，他那机警而沉静的神情、热情而幽默的性格……将永远地、深深地珍藏在我的记忆中。"

中国共产党全党党员的楷模

——党史上第一位牺牲的政治局常委罗亦农

1927年九、十月间,中共中央机关陆续从武汉迁回上海。爱文义路望德里(今静安区北京西路1060弄)地处租界,五方杂居,利于开展革命工作,又利于隐藏和掩护,这里便成为中共中央临时政治局的一处秘密机关所在地。

当年年底,刚就任中央临时政治局常委兼中央组织局主任的罗亦农从武汉来到上海。由于他在上海的知名度很高,一直被帝国主义势力和国民党反动当局以万元巨款悬赏追捕,特务、暗探、叛徒、巡捕无时无刻不在寻觅他的踪迹。但罗亦农始终把个人的安危置之度外,机智勇敢地应付各种复杂情况,不辞劳苦地奔波忙碌。

1928年4月15日,罗亦农与时任中央事务秘书长的邓小平在望德里中央临时政治局机关讨论工作。谈完工作后,出于安全考虑,邓小平从后门离开,罗亦农则留下来,等候前来接头的山东省委的同志。

在望德里以住家形式掩护办公地点的何家兴贺稚华夫妇,是一对混进革命阵营的投机分子。他们迷恋资产阶级生活方式,经常出入酒馆、舞厅,不遵守党的秘密工作纪律。为此,罗亦农曾多次对他们提出严肃批评,引起了他们的忌恨。党中央工作人员的生活费满足不了他们挥霍的需

罗亦农

求。于是，在白色恐怖愈演愈烈的危险时刻，何家兴夫妇不惜通过出卖党和同志，与公共租界巡捕房搭上了关系。经过密谋，巡捕房答应给他们一笔钱和出国护照，以换取党中央在上海多处机关的信息。为了取信于捕房，他们第一个便出卖了罗亦农。

当时，何家兴趁罗亦农不备，悄悄地写了一张便条，叫保姆送给站立在戈登路（今江宁路）爱文义路口的华捕，告知罗亦农已到。接到告密后不久，一群凶神恶煞的巡捕冲进

中共中央临时政治局机关旧照

屋来，为首的巡捕房捕头洛克用德语和贺稚华简单交谈几句后，用手枪对准罗亦农。此刻，罗亦农明白，敌人是冲着自己来的，早一点离开此地，山东省委的同志就少一分危险。于是，他神态自若地向门外走去。

罗亦农的被捕，是中共中央机关自武汉迁回上海后所遭受的第一次重大破坏。后来邓小平回忆此事，说那时候真是"提着脑袋干革命"，当时他刚从后门出去，巡捕就从前门闯了进来。邓小平出门后，看见门口一名扮成鞋匠的特科同志向他悄悄用手一指，就知道罗亦农出事了，于是立刻快步离开。从邓小平离开，到罗亦农被捕，前后只差不到一分钟。用邓小平自己的话说，这真是"半分钟都差不得"啊！

次日，许多中外报纸都刊登了罗亦农被捕的消息。国民党当局欣喜若狂，认为"首要已擒，共祸可熄"。事发后，周恩来立即通知中央特科组织营救，起初曾考虑花钱买通敌人，争取释放，但觉得成功希望渺茫，遂放弃了这一计划。紧接着，周恩来同中央特科制订行动方案，只待罗亦农由租界巡捕房向淞沪警备司令部引渡时，立即武装解救。中央特科拟用伪装送葬的方式营救罗亦农，将枪支藏在棺材里，并让罗亦农的妻子李哲时披麻戴孝，作为死

者的家属随伪装送葬队伍的人走在棺材后面,等到囚车经过时一齐行动,把罗亦农救下来。然而,租界巡捕房已然知晓罗亦农的重要身份,决定提前引渡,快速将罗亦农送往龙华国民党淞沪警备司令部,关押在陆军监狱。所有营救方案均未能奏效。

身陷囹圄的罗亦农镇定自若,坚贞不屈。敌警备司令钱大钧一面电告蒋介石请示处理办法,一面布置对罗亦农的审问,但连续审问三次,都未能得到半点对他们有用的东西。随后,蒋介石回电,命将罗亦农"就地处决"。

4月21日下午,龙华刑场戒备森严,荷枪实弹的反动军警如临大敌。毫无惧色的罗亦农从容步入刑场,英勇就义,年仅26岁。他是中共党史上第一位牺牲的政治局常委,也是为中国革命而牺牲的政治局常委中最年轻的一位。4月22日《申报》报道称:临刑前的罗亦农"身穿直贡呢马褂,灰色哔叽长袍,衣冠甚为整齐","态度仍极从容,并书遗嘱一纸"。在遗书

上海龙华警备司令部监狱旧影

中，他对妻子李哲时说:"望你学我之所学,以慰我。"表达了他对革命事业的忠诚和期望。

罗亦农牺牲后,遵照周恩来的指示,中央特科调查清楚何家兴夫妇的罪行和行踪后,由陈赓带领"红队"队员赶到他们的住所,冲进房屋,镇压了叛徒,使党组织避免遭受更大的损失。镇压行动一时轰动了上海滩。

1928年5月30日,中共中央在《布尔塞维克》第20期上以头版头条的位置发表了悼念罗亦农的专文。文章写道:"亦农同志被害了,中国无产阶级失去了一位最热烈的领袖,中国共产党失去了一位最英勇的战士。""罗亦农同志的热烈的革命精神,可为中国共产党全党党员的楷模。""他的死是莫大的损失!"

随无产阶级之奋斗而不朽
——革命党人的好楷模张宝泉

1927年大革命失败后，白色恐怖笼罩中国，全国革命形势转入低潮。9月底至10月上旬中共中央从武汉陆续迁回上海，党的各级机关根据职业化、社会化工作要求，秘密分散在上海租界的石库门建筑中。其后，党的秘密联络工作尤其重要，中央秘书处内建立内埠交通科和外埠交通科，负责中央机关之间以及中央与各地之间的联系。

中共中央秘书处内交科首任负责人

张宝泉

内埠交通科，又称内交科，以上海为内埠，与中央机关、江苏省委及其所属机关进行联络。中共中央给各机关的文件一般由内交科送出，各机关送中央的文件材料也由内交科的联络点先接收，再通知有关单位派人去取。

内埠交通科的联络点通常有驻机关人员，到交通联络点的人不宜过多、过勤，以免引起邻居或房东的怀疑，且为了安全起见要经常迁居。交通员每天取东西时都要兜一些圈子，以把盯梢的敌人甩开。

交通员必须经过严格挑选，是品质可靠、机警能干的同志，要大胆细心，遇事善于应付。黄玠然回忆说,"搞内外交通,看来是平平常常的工作,但很艰苦,技术性高,责任性很大。每个人都要动脑子想办法"。

内交科的首位负责人是张宝泉。张宝泉 1901 年出生在陕西省三原县。1924 年在天津南开中学读书时加入中国社会主义青年团,不久加入中国共产党,随后被派到莫斯科东方劳动者共产主义大学学习。

1927 年 7 月,中共中央准备从武汉迁回上海前,曾派何叔衡、张宝泉等四人先到上海建立地下交通工作,并为中央机关寻找办公地址。12 月,中央秘书处内埠交通科成立后,首任由他负责。

在白色恐怖统治下的凶险环境中,张宝泉来往穿梭于大街小巷中,传送文件情报,接待护送中央领导同志出入上海等工作,完成党组织交给他的各项任务。

"他是一个很好的同志,死得壮烈,我们理当怀念他"

在国民党白色恐怖统治下,大批共产党员和革命志士被捕遇害。1928 年 4 月,中共中央机关迁回上海后遭到第一次的大破坏,由此牵连张宝泉被捕牺牲。

戈登路(今江宁路)爱文义路(今北京西路 1060 弄)望德里 1239 号半是中共中央秘密联络点旧址。4 月 15 日,由于叛徒告密,时任中共临时中央政治局常委的罗亦农在这里与邓小平谈完工作后被捕。4 月 21 日,罗亦农在龙华就义。邓小平回忆当时危险情形:"我去和罗亦农接头,办完事,我刚从后门出去,前门巡捕就进来,罗亦农被捕。我出门后看见前门特科一个扮成擦鞋子的用手悄悄一指,就知道出事了。就差不到一分钟的时间。"他说,在上海做秘密工作非常艰苦,那是提着脑袋在干革命,感叹"那个时候很危险呀!半分钟都差不得"。罗亦农被捕后,租界巡捕在此联络点设下埋伏。4 月 16 日,没有及时得到消息的张宝泉去到该处联络时被捕。

张宝泉被捕时身上携有一些党的重要文件,租界捕房把他作为"奇货",试图从他口中获悉更多共产党的秘密。巡捕房用惩治盗匪的"九尾猫"——一种残酷的所谓"科学"的刑具(皮肉极其痛苦但生命无碍的一种刑具),对他严加拷打,但没有得到一点秘密。

1928年4月16日,张宝泉在位于爱文义路(今北京西路1060弄)望德里1239号半的中共中央临时政治局机关被捕。图为该遗址纪念牌

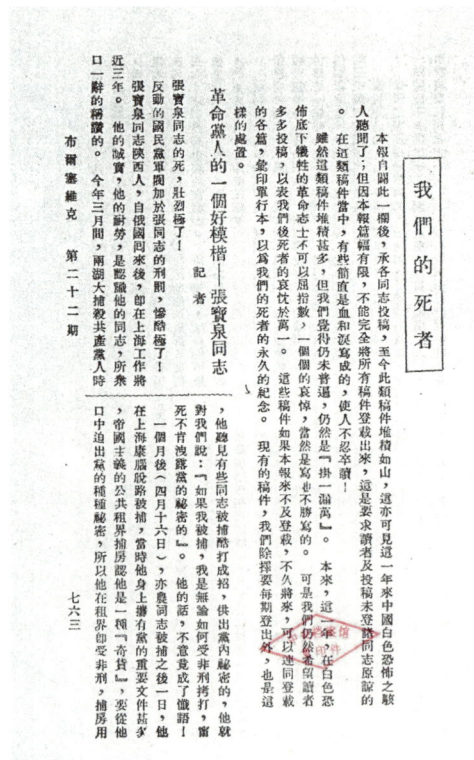

1928年6月30日,《布尔塞维克》第22期上刊载的纪念张宝泉的文章《革命党人的一个好楷模——张宝泉同志》

国民党要员钱大钧听说有"奇货"在巡捕房,三番五次急欲引渡无果。最后经国民党政府外交部交涉,将张宝泉引渡到龙华监狱。在狱中,张宝泉受尽惨刑,皮肉裂脱,骨头尽露,但他始终未供一语。在最后一次拷问时,刽子手竟将他活活打死。

张宝泉壮烈牺牲,引起党内同志的无限痛惜和怀念。中共中央机关刊物《布尔塞维克》很快发表了《革命党人的一个好楷模——张宝泉同志》给以深切悼念,文中说道:张宝泉是壮烈牺牲的忠实的共产党人的代表,"他是革命党人的好楷模","一个好的革命党人","张君宝泉之死,将随中国无产阶级之奋斗而不朽!"

7月17日,中央秘书处专门写了《纪念张宝泉同志》,较为详细地介绍了他的家庭生平、工作作风和工作精神。文中写道：张宝泉在工作中，"表现出是一个忠实纯厚的青年，平日寡言笑，无嗜好，只集中他的注意力去切实执行，毫无怠慢地去执行他应做的工作。他曾经参加上海第三次暴动，做交通工作非常得力。在过去一年半白色恐怖最严重的上海，几次党机关被破获，革命的民众被大屠杀中，宝泉继续不断地工作着，勇敢地工作着，毫无畏怯地传递党及各方面的消息。""宝泉同志牺牲了！不仅共产党中遭了损失，革命的民众中，从此也失掉了一员先锋战士。我们岂止沉痛与悲悼，我们要在拼命的工作中，填补上这些损失啊！"号召大家永远不能忘记张宝泉的"忠勇精神"，"忠于革命、忠于党的精神"。

新中国成立后，周恩来和邓颖超多次谈到张宝泉，说"他是一个很好的同志，死得壮烈，我们理当怀念他"。

没有干部就没有革命事业
——周恩来在中央组织部机关

青年时期的周恩来

大革命失败后，中国共产党被迫转入地下斗争。1927年10月，党中央机关从武汉迁回上海，开始建立分散、秘密的地下工作机关。1928年7月20日，六届中央政治局第一次会议决定，"组织部、宣传部、军事部和秘书处直属于中央政治局常务委员会之下"，中央常务委员会秘书长周恩来兼任中央组织部部长。

1928年夏至1931年春，中共中央组织部机关设于上海北成都路丽云坊（今成都北路741弄）54号一幢坐北朝南的两层石库门，此时正值中国革命在遭受大革命的失败后，又连续受到党内"左"倾错误的影响而屡受挫折的时期，中央组织部在腥风血雨的险恶环境中肩负着极其艰巨的工作任务。

当时的组织部工作人员很少，只配备一个部长、一个秘书和几个组织干事，不到十人。部长由周恩来担任，秘书是主持组织部日常工作的领导同志，余泽鸿、恽代英、陈潭秋、何成湘先后担任这一职务，其余工作人员均为干事，处理机关内部事务的有刘晋升（即刘亚雄）和杨庆兰，经常到机关外部

没有干部就没有革命事业

联系工作的有黄玠然和彭砚耕。在白色恐怖的背景下,工作同事们都以房东和房客的名义相处,由黄玠然和夫人杨庆兰扮作房东,其他同事们都是房客,办公场所在二楼的后楼位置。恽代英夫人沈葆英当时担任机要员,为防意外,她做抄写信件和登记往来电报这些文书工作,都要使用隐形药水,写好的材料如同白纸。她还会根据工作需要变化装扮,方便递送重要文件。

面对艰苦的条件,中共中央组织部的工作人员仍以饱满的革命热情投入各项工作。当时,周恩来是国民党反动派重点搜捕的对象,为了隐蔽自己,他蓄起长须,不停变换姓名和住址,穿梭于上海的小街弄堂,来往于中央组织部和各秘密机关。当时因组织被破坏失去组织关系或武装起义被打散的党员,纷纷到上海找党组织;从国外归国的干部,也首先到上海向党中央报到。周恩来在完成常规工作之外,尽可能亲自与他们谈话,询问各地情况,详细谈论政治形势和工作方法;各地来报告工作的干部要求见面,他也尽可能满足要求,并耐心地听取汇报,指出问题,给予指导。他常叮嘱组织部同志:党的政治路线确定后,党的组织工作和宣传工作犹如鸟的两翼、车的两轮,没有干部就没有革命事业,关心爱护干部,就是关心革命事业,要热情对待各地来的同志。

当时,上海有两个中央秘密机关联络点:一是政治局的秘密机关(云南路447号)的福兴字号;一是浙江中路112号的军委联络点。周恩来经常到这两个地方会见地方来的同志。他主持中央军事训练班、筹办干部训练班和特别训练班,拟定《中央短期训练班的办法》,规定由中央组织部训练委员会管理训练班,每次训练班结束后,由中央组织部负责分配学生的工作,这使得组织部的工作确立了日后干部工作和干部教育培训工作的基本模式。

中共中央组织部旧址旧照

在他的领导下，中央组织部从各级干部那里了解掌握了许多非常深入的情况，完成了大量的干部审查和调配工作，领导各地党组织走上了迅速恢复和发展之路，一批批政工、军事人才被输送到各地党组织和苏区。1928年11月，毛泽东代表井冈山前委在给中央的报告中提出："红军中党代表伤亡太多，希望中央和两省派可作党代表的同志至少三十来人。"周恩来阅后，批示中央组织部和军事部，派去了30名工人出身的党员支援。

中央组织部的各项工作自周恩来担任部长以后，有了具体而切实的推进。周恩来使中央组织部改变了以往通过中央发布通告并敦促地方上报情况的方式，开始深入到具体的人、事和地方领导的人事安排等方面。他在苏联审阅中国留苏学生的档案，同留学生一一谈话，向正在苏联院校学习的中共党员传达六大精神，使得组织部的工作走进个体党员中；他修改审定中共中央《关于湖北组织问题决议案》，针对湖北省委一年当中遭受三次大的破坏的现状和党秘密状态的现实，提出了党的机关的社会化、党员的职业化等工作方式；他参与讨论和查明党内的一些较大的分歧和控告案件，表明观点，得出结论，树立了组织部的权威；主持制定了各项秘密工作制度，如指导中央组织部负责保管文件的干部，将干部资料和工作记录用俄文字母编成密码式的文件档案，便于保存和查询。中央组织部还编印了《省委组织部之主要任务及其工作方法》，使得当时处于恶劣生存环境的党组织得到了具体的指导，也加强了自身的建设，设立了内部工作机构（组织科、发行科、统计科），并成立了部务委员会。

邓颖超也曾在中共中央组织部担任干事工作，针对党内刊物不足的问题，她与中央直属机关支部成员创办了《支部生活》并担任主编。周恩来对此热忱支持，并由中共中央组织部向"直支"建议："必须注重一般同志所需要所欲求解答的问题"，"将过去的记录汇刊的方式改变过来"，"得到实际灌输的收益"。1929年1月26日，《支部生活》问世，该刊物不仅及时传达文件和工作纪要，还发表不少富有战斗性、建设性的文章，周恩来、邓颖超都曾在此刊上发表文章。

1928年7月至1931年1月兼任中央组织部部长的两年多时间，周恩来总是抱有坚定的革命的信念和不屈的斗争精神。正如延安整风时他说过："经过大革命和白色恐怖的锻炼，坚定了我对革命的信心和决心，我做工作没有

没有干部就没有革命事业

1982年5月28日，黄玠然于中共中央组织部旧址前楼

灰心过，在敌人公开压迫下没有胆怯过。"在他的直接领导下，中央组织部的自身建设的加强、内部机构的设置科学合理规范、任务与职权的明确执行，并逐步成为中央机关中最重要的、工作效能较强的工作部门之一。

如今，中共中央组织部旧址原建筑已不存，它的遗址位于今天的静安雕塑公园东南角梅园。而周恩来以大无畏的革命精神，领导中央组织部的同志顽强奋斗、艰苦努力，为党的组织工作做出了卓越贡献，留下了永久的宝贵的精神财富，也为党的组织工作干部树立了不朽的丰碑。

我们要获得胜利，只有坚决的前进
——陈云和中共淞浦特委的故事

在今日静安区的东部，有一栋假三层石库门房子。这一栋房子原系山海关路育麟里（今387弄）5号，后经整体迁移，向东北方向平移，现为山海关路339号——中共淞浦特委机关旧址陈列馆。

中共淞浦特委成立于1928年9月，直属江苏省委农委领导，下辖松江、金山、青浦、奉贤、南汇、川沙、嘉定、崇明、太仓、宝山10县，有130多个党支部，1700多名党员，由杭果人任书记、陈云任组织部部长、林钧任宣

中共淞浦特委机关旧址陈列馆外景

传部部长,严朴、顾桂龙为委员。

当时的淞浦地区,即松江、浦东地区,正处反动当局的严控之下,终年挣扎在水深火热之中的贫困农民,往往饥寒交迫,以野菜、麦糠果腹,抑或流落他乡,沿街行乞。而党的基层组织,亦多遭镇压;凡党员干部、进步群众,一经发现,便难幸免,不是监禁,就是杀害。

特委成立后,立即着手了解各县的实际情形,加强对各县的巡视和指导。陈云不畏艰险,深入青浦、松江、金山等地,在外巡视一两个月。十一月三日和九日,陈云先后两次向江苏省委提交淞浦特委组织情形及工作情形的书面报告,对各县党的组织、群众斗争情况做了简要概述,总结道:"特委对各县总的方针是:(1)加强训练工作;(2)改进党的组织;(3)发展群众组织;(4)培植土改领袖。"同时提出建立和健全县委机关。他在报告中说:"各县因特委才开始实际工作,所以县委均未成立,现在决定松江、金山、奉贤、南汇即刻成立县委,青浦、崇明成立临时县委,一俟工作发展再予正式改组。"总之,"要使特委组织名副其实地完备组织上一切应有的工作。"[1]

不久,陈云随中共淞浦特委机关迁到上海,住上海同孚路(今石门一路)与福煦路(今延安中路)附近的一家烟纸店楼上。又曾在山东路打狗桥附近,设秘密联络站,那是"一条弄堂的一家底层,一间水泥里面的小室中,一共住下了一对夫妻和我们五六个同志,淘米、洗菜、洗衣、煮饭都挤在里面,夜里用报纸铺地面睡。地面潮湿,光照通风等条件都不好",但"仍是我们特别是刚经重大斗争的党的负责人陈云同志歇脚的好地方"。

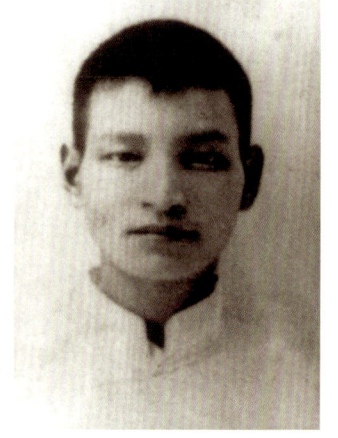

陈云

一九二九年初,淞浦特委为掩护党的秘

---

[1] 中共中央文献研究室:《陈云传》,中央文献出版社2005年6月第一版,第60—61页。

密机关,决定办一所小学。陈云同志要我以大学生的身份,公开对外,一切校务工作则由蒋兆麟同志负责(新中国成立后病故在松江),每当捕房密探前来纠缠时,都由我出面应付。除了蒋兆麟和我以外,还有李伟基同志协助租屋和招生工作。这所学校设在山海关路育麟里五号。为了迷惑敌人,我特意取名为"正德小学"。[1]

薛兆圣,曾用名薛促达,1903年(一说1906年)生,江苏武进人。

据薛兆圣生前回忆,正德小学"掩护了党的许多秘密工作和被反动派通缉的同志,例如党的通信联系、党的重要会议;还有除淞浦特委本身外,江苏省委甚至党中央的负责同志,有时也以此作为会晤和会议的地点"。那时,薛兆圣"就住在小学的亭子间里,后楼和灶披间供在无锡失败后来沪避难的同志和别的同志住宿,像无锡县巨款悬赏通缉的暴动领导人严朴同志等就经常来此"。

曾经"来此"的还有陈独秀、何孟雄、刘晓、陈绍禹(王明)、秦邦宪(博古)、康生等。

考虑到这一带晚间较冷静,有时会议开到深夜,进出人员,引人注意,所以我常常冒着凛冽寒风,在附近徘徊,侦查有无异常情况,以便及时通知。[2]

中共淞浦特委一直存在到1929年春夏之交,奉贤、金山县委分别发动庄行、新街暴动失败之后。由于陈云、杭果人、林钧、严朴"都调出特委,以后特委就不存在了"。[3]

中共淞浦特委不存在了,正德小学也就停办,薛兆圣随之迁居康脑脱路(今康定路)隆智里(今108弄)。

---

[1] 薛兆圣:《回忆掩护淞浦特委机关的情况》,原载《上海党史资料汇编》第二编上,上海书店出版社2018年11月第一版,第233页。
[2] 薛兆圣:《回忆掩护淞浦特委机关的情况》,原载《上海党史资料汇编》第二编上,上海书店出版社2018年11月第一版,第234页。
[3] 陈云:《给上海市第一商业局革命委员会的复信》,原载《陈云传》,中央文献出版社2005年6月第一版,第64页。

我们要获得胜利,只有坚决的前进

奉贤农民暴动相关报道

与此同时,松(江)、金(山)、青(浦)三县活动分子则在上海吴淞路潘达清家秘密集会,由陈云主持,顾复生代表青浦县出席。

顾复生,1900年生,江苏(现上海)青浦人,1927年经陈云介绍加入中国共产党。

顾复生清楚记得,正是在此次吴淞路潘达清家的秘密集会上,陈云正式通知大家,根据斗争形势,淞浦特委已撤销,今后各县的工作,统由江苏省委直接领导。

淞浦特委撤销后的陈云,很快履新,顶替上调中央的彭湃,出任中共江苏省委农委书记,从而从松江、金山、青浦、奉贤、南汇、川沙、嘉定、崇明、太仓、宝山10县走向整个江苏省。直面更大舞台,更广阔天地,陈云意气风发,豪情满怀。由于他确信:"我们要获得胜利,只有坚决的前进。"[1] 所以,他的身影,一旦出现在丹阳、常州、苏州、无锡、扬州,当地的"广大群众的不断争斗",便就此起彼伏,不断"动摇封建的土地关系,给国民党军阀统治以打击"![2]

---

[1] 1929年9月7日,中共江苏省委常委会会议记录,原载《陈云传》,中央文献出版社2005年6月第一版,第70页。

[2] 陈云:《江苏农民运动的趋势和今后的斗争》,原载《陈云文选》第一卷,人民出版社1995年6月第一版,第4页。

我不死，我还要工作
——张唯一、陈为人和"中央文库"的故事

党派专人来管档案资料始于 1926 年。

1926 年 7 月，中共中央在上海召开四届二次扩大执行委员会会议，通过《组织问题议决案》，对"党的机关"做出明确规定，规定"应增设中央秘书处，以总揽中央各技术工作"。这一规定很重要。但从 1926 年 9 月中央秘书处应运而生到 1930 年 4 月中央在《对秘密工作给中央各部委同志信》中重申凡"不需要的文件，必须随时送至文件保管处保存"；再到 1931 年 4 月中央出台《文件处置办法》，以制度规范文件档案的收集、分类、整理、编目、保管、销毁；中央文档的集中管理，还是有一个相对漫长的过程。而在这一过程中，又以张唯一、瞿秋白、陈为人三人的作用尤为突出。

张唯一，1892 年生，湖南桃源人，1927 年加入中国共产党，1928 年任中共中央秘书处文书科科长，开始在戈登路 1141 号（今江宁路 673 弄 10 号）创建"中央文库"，用于藏匿 6 个箱子、两万多件"珍贵的文件资料"——

这批珍贵的文件资料，共 6 箱、两万多件，其中有中共中央各种会议文件，如历次代表大会形成的决议、决定和会议记录；有中共中央公开发表的文件，如宣言，通电，告工人、农民、士兵书等；有中共中央同共产国际的来往文电；还有地方党组织的请示报告、调查材料、会议记录、党内刊物，留

张唯一

法、留德支部的文件；各革命群众团体的文件；还有一些著名革命烈士遗留下来的材料。这些文件资料比较完整地反映了中共的活动和历史面貌，是中共最珍贵的一部分文献。[1]

"中央文库"是中共历史上的第一座秘密档案库，堪称中共早期记忆的最高机密。但鉴于白色恐怖中的严峻形势，已经对"中央文库"构成直接威胁，周恩来紧急通知张唯一立即携带文件全部转移。张唯一便雇了两辆黄包车，连夜将6箱文件分几次运往自己的家，法租界恺自迩路（今金陵中路）上的一幢独立小楼里。后来，才转交陈为人。

陈为人，1899年生，湖南江华人，1920年加入中国共产党，历任中共北方职工运动委员会书记、北方区执委会组织部部长、满洲临委书记兼秘书长、满洲省委书记等。

陈为人正式接手"中央文库"后，就将所有文件，秘密运至上海西区，一栋独门的三层小楼房：第一层卧室兼客厅，第二层为卧室，第三层改为一个小阁楼，靠里墙二尺做了一堵木板墙，两墙当中存放文件。

陈为人

从此，陈为人、韩慧英夫妇离群索居，不参加党的会议，不参加任何公开活动，不轻易与人结交。白天，陈为人是湘绣店老板，晚上则反锁门窗，遮严光亮，整夜整夜守在三层阁里整理党的最高机密。为了便于秘藏、转移，陈为人将文件全部用薄纸、小字重抄并剪掉四边的空白，分类归档。陈为人的桌旁搁着一个常年有火种留着的火炉子，一旦不测就准备焚楼烧房，决不让一个纸片落到敌人手里！

陈为人肩负的是特殊使命。他不参加党的会议和其他社会活动，驻守文库。文件调阅传递都由妻子韩慧英与代号为"张老太爷"的上海中央局秘书处负责人张唯一单线联系。1935年2月，敌人在一个晚上破坏

---

[1] 吕芳文：《陈为人》，人民出版社，1997年。

了我党九个活动地点,"张老太爷"所在的雷米路(今永康路)南丁街弄文安坊6号秘书处机关也遭破坏,"张老太爷"被捕。隔日当韩慧英去上述地点送文件时,亦被留守在那里的特务逮捕了。[1]

张唯一、韩慧英一被捕,陈为人立即转移住所,化名张惠高,带着三个年幼的孩子,在小沙渡路康脑脱路口(现西康路康定路口)合兴坊15号一幢二层楼房坚守。从此,他跟组织上完全断了联系,独自一人担负起保卫"中央文库"的重任。当时,家里已无积蓄,一天两顿红薯充饥。为了掩护身份,瞒过楼下房东,陈为人每次在楼下煮好红薯后,常常把一片干鱼盖在上面,再往楼上端。快到楼门口时,又把那片干鱼收藏起来,怕不懂事的小孩看见抢着要吃。就这样,那片干鱼片足用了一个月之久。

1936年秋,当陈为人与组织上接上关系并按规定送完最后一箱文件后,一回家就大口吐血不止。组织上表示:"只要能保住为人,需要用多少钱,就用多少钱。"但陈为人却坚决不让组织在他身上多花钱。直至生命的最后一刻,他还握紧双拳,圆睁双眼,对刚出狱不久的妻子喃喃说道:"你不要怕,我不要紧……我不死,我还要工作……"

陈为人使用过的整理中央文库档案的剪刀,现藏中共一大会址纪念馆

---

[1] 朱国民:《陈为人》。

红色电波的诞生

——李强与中共第一个秘密电台的故事

1949年10月1日,毛泽东庄严宣告"中华人民共和国、中央人民政府成立了",经广播从天安门广场响彻五湖四海,向世界传播着新中国的诞生。而沿着时空向前寻觅这一串电波的来处,可追溯至今天静安区延安西路一处石库门内的秘密电台。而连起电波的人,是无产阶级革命家、著名的无线电专家、中央广播事业局首任局长、中国科学院院士李强同志,他成功制造出了中国共产党第一部地下电台,并为党培养了第一批无线电专业人才,是党无线电事业的创始人。

李强本名曾培宏,1905年出生于江苏常熟,因反对旧礼教被杭州宗文学校开除,来到上海进入南洋路矿学校附中读书,学校采用英文授课,给他打下了深厚的英语基础。1925年,他成为"五卅"运动学生领袖,于1926年2月调任共青团上海浦东部委书记,还为上海工人第三次武装起义研制炸药和手榴弹。1927年四一二政变之后,李强辗转到武汉,因为自制军火的经历,又曾在上海"与三教九流有些交往",被任命为中共中央军委特科交通科长,主要承担秘密交通联络,护送党的领导人进入苏区。

1928年,中国共产党第六次全国代表大会在莫斯科举行,会议决定在上海建立中共秘密电台。周恩来面对一无专业人才、二无电讯器材的情况,要求身为特科交通科长的李强和中共上海

李强

法南区委所属法租界党支部书记张沈川钻研无线电通讯技术,并制造无线电收发报机。李强大学土木工程专业出身,对无线电一窍不通,国民党当局对无线电设备控制也很严,书店也根本没有与此有关的中文书籍。接受任务后,他一边买来美国出版的英文无线电专业书自学理论,一边到上海博物院路(今虎丘路)上一家私营的大华仪器公司弄出收发报机进行解剖研究。李强以无线电业余爱好者的身份,在洋行购买零件,还同当时在上海经营美国无线电器材的"亚美公司"和"大华公司"的苏氏兄弟交了朋友,从他们那里购买了器材、工具及制造收发报机的图纸,于1929年春末装成了第一批收发报机。

张沈川则化名张燕铭,考入上海无线电学校,该校设在蓬莱路国民革命军总司令部第六军用电台(代号XH6)内,他结业后又在第六军用台实习两个月,熟练地掌握了无线电收发报技术,还抄了两本密码交给特科,成为我党最早的无线电工程人员和第一名报务员,他便是后来的电影《永不消逝的电波》主人公李侠的原型之一。

1929年,张沈川在大西路福康里9号(今延安西路402弄9号,遗址位于今美丽园大厦)租赁了一栋石库门三层楼房,中共中央的第一个秘密电台就此落户。电台使用李强制作的无线电收发报机,电台密码由周恩来亲自编制,虽然体形笨重,灵活性差,功率也只有50瓦,但它的应用开启了中国共产党的无线电通讯工作。李强用的是收发两用的短波无线电台,而国民党当局迟至1931年底左右才用上短波电台。

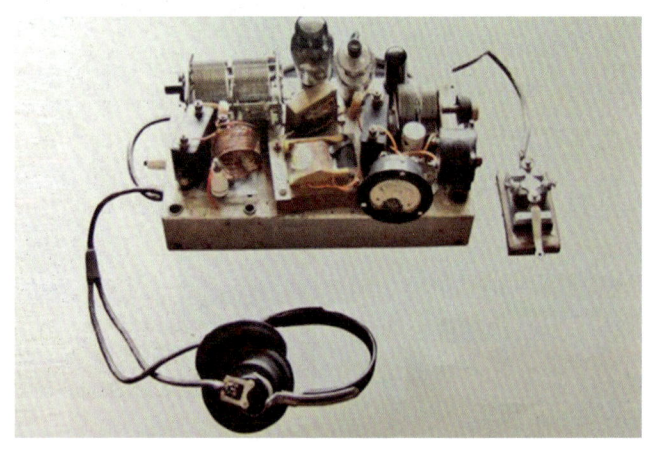

中国共产党第一部无线电台发报机复制品

红色电波的诞生

在白色恐怖十分严重的上海,要使一座秘密电台长期隐蔽下来很不容易。国民党当局同租界巡捕房勾结起来,将定向电台装在汽车上,每天晚上巡回侦察秘密电台的方位。冯玉祥、阎锡山设在上海的秘密电台都先后被侦破。为了把电台保存下来,电台工作人员们衣着华丽,房内摆着桌椅沙发,墙上挂着字画,装作大户人家以做掩护。他们深居简出,基本上断绝了社会关系,一两年才通一次家信,工作时间都在左邻右舍入睡以后的深夜,电台功率只有50瓦,声音很轻,为了提高工作效率,他们想试用100瓦功率的电台,但一按电键就导致电灯光闪动,他们怕邻居生疑,只能停止了实验。中共中央还从各地

中共中央第一座秘密电台遗址旧照

抽调数名年轻党员来上海,由李强、张沈川进行技术培训,参加者有曾三、伍云甫、蒲秋潮、黄尚英等。

1929年下半年,中共中央决定在香港设立秘密电台,李强两次前往香港,克服种种困难,与黄尚英在九龙弥敦道街成功建立南方局电台,1930年1月沪港两地通报成功,通报的第一个重要信息就是广西百色起义胜利,电报由黄尚英发出,张沈川接收,邓颖超亲自译电,标志着中共史上第一对通报电台正式完成,为沪港两地秘密交流、信息传递提供了极大便利。同一年,受过培训的伍云甫、曾三等从上海到达瑞金,利用第二次反"围剿"红军缴获的国民党电台,建立了中央苏区同上海党中央的无线电通讯。1930年2月,福康里电台的隔壁开设了一家妓院,来往人员复杂。党组织为安全起见,在5月中旬将电台迁到了公共租界静安寺路(今南京西路)赫德路福德坊1弄32号,不久李强又在慕尔鸣路(今茂名北路)兴庆里17号(安吉里11号)、长阳路友邦里东1弄61号、长阳路乾信坊等处分别设立了电台和装配间。到1931年,上海党中央分别和国民党统治区、苏区根据地的主要党组织之间,基本实现了无线电通讯联络,通信的效率和安全性大大提

高。此后，从上海到香港再到苏区，中国共产党的红色电波在空中广为传播，虽然屡经磨难，但一直没有中断。电台的建立，被誉为"党的通信史上划时代的革命"。

在艰苦卓绝的岁月里，李强和张沈川、毛齐华、伍云甫、涂作潮等众多隐蔽战线上的地下工作者们，冒着被追捕判刑的风险，担负着我党的通讯情报工作，为党的无线电通讯事业发展奠定坚实基础，为推进革命斗争的胜利做出了重要贡献。李强后来在周恩来的安排下赴苏联学习工作，26岁即成为苏联七位最高等级无线电专家之一。1949年10月1日，李强作为电信和广播领域的专家和高级官员，承担了保证开国大典天安门城楼上扩音器顺利运转的特殊任务，后又担任军工局长和外贸部长。国家对他的评价是："他不仅是革命家，而且是科学家和经济专家，是我党一位难得的复合型人才，在科研领域、军工生产领域、广播电讯领域和外经贸领域都做了奠基性或开创性工作。"

关了电灯咋还闪呀
——张沈川和大西路电台的故事

张沈川原是青岛大学学生，1926年11月入党，不久出任上海法租界地方党支部书记。

1928年10月，张沈川奉命赶往三马路（今汉口路）上的惠中旅馆，见到了代号"伍豪"的周恩来。

周恩来先是问张沈川的过去，问他在什么地方念书，参加过哪些政治活动，什么时候入党，由谁介绍，等等。然后就对他说，我们有一个计划，要搞一个电台，以此发展我们自己的无线电通讯事业。我们不能光靠人力传递，那样太慢，也太危险。所以，我们决定派你打入国民党内部，去学无线电收发报技术，回来再培养我们自己的报务员。

张沈川

张沈川二话没说，当即表示服从组织分配，于是，当年冬，张沈川化名"张燕铭"考入设在国民党革命军总司令部第六军用电台内的"上海无线电学校"。组织上又为他买了电键、蜂鸣器、干电池等自学的应用工具，还用12块银洋买了矿石收音机和耳机，李强则帮他在住处装了天线、地线，用于收抄徐家汇天文台长波发射的法文气象预报。

1929年5月，张沈川从无线电学校毕业，成绩优异，甚得第六军用电台台长的器重，便将他留下，住进台里实习，还经常安排他独立上机，顶岗值夜班。他就利用这一大好时机，偷偷抄录了两本军用电台的密电码，及时上交组织。同时，他还向同寝室的技工学会了装、换发射天线、冲水电池的专

四成里中共中央早期无线电培训班旧址

业技术,私下装了一个真空管的无线电收音机。

张沈川离开第六军用电台后就与法国勤工俭学归来的贺果住在一起,利用自己装配的真空管收音机收听、抄录美国旧金山、苏联伯力等外文台的政治经济新闻,提供给中央领导作参考。

1929年秋冬之际,我们党的第一座秘密电台终于诞生在了上海西区,大西路(即后来的中正西路,亦今延安西路)福康里(即后来的中正西路433弄,也就是再后来的延安西路420弄)9号(原建筑已拆,现为美丽园大厦)。

大西路福康里又小又安静,弄内只有10幢石库门房子。

周围邻居只知道弄底9号住了一对年轻夫妇,家里挺富裕,男主人气宇轩昂,女主人端庄大方,却不知道他们来自何处,从事何种职业,因为他们很少与人交往。其实,即使他们跟人有更多交往,他们的邻居也不可能知道他们是一对假夫妻。他们的出双入对完全是周恩来的安排。

当时,周恩来安排刚从苏联学习回国的蒲秋潮"住机关",给张沈川做掩护工作,也学习收发报。为了应付环境,他们的衣着都比较讲究,房子也布置得有模有样。

关了电灯咋还闪呀

恩来同志介绍蒲秋潮来住机关，蒲是北京女师大学生，在"三一八"惨案中腿部受伤，当时刚从苏联学习回国。为了应付环境，我们扮作假夫妻，衣服都比较讲究。楼下客厅陈设阔绰，俨然是个富裕家庭的样子。十月间，黄尚英搬了进来，他虽在上海青年会无线电夜校学过收发报，但缺乏实践。为了练技术，我们装置了一个简易设备，一人在楼上，一人在楼下，练习通报。[1]

我们电台的致命弱点就是发射功率太低。

李强最先研发成功的那一台收发报机，多少有点笨重，灵敏度也不太高，功率只有50瓦，这就又试着搞了一台100瓦的民用收发报机。但是一按电键，它所产生的感应电流，足以把隔壁邻居家的电灯点亮，隔壁邻居就叫起来："今晚怪了，电灯怎么关了还是老在闪呀？"他们一听不好，只好放弃，停止试验。

1930年2月，福康里电台的隔壁，设立了妓院，英国兵夜晚来来去去，人员很杂，组织上感到不安全，张沈川和蒲秋潮双双搬出大西路福康里9号。张、蒲二人先于同年5月中旬迁居赫德路福德坊1弄（原常德路23弄）32号二层前楼，西墙外就是静安寺路公墓，俗称"外国坟山"（今静安公园）。

八月，我患了伤寒病，组织上请了名医为我诊治。因我深夜还要通报，不能静养，高烧久久不退，病势愈来愈严重。

张沈川于赫德路福德坊1弄32号前门留影

---

[1] 张沈川：《我党地下无线电通讯工作的创建情况》，上海党史资料汇编，第二编，第151页。

后来听李强说，当我不省人事时，聂荣臻和陈赓都来看望，说要为我准备后事了。经过抢救，病情逐渐好转，但又患上了肺结核病。组织上在极司非而路租了一间房子，让我搬去疗养，又派吴克坚照顾我。组织上给我每月生活费二十一元，据吴克坚说，当时中央委员每月生活费也只有这样多。[1]

张沈川病愈后即受命创办"福利电器公司"，中央无线电集训班，改住古拔路，尽量靠近巨籁达路（今巨鹿路）四成里……

在白色恐怖十分严峻的上海，电台之所以能够保存下来，主要是因为党的保密教育和极其严格的组织纪律，张沈川等人深居简出，断绝了社会关系，不畏艰难，辗转各地发报，将毕生的心血都献给了人民的解放事业，是名副其实的隐蔽战线上的无名英雄！

---

[1] 张沈川：《我党地下无线电通讯工作的创建情况》，原载《党史资料丛刊》1980年第三辑，第153页。

不重复的伟大创举
——周恩来和豪密的故事

我们党的第一道红色电波,是从上海发出的,那是 1929 年春末,由李强、张沈川等人,在大西路福康里(即后来的中正西路 433 弄,再后来的延安西路 420 弄)9 号建立了第一部地下无线电台。与此同时,周恩来也住公共租界,先后住过西摩路(今陕西北路)和小沙渡路(今西康路),都在而今的静安区;并在那些三间两厢房的石库门房子里,潜心研发,独辟蹊径,编制成功了一套密码,供自己人用。

因为周恩来叫伍豪,所以他编的密码叫"豪密"。在中央苏区的时候,我是译电员,还有邓大姐和任弼时,还有刘伯坚的爱人。[1]

周恩来

原来 1919 年,周恩来旅日回国,正值"五四"高潮。为了把当时天津的进步青年团结起来,周恩来发起成立觉悟社,首批成员 20 人。为方便交流、联系和开展革命斗争的安全、保密,决定设 50 个号码,通过抽签方式,以各自抽到的号码作代号,剩下的 30 个号码留给后来的参加者。结果周恩来抽到 5 号,5 号也就被大革命失败

---

[1] 陈琮英:《周总理这个人好》,原载《百人访谈周恩来》,南京,江苏文艺出版社,1998 年版,第 221 页。

后的周恩来以谐音"伍豪"用作党内化名,而中共隐蔽战线上的同志也就将周恩来率先发明创设的密码一致爱称为"豪密"。

1931年,任弼时同志到中央苏区,就带了"豪密",上海中央和苏区就有了秘密通讯。上海是周总理亲自保管密码,亲自翻译电报。中央苏区是弼时同志。联络的第一份电报就是周总理发给苏区中央局的,问弼时同志是否到了中央苏区。总理若有重要事情不在,由邓颖超翻译。弼时同志有紧急事情不在,陈琮英负责翻译。第二份电报,是关于中华苏维埃临时中央政府的人事安排的决定。以后在全军全党中的通讯,主要内容都用"豪密"。[1]

戴镜元说的是1931年2月,任弼时出任中共苏区中央局常委,率中央代表团赴江西瑞金,行前化装成牧师,周恩来就把自己编制的"豪密"夹进了他随身携带的《圣经》,并教会他及其夫人陈琮英如何使用。1996年,北京电视台与中国国际文化交流中心等单位联合摄制大型电视专题纪录片《百年恩来》,剧组采访到时年94岁的陈琮英,一说到她当年使用过的"豪密",陈琮英忍不住激动说道:"因为周恩来的聪明才智,他编的密码,好记好用,却极不容易破译。很长一段时间,国民党无可奈何,直到今天,我们的密码还是沿用了'豪密'的核心部分。换句话说,时间过去了七十多年,至今仍不落伍。"[2]

因为"时间过去了七十多年",那一

任弼时、陈琮英夫妇

---

[1] 戴镜元:《我党我军机要工作的创始人,密码通信事业的奠基者》,原载《百人访谈周恩来》,南京,江苏文艺出版社,1998年版,第220页。
[2] 陈琮英:《周总理这个人好》,原载《百人访谈周恩来》,南京,江苏文艺出版社,1998年版,第221页。

份被周恩来夹进《圣经》，由任弼时随身带进中央苏区的密码，早已湮没，再难找到原件；但在后来的实际应用中，凡是"沿用了'豪密'的核心部分"所编制的密码，却"仍不落伍"，一如陈琮英所说，一直影响着我们的无线电通讯事业。这是为什么？这是因为"我们用的密码"由周恩来亲自设计制定，从"不重复"。[1] 原中央调查部部长、周恩来办公室副主任罗青长亦说："周恩来发明的密码，有数学在里边的。密码是数学和文字构成的。"而那尝试攻破"豪密"又始终未果的黄季弼则说："其内容自首至尾均用密码，似系以号码数目替代密本之名称，其译电法似系引用复译法编成表式，百数十张随时按表将密本之大小码变换。其表式则系由0000号至9999号，一万号之中任便抽用，随时变更，发电人及收电人彼此均有此表对照，故密本究竟共有若干种，每种用若干时日，及何时更换，均无从分析。"

黄季弼是蒋介石亲自点的将。

蒋介石亲自找黄季弼来破译"豪密"，就因为他是国民党内首屈一指的密码破译专家，专门研究非蒋嫡系的军政密电。就因为他在1930年5月至10月的中原大战期间，曾将他的"侦收电台设在陇海路列车上，随蒋总司令工作，甚有贡献"。[2] 就因为他的"贡献"全在于多次破译桂、滇、阎系的中文密码，帮着蒋介石化险为夷、转败为胜。

然而，黄季弼"悉心研究，时经两月"，结果依旧"毫无头绪，实属无从着手"。他不得不俯首承认共产党"对于电报之打法译法与及密本之编制法，均属精细周密，甚有心得"。

黄季弼的一筹莫展，太说明问题。这问题就是原"军统"电讯处处长、国民党另一密码"大师"魏大铭在其自述中所点破的："中共通讯保密比国军好多，谅是周恩来的高明处。"[3] 周恩来的高明何在？周恩来的高明就在于二重作业，同字不同码，同码不同字，完全无懈可击，不给对手点滴破译机会。

---

[1] 童小鹏：《在对敌斗争中亲自设计制定密码》，原载《百人访谈周恩来》，南京，江苏文艺出版社，1998年版，第602页。
[2] 魏大铭、黄惟峰：《魏大铭自述》，蓝月出版社2012年6月第一版，第30页。
[3] 魏大铭、黄惟峰：《魏大铭自述》，蓝月出版社2012年6月第一版，第30页。

推动人民军队正规化、制度化建设
——中央军委组织编译第一批红军条令

1927年大革命失败后,中国共产党独立高举革命旗帜,领导中国人民的反帝反封建斗争进入土地革命战争时期,军事工作日益重要。在周恩来的领导下,中央军委加快军政人才的培养和军队制度化的建设。

中央军委举办的最早军政干部训练班

随着农村革命根据地的快速发展,苏区急需大量军政干部。在周恩来的领导下,中央军委多次在上海举办秘密军事培训班,训练调配军政干部,提高红军干部的指挥能力。

1929年,在爱文义路麦特赫斯脱路(今北京西路泰兴路)口,中央军委租用犹太富商哈同的一幢三层花园洋房内举办军事训练班。该处挂武汉蜂蜜公司上海蜂蜜经理处牌子,由彭干臣化名黄春山任经理,负责训练班的具体事务和学员干部的接送工作。彭干臣妻子江鲜云带着一个孩子驻守该机关,学员由苏区、白区的地方军委选送。训练班开阔了学员的视野和思想格局,许继慎、许光达、王首道、傅维玉、蔡申熙夫妇等一百多人曾在该班学习。

江鲜云回忆:训练班共举办三期,每期三十多人,大约三个月。学员上课、睡觉活动在二楼、三楼,一律禁止外出及与外界联系。周恩来、李立三、项英等曾任教员,讲授党的建设和军事斗争等课程。大部分学员训练班结束后,彭干臣在夜里把学员一个个送走,由保卫人员充当人力车夫送至事先安排好的旅馆,再由地下交通人员接走护送至苏区,充实中央苏区和红军的骨干力量。1930年3月，周恩来离开上海至莫斯科，5月该训练班停办。

中央军委组织实力强大的军事翻译团队

1930年秋，在中央军委工作的聂荣臻、刘伯承、叶剑英、傅钟、李卓然一起谈论形势，认为在红军和根据地力量越来越强大的情形下，要有统一的步兵战斗条令和政治工作条例，以加强红军的政治工作和正规化建设。他们的想法得到周恩来赞成后，就及时组织翻译了《苏联红军步兵战斗条令》《苏联红军政治工作条例》等红军第一批条令条例。在此基础上，当年冬他们又结合红四军古田会议决议，制订出《中国工农红军政治工作暂行条例（草案）》。这是中国红军第一个政工条例，促使全国红军政治工作更加统一和条理化。

当时，聂荣臻在中央军委做周恩来的助手，协助周恩来指导革命根据地的军事工作。他回忆当时编译情形："到军委工作不久，我和刘伯承、叶剑英、傅钟、李卓然等同志一起，商量翻译条令的问题，周恩来同志对此也很赞成。当时，江西前线不断传来我军胜利的消息。我们认为，翻译一本苏军的步兵战斗条令和政治工作条例，对前线会有帮助。伯承、剑英、傅钟、李卓然同志都是由苏联学习回来的，有一定的专业知识和俄文基础。所以，组成两个摊子，由伯承、剑英同志负责翻译步兵战斗条令，由傅钟、李卓然同志负责翻译政治工作条例。军委从各方面给予支持。经过一段时间的努力，这两本书都翻译出来了，并送到了各个根据地。这就成了我军的第一个条令和条例。"

当时直接参与这一编译工作的刘伯承、叶剑英、傅钟、李卓然都刚从苏联学成归来，被分配到中央军委工作。他们俄文基础深厚，军事理论丰富，国际视野宽阔，组成阵容强大的"豪华"翻译团队。

刘伯承在苏联伏龙芝军事学院期间，短时期

李卓然

《步兵战斗条令》

内学会俄语，曾刻苦翻译《苏联红军步兵操典》。1930年刘伯承回国后，任中共中央长江局军委书记、中央军委编译科长，具体主持军事翻译工作。

叶剑英在莫斯科中山大学学习期间曾任学生独立营营长，参加过加仑将军司令部工作，曾在研究无产阶级军事暴动问题的军事班学习。1930年回国后任中央军委委员，一起参加翻译工作。

傅钟1926年赴莫斯科，先后在中山大学、列宁格勒军事政治学院学习。1930年春回国后，被分配到中央军委从事干部工作和兵运工作。他回忆当时参与编译工作：在上海，我参加翻译了《步兵》一书，后改为《苏军步兵战斗条令》，还有一本苏军政治工作条例的书。周恩来、刘伯承、聂荣臻都参加了讨论。刘伯承同志对译稿的军事术语部分提出了明确的意见，并就翻译的风格问题发表了看法，伯承同志曾风趣地说："你傅钟翻译的书，很文的哟。最好再通俗一点，要符合大众的口味嘛！"

李卓然，1926年从欧洲赴苏联莫斯科中山大学学习。1927年后转入列宁格勒军政大学学习。1929年秋回国，1930年春至中央军委工作，负责兵运训

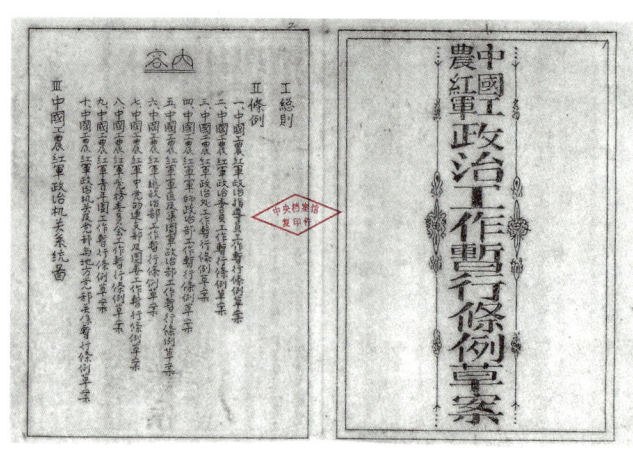

《中国工农红军政治工作暂行条例草案》

练,训练投诚或被俘的国民党官兵。他俄文能力强,理论水平高,是重要的翻译者。

第一批红军条令条例被编译制定后,及时送往各苏区参照执行。1930年9月30日,中央军委扩大会议在上海召开,讨论了由傅钟、李卓然等起草的红军政治工作条例草案,决定发给主力红军试行。1930年12月10日,中共中央对红军训令中指出:"在红军部队内部的巩固方面,必须坚决地执行最近送给你们的军队编制,政治工作、政治委员、政治部、党支部和青年团工作诸条例。"这些条令条例对加强红军的思想政治工作、基层组织建设起到重要的作用。

不结业不得私自离开

——彭干臣、李宇超和中央军事训练班的故事

虽说从公元前17世纪至公元前11世纪的殷商时代，中国就有养蜂；但真正意义上的科学养蜂，在万象更新的现代中国，那还是始于20世纪20年代，始于无锡人氏华绎之的移动箱式蜂业。华绎之是转地饲养第一人，名副其实的"养蜂大王"。正是得力于他之于密勒氏养蜂法的实践和推广，将"意蜂中养"，通过华绎之养蜂业公司，从荡口推向昆山、松江、苏州、吴县、丹阳，直至魔都上海，那一时期的黄浦江畔，一时养蜂大热，甚至爱文义路（今北京西路）、麦特赫斯脱路（今泰兴路）口后侧，那一栋三层花园洋房的大铁门旁，也醒目钉上一块"武汉蜜蜂公司上海经理处"的铜牌。

问题是"武汉蜜蜂公司上海经理处"的黄大老板，说是参考欧美新法饲养中蜂，专业经营"中西上等蜂种"，但"经理处"里蜜蜂不见一只，蜂蜜没有一瓶，更遑论面网、巢础、蜂箱等一类养蜂器具。

原来，八面玲珑、一团和气的黄大老板，不是什么"武汉蜜蜂公司上海代理商"黄春山，而是身经百战、一身是胆的中共中央军委委员彭干臣。

彭干臣，又名干成、耐寒、矿涛，1899年生，安徽（今湖北）英山人，1923年加入中国共产党。同年冬，陈独秀指示安徽省立第一师范学校（安庆一师）建党，直属上海中央，彭干臣当选首任支部书记。

彭干臣

不结业不得私自离开

1924 年 1 月，国民党一大决议，在广州黄埔建立军官学校，面向全国招生，沪上大律师、皖籍名流李次山鼓励、资助彭干臣等英山籍青年报名，彭即与安徽六安的许继慎、杨溥泉等中共党员同入黄埔一期。

"四一二"后，彭干臣回家乡英山活动，组织农运，发展党组织。不久，彭干臣又到南昌，随周恩来、叶挺等人发动八一起义，任公安局局长兼卫戍司令。后经香港到上海，住李次山家，与李义女江鲜云结为夫妇。

1929 年夏，周恩来、杨殷主持举办中央军事训练班，租下犹太富商哈同产业，挂"武汉蜜蜂公司上海经理处"的牌子，调中央秘书处的李宇超、刘叔琴夫妇和另一个"从汉阳兵工厂调来的同志"当"工作人员"，由"当时担任中央军委秘书长的欧阳钦负责"——

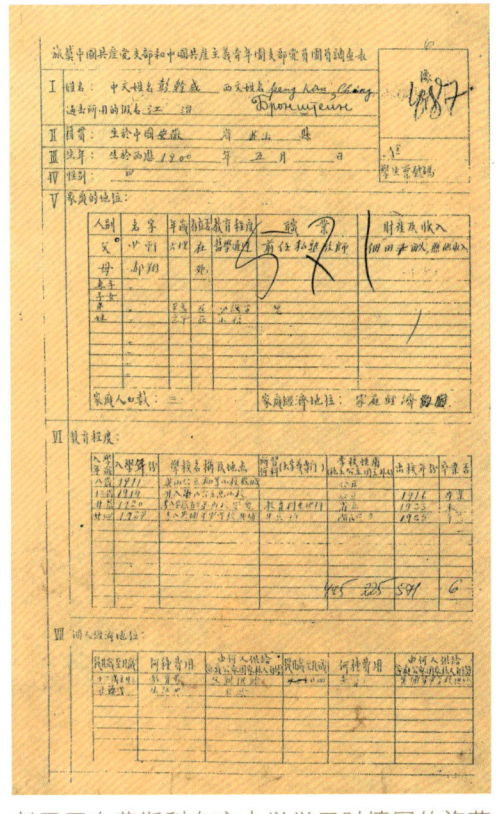

彭干臣在莫斯科东方大学学习时填写的旅莫中共党团员调查表

> 训练班共十来个学员，都是从各地来的。训练班的地址我记得是在爱文义路，房子是顾顺章搞来的。[1]

李宇超、刘叔琴夫妇在中央军事训练班里没干多久就被调离，主要是因为顾顺章违纪带来一个陌生人，说有特嫌，就地处置。李宇超认为不妥，就向上面反映。不料他的过激"措辞"，反引起上面"不满意"，说他"思想右

---

[1] 刘叔琴：《党中央机关在上海的活动片断及其他》，原载《上海党史资料汇编》第二编上，上海书店出版社 2018 年 11 月第一版，第 13 页。

李宇超、刘叔琴夫妇旧照

倾,害怕当时的斗争",就把他和刘叔琴一并调出,还给了他一个"党内警告处分"。[1]

李宇超、刘叔琴夫妇一调离,中央军事训练班就转交彭干臣、江鲜云夫妇接手,具体负责每期三十来个学员的接送、食宿、安全等一应事务。

一般都是晚上接进后,任何学员在整个学习期间都不得离开那幢房子。每期训练班结束,彭干臣都是夜里把一个个学员送走,拉人力车的人都是我们的保卫人员。人力车把学员直送事先安排好的旅馆,进旅馆后,静候我党"交通"人员来接。[2]

中央军事训练班是我党历史上第一个最高层级的军事干部培训班。这个培训班的开办完全是因为中共六大率先提出了"训练党的军事人才,造成最可靠的工人和党员军官"的要求。而1929年2月7日下发的《中央通告第二十九号——关于党员军事化》,那就更是进一步强调指出:"要由各地党部责令富有军事知识的同志经常负训练军事的责任;其训练的方式,分个别训练或集合训练,及举办军事训练班等形式。"

中央军事训练班共办三期,每期两至三个月不等,由周恩来、李立三、项英等人分别讲授"马列主义""党的建设"和"武装斗争"等课程。江鲜云记得,当时她和彭干臣住一楼客厅和二楼前间,一般学员的活动区域在二楼

---

[1] 刘叔琴:《党中央机关在上海的活动片断及其他》,原载《上海党史资料汇编》第二编上,上海书店出版社2018年11月第一版,第13页。
[2] 1983年9月,江鲜云的回忆,原载《中共党史人物传》第三十二卷,西安,陕西人民出版社,1987年版,第285—286页。

后间和三楼，但蔡申熙、曾广澜夫妇跟彭干臣、江鲜云夫妇的交往未受限制。蔡申熙也是黄埔一期生，江鲜云的第一次入党就是经他介绍。

　　同一时期，彭干臣还介绍江鲜云认识了陈赓。陈赓也是黄埔一期生，1925年东征，彭、陈联袂出征，都在教导一团，一个任党代表，一个任连长，在五华城下并肩战斗，杀得陈（炯明）逆叛军鬼哭狼嚎。曾几何时，一个在军委，一个在特科，又是出生入死，赴汤蹈火，同在周恩来麾下，自然更多默契，情同手足。所以，新中国成立，陈赓一得知江鲜云母子下落，马上带彭伟光（彭、江之子）进京，去中南海见周恩来和邓颖超。而江鲜云也就没齿不忘，一直清晰记到93岁高龄：当年周恩来讲课，来中央军事训练班，都是化装的，由邓颖超陪伴。她和彭干臣，则在二楼阳台，预设警号，有时放一盆花，有时晾几块孩子尿布。至于邓颖超，那就留在底楼门内，一边放哨，一边逗孩子玩，在外人看来，就是亲友串门，寻常走动……

革命需要我,我要走

——夫妇英烈余泽鸿和吴静焘的故事

四十年前的一天,中华造船厂的质检工虞蜀江,意外收到厂党委转交给他的一封信,一封任武雄(时任中共"一大"会址纪念馆党委书记)写的长信,信中说到了自己上京专访黄玠然(时任全国工商联秘书长),黄说他一直"清楚地记得1928年,他曾和余泽鸿在中央秘书处共事过,第一任组织部部长是周恩来,余泽鸿任组织部秘书,黄玠然和周夫人(邓颖超)、余夫人(吴静焘)是秘书处干事。余泽鸿、吴静焘是黄上海大学时的同学,他们比黄高一届,吴静焘原名是吴蔷葆,入党后改名吴静焘,后与余泽鸿结婚……"

任武雄的来信让虞蜀江百感交集、热泪纵横。因为几十年来,他"四处打听父母的身世与下落,均如石沉大海杳无音信"。[1]

余泽鸿

事实上,落石也似,久远深沉历史海流中的余泽鸿、吴静焘夫妇,跟大革命时期的上海,土地革命战争时期的上海,有着很深渊源、诸多交结。他俩的足迹,早已印留在今日静安的街头巷尾、社区里弄。

余泽鸿,本名余世恩,笔名因心、晓野,1903年生,四川长宁人,1923年到上海,参加第六届全国学生总会代表大会,1924年进上海大学社会系学习。当时的上海大学,就在闸北青岛路(今青云路)青云坊(今298号附近。一说青云

---

[1] 任武雄:《在中共"一大"会址纪念馆走过的党史研究之路》,《史林》2010年第4期,第142页。

里，今青云路323号）。

1925年，中共上海大学特别支部接收余泽鸿入党，余泽鸿深受鼓舞，以大无畏的战斗姿态投身五卅运动，奋笔写下《学生军组织之必要》《学生运动与双十节》等一系列犀利檄文，号召"在政治上求真正的民主政体"的"农工、士兵、商人、新闻记者、律师成一战线，一面向帝国主义进攻，力谋摆脱列强横加吾人的束缚，一面进行打倒国内封建军阀，澄清内政"。与此同时，"打破旧时代的桎梏"的斗争，对于背井离乡、独闯上海的吴静焘，则更多表现为反对包办婚姻，甚至以《旧婚制下的一个逃生女子》为题，在上海各界妇女联合会主办的《中国妇女》第六期（1926年1月5日出版）上公开发文，强调20世纪的进步青年"当有自主全权，任何人不能干涉"。[1]

吴静焘的入党是在1926年夏。同年10月，中共上海区委成立妇女运动委员会，产生杨之华、刘尊一、王亚璋、吴静焘等12名委员，吴静焘具体负责杨树浦、小沙渡工人区的妇女运动。余泽鸿则负责学生运动，当选中共上海区委候补委员、学生运动委员会主任。

吴静焘

一九二七年，蒋介石集团在上海发动了"四一二"反革命政变后，余泽鸿转入"地下"，……先在党中央组织部任秘书，并负责主编《组织通讯》。[2]

当时的中央组织部在上海北成都路（今成都北路）丽云坊（今741弄）54号，为一"单间的石库门房子，一上一下，坐北朝南，四周居住的皆为劳动人民。当时组织部只设一个秘书和一个组织科。秘书先后由余泽鸿、恽代

---

[1] 吴恒立：《先烈吴蔷葆（静焘）先生生平及直系亲属补遗》，原载《重庆交通学院学报》社科版，第一卷第二期，2001年6月版，第40页。
[2] 李德明：《余泽鸿》，原载《中共党史人物传》第十七卷，西安，陕西人民出版社，1984年10月第一版，第171页。

中共中央秘书处机关（西康路）旧照

英、陈潭秋、何成湘担任"。[1]周恩来几乎"每天"都跟秘书"碰头"，多在二层后楼，时间是"早晨五六点钟，晚上十点之后，甚至半夜一二点钟"。[2]

1929年7、8月间，"在上海党中央共作了一年半的秘书长"的邓小平"奉党中央和中央军委的派遣"，前往广西策动百色起义；中央"本来准备派康生接替他的工作"，邓小平"于是便和他见了面，带他看了中央的地方"，[3]但最终接任中央秘书长的还是余泽鸿。此时的中央秘书处已从青海路善庆坊（今19弄）21号搬到了小沙渡路（今西康路）松寿里三弄（今24弄，一说遵义里）11号。曾在中央秘书处工作过的张纪恩说"秘书处下设：文书科、油印处、收发处、药水处（用药水密写文件），还有翻译处"。所有"中央给各地的指示"，都是由"秘书处起草"并"发出"。

那时，印发的办法就是将中央文件用密写药水印在字画、手绢的后面或线装书的反面等。那时，没有无线电等通讯设备，就靠交通员跑。[4]

上海，让余泽鸿和吴静焘走到了一起。

---

[1] 何明键：《静安区革命遗址与周恩来同志》，原载《上海党史资料通讯》1988年第五期，1988年5月第一版，第31页。
[2] 黄玠然：《党的"六大"前后若干历史情况》，原载《上海党史资料汇编》第二编上，上海书店出版社2018年11月第一版，第2页。
[3] 毛毛：《我的父亲邓小平》，中央文献出版社1993年8月第一版，第179页。
[4] 张纪恩：《周恩来同志在上海革命活动片断及其他》，原载《上海党史资料汇编》第五编，上海书店出版社2018年11月第一版，第77页。

革命需要我,我要走

走到了一起的余泽鸿和吴静焘,又在1930年夏结伴同行,走出上海,为了革命,为了普天下劳苦大众的翻身解放。

余泽鸿、吴静焘夫妇走了,义无反顾,只是留下一双儿女。

走出上海的余泽鸿,最后一次见母亲,在牺牲前9个月,在四川长宁老家。母亲说:"你已出去十多年,这才第一次回家,以后不知啥时才能见到?"余泽鸿说:"革命需要我,我要走,我一定会再回来的。"

无独有偶,吴静焘生前,领头唱歌,指挥建宁妇女,高唱流行苏区的《妇女同志歌》,唱的也是:"油菜开花一管心,割掉髻子当红军。"

这就是我们共产党人。

共产党人的"一管心","一管"不变初心,就是以舍我其谁的气概"指导思想行动,夺取斗争胜利"![1]

---

[1] 吴静焘:《怎样读"沪潮"》,原载《支部生活》第26期。

朝闻道，夕可死矣
——军委四烈士最后的革命足迹

1928年底，"农民运动大王"彭湃奉中央命令来到上海，出任中共中央农委书记兼江苏省委军委书记。1929年2月，中央军委秘书白鑫以租客身份租下新闸路经远里1015号（今静安区新闸路613弄12号），将之作为中央军委、江苏省委军委的一个重要联络点。这是一幢砖木结构坐北朝南的旧式石库门里弄住宅。杨殷、彭湃等军委领导人经常到此秘密开会。

谁也未曾料到，白鑫面对国民党反动当局日甚一日的白色恐怖，目睹身边同志们纷纷被捕或牺牲，心生恐惧，逐渐萌生了背叛革命的想法。加之此

中共中央军委机关旧址旧照

前他的一个亲戚因在海陆丰叛变逃跑,被根据地负责人彭湃下令处决,这件事就成为白鑫叛变投敌的一个动机。随后,他通过关系与国民党上海市党部情报处长范争波取得联系。两人图谋意欲一举破坏中央军委组织。一场突如其来的搜捕即将发生。

1929年8月24日下午,中央军委、江苏省委军委在经远里1015号召开联席会议,与会者除彭湃外,还有时任中央政治局常委兼中央军事部部长、中央军委主任杨殷,中央军委委员颜昌颐,江苏省委军委干部邢士贞和上海总工会纠察队副总指挥张际春。4时许,公共租界工部局巡捕房的数辆红皮铁甲车突然呼啸而至,大批荷枪实弹的武装巡捕、军警破门而入,大肆搜捕。因事发突然,后门和弄堂路口又有重兵把守,根本无法撤离,杨、彭、颜、邢、张等5人当场被捕。

彭湃等人的被捕,令中央极为震惊。周恩来立即主持召开紧急会议,同中央特科一起研究营救办法,决定迅速摸清情况,不惜一切代价进行营救。当得到国民党反动当局将于8月28日把彭湃等转解至龙华国民党淞沪警备司令部的情报后,决定于押解途中武装解救,但最终因枪械出现问题错过时间以致营救失败。

被引渡至龙华淞沪警备司令部监狱后,彭湃、杨殷等因身份暴露,自知必死无疑,就抓紧最后时间,在狱中积极宣传党的主张和思想,说到激动处,还齐唱《国际歌》,引得囚犯和进步看守士兵高呼口号和之。"有些久闻彭湃大名的人,闻得彭湃在此,均争相来看;还有几个识得彭湃的人,均以旧时相识为荣。"敌人使用铁杆把彭湃两个膝盖压得血肉模糊,血流满地。但严刑拷打不能使坚强的战士屈服。他乐观地在墙壁上画了一条龙,对难友们说自己快要飞龙升天了。杨殷也坦然笑说:"朝闻道,夕可死矣。"当时,与彭湃熟识的蒋介石抵沪欲亲自审讯,却意外遇刺,遂下令将彭湃等人"就地正法"。

杨殷

彭湃

在死亡即将来临的最后时刻，彭湃和杨殷联名给"冠生暨家中老小"（"冠生"即周恩来）写下了一份秘密报告，向党、向最信任的战友倾诉自己的感情，表达英勇就义的决心。这份只有短短100多字的诀别信，字字重若千钧。"我们在此精神很好"，表现了共产党人在屠刀面前的浩然正气，视死如归。"兄弟们不要因弟等牺牲而伤心。望保重身体为要"，凝聚着彭湃等对同志真挚的关心与深厚的情谊。

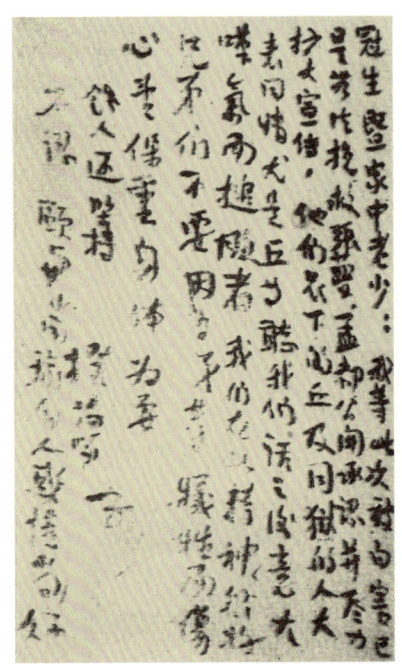

杨殷、彭湃写给周恩来的信，"冠生"即周恩来

8月30日行刑前，杨殷、彭湃、颜昌颐、邢士贞四同志激昂慷慨地向士兵及在狱群众说完最后赠言，唱着《国际歌》，呼着口号出了狱门，英勇就义。一同被捕的张际春因系黄埔军校一期生，与蒋介石有着师生之谊。蒋介石欲瓦解争取黄埔生中的共产党人，特将其分别处理，张也成为彭湃案中唯一的幸存者。然而，张际春采取不合作态度，直至1933年4月病逝于重庆。

得知彭湃等人牺牲的消息后，中共中央立即发布《告人民书》，沉痛哀悼烈士，并专门设立彭杨军事政治学校，以志纪念。当年11月，趁叛徒白鑫欲赴南京"戴罪立功"之机，遵照周恩来的指示，陈赓指挥中央特科"红队"队员在白鑫窝藏的范争波公馆外将其击毙。

1930年8月30日，军委四烈士牺牲一周年之际，中共中央机关报《红旗日报》发表了周恩来以"冠生"为笔名写的文章《彭、杨、颜、邢四同志被敌人捕杀经过》。文章称，"没有前仆后继的革命战士，筑不起伟大的革命的胜利之途！"杨殷、彭湃等"革命领袖的牺牲，照耀在千万群众的心中，熔成伟大革命的推动之力，燃烧着每一个被压迫群众的革命热情，一齐奔向革命的火原！"周恩来还勉励同志们道："我们在死难的烈士前面，不需要流泪的悲哀，而需要更痛切更坚决地继续着死难烈士的遗志，踏着死难烈士的血迹，一直向前努力，一直向前斗争！"

中央特科在行动
——名医柯麟的故事

上海静安寺路西摩路（今南京西路陕西北路）口是热闹繁华之地，咖啡店、蛋糕店、皮货店、时装店、戏院密布。根据张爱玲小说拍摄的电影《色戒》，就是以南京西路尤其是以这个路口为大的背景场所。时间再往上溯，1929年曾担任中共中央文委委员的李一氓和名医柯麟也曾租居于此，参与了当时轰动一时的中央特科惩处叛徒白鑫的事件。

柯麟化名柯达文在上海行医

1929年8月24日下午，由于中央军委秘书白鑫叛变告密，在新闸路613弄12号（原新闸路经远里1015号）开会的杨殷、彭湃、颜昌颐、邢士贞等被捕。8月30日他们4人英勇就义。为避免更大的损失，周恩来亲自部署中央特科惩治叛徒白鑫的计划，陈赓等负责具体执行。11月11日终将白鑫击毙。

根据李一氓回忆，中央军委机关遭破坏时，他租住在静安寺路西摩路口的一个三层楼的铺面楼房，楼下是洗染店。他租了楼上2、3楼，以及一个亭子间。他自己住在3楼，临时有同志需要，就住2楼。李硕勋夫妇曾在2楼住过几个月，在上海行医的柯麟在2楼居住。

在中央特科惩处叛徒白鑫的行动中，柯麟发挥了重要作用。柯麟，广东省海丰县人。1916

柯麟

年考入海丰中学，结识校友彭湃并成为挚友。1919年他在海丰参加五四运动，1921年秋考入广东公立医科专门学校。1924年6月，在广州经彭湃介绍加入中国社会主义青年团，随后在公医学校开展建团工作。1926年春加入中国共产党，先后担任广东大学（后改称中山大学）医科的党小组组长、分支部书记。该校毕业后他被分配到广东大学医科附属医院工作。1927年四一二反革命事变后，柯麟被通缉，12月他参加广州起义。1928年，与叶剑英同行赴上海，参加中央特科的工作。11月他在上海化名柯达文，与化名贺雨生的贺诚，在威海卫路开设一家达生医院。该医院成为中共中央政治局开会的一个重要场所，以及接待重要领导人的联络站。同时柯麟还在四川北路、老靶子路交界处的五洲药房工作。

彭湃、杨殷、柯麟都是广东人，经常相互来往。白鑫常跟着彭、杨二人到柯麟诊所，相互之间都很熟悉。白鑫相信柯麟的医术，对柯麟很有好感，常找柯麟看病，但他不晓得柯麟的真实身份，也不知道"达生医院"的真相。挚友彭湃等被捕牺牲，使柯麟异常悲痛，积极参与惩处这个叛徒的行动。

柯麟探明白鑫藏匿在范公馆

陈赓等人知道白鑫和柯麟的关系，想到白鑫此时正患疟疾，很有可能会找柯麟看病。彭湃等被捕后第二天，关向应就找到柯麟，告知白鑫叛变情形。陈赓也来告诉柯麟，已经派联络员在五洲药房附近设点，有事就找联络员。陈赓还留下自己住在新世界饭店的房间号，让柯麟随时到饭店汇报情况。

大约十来天后，白鑫突然找到柯麟看病。柯麟边看病边考虑如何通知联络员信息。他看完病后，装作寻找药品，出后门找联络员。但是，等他回来后，白鑫已经走掉了。

柯麟及时将此情况汇报给陈赓，陈赓估计白鑫还会请柯麟到他家里出诊，就在柯麟诊疗所附近做了周密部署。果然，不久白鑫就打电话请柯麟到法租界白宫饭店看病，同时在场的还有白鑫的老婆、保镖，以及当时为国民党上海市党部委员、上海警备司令部督察处长范争波。范争波是白鑫的同乡，也是白鑫叛变的牵线人。

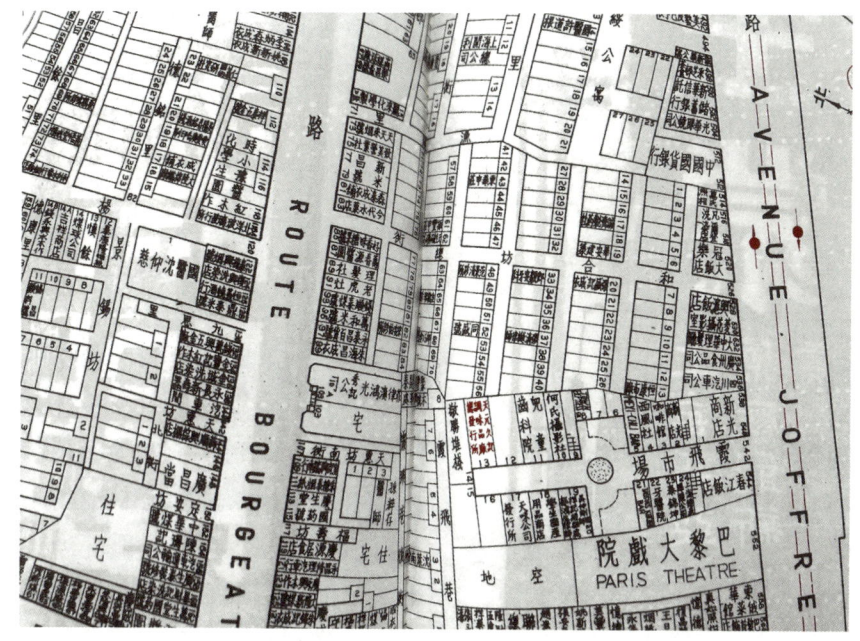

淮海路和合坊位置图

这次看完病后,白鑫和范争波留住柯麟闲话,还说要帮柯麟开诊所,并留下一定的资金。当晚,柯麟向陈赓汇报,陈赓要他有情况随时汇报。

两个星期后,白鑫打电话请柯麟到法租界霞飞路(今淮海中路)和合坊4弄43号范争波的公馆内看病。由此,柯麟探明白鑫居住于范公馆,范争波、范争洛兄弟住2楼,白鑫住在3楼。柯麟迅速将此消息汇报给陈赓。

叛徒被击毙后柯麟被通知迅速离沪

白鑫自知罪大恶极,躲在范家深居简出,很难捕捉到踪影。为了严惩叛徒,陈赓派人在白鑫所住弄堂的最后一家租了房子,在紧靠白鑫住处的27号3楼也租了房子,该处可以清楚看到43号范公馆院内动静,可以进行严密监视。周恩来亲自到和合坊弄堂观察现场,制订周密的行动计划。

当陈赓等得知白鑫将于11月11日晚离开上海准备逃往国外时,决定采取行动。当晚11时,当白鑫、范争波以及多名随从保镖走出住所,还没来得及上车,即被早已守候在外的中央特科行动人员开枪射击。白鑫和范争波的

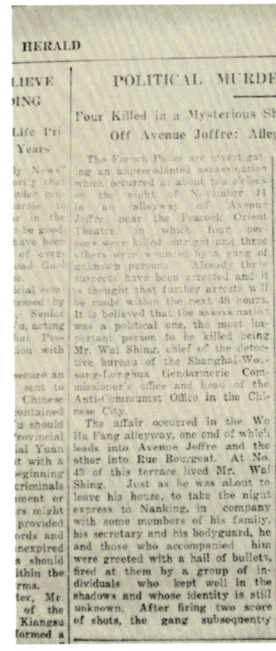

1929年11月16日,《纽约先驱报》刊载惩处白鑫的报道

弟弟被击毙,范争波身受重伤。

这一大案震动了当时上海滩,租界当局和国民党反动派为之胆战心惊。由于此次惩处行动秘密迅速,真相不为时人所知,上海中外报纸均以"东方第一谋杀案"渲染之。

李一氓回忆柯麟参与惩处白鑫之事的一个细节:白鑫一次打电话给柯麟,要到家中找他,柯麟紧急之中与李一氓商量办法。他俩商定,由柯麟写信,经李一氓送至周恩来。很快他俩得到了回信,信中要柯麟约白鑫到家里来,并在给李一氓的信中装了50元钱,要他赶紧搬家,柯麟继续住下来。

白鑫被惩处后,柯麟立刻得到通知,要赶紧转移,离开上海。柯麟当晚即动身辗转至沈阳。1930年夏他再辗转至厦门建立诊所。同年12月,转移至香港,开设南华药房,利用行医接应中共重要干部以及为中央苏区筹办药品等工作,继续为革命奉献自己的力量。

石库门里的红色摇篮
——董健吾与大同幼稚园的故事

1927年,四一二反革命政变后,国民党实行"清党",中共在上海的组织被迫转入地下。由于反动派的残酷统治和血腥镇压,大批中共党员被捕入狱;彭湃、杨殷等一大批同志英勇牺牲;有的继续奔走革命,四海为家,他们的子女却遭受迫害,四处飘零。在主持中央实际工作的周恩来提议下,1930年3月,上海戈登路武定路口(今江宁路441号)的石库门里,开出了中共创办的第一个幼稚园,负责人是"红色牧师",中共秘密党员董健吾。

毛泽东曾说过,"我们党内有两个奇人,一个做过和尚,一个当过牧师",这个牧师,说的正是董健吾。他出生在上海青浦的一个基督教家庭,与浦化人、宋子文、顾维钧等同窗,并与宋庆龄交情甚笃。圣约翰大学校长美国人卜舫济曾力图栽培他做接班人,但在"五卅惨案"期间,卜舫济反对学生罢课及参与政治,并且撤除了校内悼念惨案死难烈士的灵堂,董健吾扯下圣约翰大学的美国国旗,升起中国国旗,与卜舫济彻底决裂。离开圣约翰大学后,董健吾到上海圣彼得教堂(在今北京西路)担任牧师,其间前去郑州向基督将军冯玉祥进行布道,因为才华出众,精通英语、拉丁语,得到了冯玉祥的赏识。这段时间,董健吾结识了冯玉祥的政治部主任、共产党员刘伯坚。1927年中旬,在四一二政变后的非常时期,董健

董健吾

吾坚定要求入党，刘伯坚和浦化人成为他的入党介绍人。1929 年，董健吾在上海参加中央特科，从事党的秘密情报和联络工作。

幼稚园以党的外围组织中国革命互济会（原名中国济难会）的名义，由董健吾以牧师身份出面筹办，将幼稚园作为教会附属的福利事业，以掩护其政治背景，为此，还专门请宋庆龄为幼稚园题写牌匾，又请国民党元老于右任题写园名"大同幼稚园"，大同即取"天下大同"之义。有此金字招牌坐镇，警探一般不敢随意前来骚扰。互济会的筹款不足办园花费，董健吾以教会办福利的名义，向教友募款，但募捐款额有限，董健吾就托人卖掉青浦老家的全部田产，租了戈登路（今江宁路）与武定路拐角处两幢石库门房子建成幼稚园（今江宁路 441 号，现已拆除），董健吾任园长，互济会负责人王弼（中共党员）任顾问。大同幼稚园的保育员大部分是中共党员和干部的家属，其中有李立三的妻子李崇善（化名李文英）、李求实的妻子陈凤仙、董健吾的妻子郑兰芳等，也有招聘来的失业女工。

幼稚园对外宣传优先照顾教友子女，实际上主要招收两类孩子：一类是追随革命而牺牲的烈士子女，第二类是正奋战在各地对敌斗争第一线的党员干部子女。革命者子女入园，都是由互济会的负责人直接陪同孩子的家属或

大同幼稚园师生合影

保护人送来,家长的身份则绝对保密。入园儿童30余人,其中有蔡和森的女儿蔡转,恽代英的儿子恽希仲,彭湃的儿子彭阿森(乳名小丕),李立三的女儿李力(乳名八哥子)、李竞,杨殷的儿子,王弼的女儿等。

大同幼稚园还养育过三个特别的孩子,那就是毛岸英、毛岸青和毛岸龙三兄弟。1930年11月,毛泽东的妻子杨开慧英勇就义,那时候岸英9岁,岸青7岁,岸龙4岁,被安置在湖南板仓杨开慧老家,在当地的生活十分艰险。在上海中共中央机关工作的毛泽民获悉,经报请党组织同意后,通过杨开慧的嫂子李崇德将岸英兄弟三人转移到上海。在1931年3月,毛泽民将三兄弟托付给了董健吾,送入"大同幼稚园"抚养。

由于幼稚园所在地距离英国巡捕房太近,且场地狭小没有场所可供孩子们玩耍,1931年春,互济会将幼稚园迁入靠近法国公园(今复兴公园)的陶尔斐斯路上的一幢小洋房。1931年4月,幼稚园的5个保育员和19个孩子在法国公园的草坪上,请园中的照相馆拍了一张照片,这张照片保存至今,成为研究这段史实的珍贵资料,是迄今为止可见到的毛岸龙唯一的一张照片,不久之后,他便因急病夭折了。

1931年4月下旬,顾顺章在汉口被捕叛变,与他有过接触的董健吾按照中共党组织指示隐蔽在外,幼稚园改由王弼负责。同年冬天,大同幼稚园的保育员桂荷英(又名管荷英)外出后突然失踪,下落不明。为防不测,党组织遂于1932年春决定解散幼稚园,将孩子们安全转移,毛岸英、毛岸青两兄弟跟随董健吾家人生活,除了董健吾外,家人均不知道毛氏兄弟的身份。董家人口众多,开始,凭着董健吾牧师职务的收入和党组织向毛岸英兄弟提供的每月10元生活费尚可过活,后因补贴经费中断,全家生活难以为继,岸英兄弟二人甚至一度在上海街头流浪,受尽苦楚,后被党组织找回。1936年,董健吾通过张学良的关系获得出国的机会,转道法国将毛岸英兄弟送往苏联。

十余年后,毛岸青在给幼年伙伴董寿琪(董健吾次子)的信中写道:"回想起我们在上海的情景,好像就在眼前。在我们最困难的时候,蒙董伯伯和你们全家对我们的照顾,我和岸英至今不能忘怀,并且十分感激。"

从建园到解散,大同幼稚园仅存在两年,保护了很多革命后代,是名副其实的红色摇篮,而董健吾则以其特殊的身份长期战斗在隐蔽战线上,做出

大同幼稚园部分保育人员与儿童在复兴公园合影,1排左起:5为蔡和森之女蔡转,6为彭湃之子彭小丕,7为恽代英之子恽希仲。2排左起:1为毛泽东之子毛岸英,2为杨殷之子;右起:1为毛岸青,2为毛岸龙。3排左起:2为李立三之女李力

了卓越的历史性贡献,却也因之在"文化大革命"中饱受磨难。他在病榻留下遗言"知我罪我,自有公论"。党的十一届三中全会后,他得以恢复名誉,而"红色摇篮"和"红色牧师"的故事,也将永载史册。

谜一样的特科夫妇

——邹志淑和宋再生的故事

20世纪二三十年代,在公共租界的地界上,即爱文义路(今北京西路)以北,新闸路以南,卡德路(今石门二路)以西,麦特赫斯脱路(今泰兴路)以东,有过一个很大社区,名叫张家宅。在张家宅的36弄里,有过一个中共中央机关。在那一个中共中央机关里,住机关的年轻女子姓邹名志淑,又名邹志英,1897年生,浙江嘉兴人,1912年毕业于庄史高级中学,1924年参加新塍读书会,1926年加入中国共产党,1927年参加北伐,随军来到上海。

邹志淑跟中央特科二科的黄慕兰、吴先清、三科的周惠年、四科的蒲秋潮一样,同样是知识女性;但她几乎随风而逝,湮没在了衰草纷纷、沧波茫茫的历史烟尘之中。哪怕是晚期特科的沈琬(沈安娜)和李云,也都比她彰显许多,有名许多。其实她资历很深。至少1927年末、1928年初,就已被周恩来亲自调到中央特科一科(总务科),且在周恩来的直接领导下做交通掩护工作。

在周恩来的直接领导下做交通掩护工作的邹志淑是谜一样的女子,而她的丈夫宋再生那就更是谜上加谜。

宋再生,原名宋启荣,浙江诸暨人,民国元老蒋伯器的入室弟子,为人本分、机警,办事干练、周全,又在租界巡捕房干过,跟租界警方有交情,说得上话,可以相互交换情报;所以,被蒋伯器郑重推荐给了上海淞沪警备司令兼淞沪杭"剿匪"总指挥熊式辉。熊式辉也就视为心腹,委以重任,让他当上"四号密查员"。

士为知己者死。宋再生既当上"四号密查

宋再生

员",自然鞍前马后,格外卖力,凡事从不贪生怕死、装聋作哑。

他见南京方面频频急电督办,熊式辉为了全国苏维埃区域代表大会的召开急成热锅上的蚂蚁,便又自告奋勇,布置便衣,伪装沿街叫卖的小贩,穿街越巷,深入租界腹地进行私访暗查。

宋再生的挺身而出,分担重任,解了熊式辉的燃眉之急。

然而,1930年5月20日上午9时许,全国苏维埃区域代表大会还是在卡尔登影戏院(今长江剧场)后面的一栋楼房里悄然开幕,全体与会代表面对镰刀锤子旗帜,低声唱起了《国际歌》。

那一栋楼房是邹志淑所在的中央特科选定的,位于派克路(现黄河路)跟白克路(现凤阳路)的拐角上。这里是公共租界最繁华地段,紧挨着昼夜声色犬马的卡尔登影戏院,显然非常符合中央要求,大隐隐于市,也就是逆向思维、换位思考,在反动派的眼皮底下,玩一场"以毒攻毒""以子之矛,攻子之盾"的游戏。更何况整栋楼经中央特科的精心伪装,在外人看来,只是又一家新开业的私立医院而已,既没有大肆张扬,更没有门庭若市,一点也不特别。谁也不曾料到,这"医院"里的每一医生、每一护士、每一职员、每一勤杂工,包括备办伙食的邹志淑在内,都是中央特科的成员。他们中的很多人,白大褂外,挂着听诊器;白大褂内,揣着驳壳枪。

卡尔登影戏院旧照

1930年5月,全国苏维埃区域代表大会的会场也是由特一科布置的。这次会议参加人数多,开会时间长,工作量较大。……这次会议规定,代表进入会场后不可以出来,就地寝食,已资安全。伙食问题由特一科专派邹志淑带两个同志负责备办。会议期

谜一样的特科夫妇

间，特一科的同志以及"红队"都出动，担任警戒保卫工作。[1]

再说宋再生一阵忙乱，最终确也查到卡尔登影戏院后面的那一栋楼房，并带领租界巡捕、淞沪警备司令部的侦探闯了进去。但面对整个诊疗大厅的空空荡荡、人迹杳然，那些如狼似虎的捕房干探和便衣特务无不瞠目结舌、大眼瞪小眼。

他们搜遍了整栋楼里的每一个房间。只见那些房里既有一应俱全的桌椅板凳，又有茶水果盘、各式赌具，就是没有一个人的影子。

明明是手到擒来，势在必得，却又鸡飞蛋打，人去楼空。

消息传回龙华，熊式辉始终想不明白全国苏维埃区域代表大会的代表们是如何得到抓捕讯息，并及时撤退、得以逃脱的。

他设想过很多种可能，唯独没有怀疑宋再生。

因为没有理由。

宋再生自始至终殚精竭虑、废寝忘食、忠心耿耿，怎么可能是"反将一军"的"卧底"？

但这就是谍战，就是设局与反设局、暗算与反暗算。

中央特科二科（情报科）科长陈赓介绍邹志淑跟宋再生结婚，邹志淑介绍宋再生加入中国共产党，宋再生就也住张家宅路36弄，并通过邹志淑跟陈赓单线联系，在陈赓的领导下搜集情报，铲除叛徒。所以，熊式辉一盯上全国苏维埃区域代表大会，陈赓便指示宋再生不动声色，零距离接近熊式辉，随时掌握其动向。于是，直到全国苏维埃区域代表大会胜利闭幕，宋再生再让敌人进到那一栋神秘的医院里面，而那时我们的人早就撤走，一个不剩了。

在特科时，陈赓化装成工人的便装照

---

[1] 洪扬生：《中央特科特一科的工作情况》，原载《上海党史资料汇编》第二编上，上海书店出版社2018年11月第一版，第86—87页。

人民代表大会制度从这里迈出
——林育南和全苏大筹备处的故事

上海，中国共产党的诞生地。

上海，人民代表大会制度的源之所出、根之所在。这个源就是90多年前的公共租界。这个根就是爱文义路（今北京西路）卡德路（今石门二路）口。

据毛泽东代表中华苏维埃共和国中央执行委员会与人民委员会在第二次全国苏维埃区域代表大会所做的报告中说，最初是共产国际执委会来信，建议中共中央召开全国苏维埃区域代表大会，然后，中共中央为"召集全国苏维埃区域代表大会"向全党发出第六十八号通告，具体说到"这一大会的召集将以全国总工会，中国共产党为主要的发起者，各地苏维埃区域及红军亦将被邀请列名"。（中共中央：《中央通告第六十八号——关于召集全国苏维埃区域代表大会》）

当时全国总工会的日常工作由全总执委会委员、秘书长林育南主持。林育南与张文秋假扮夫妻住着的爱文义路690号—696号，这里就自然成为全国苏维埃区域代表大会的"筹备工作地址"。

其实，爱文义路690号—696号是前门，后门开在福熙里，即卡德路131弄。

福熙里始建于1927年，为东西走向的石库门弄堂，唯弄北一长排连体二层旧弄房屋，弄南一幢幢独栋三层花园洋房，相互落差很大，风格迥异。张文秋对于爱文义路690号—696号的回忆是："楼下一层是我和林育南同志的住室，陈设有各种日用家具，很像个阔气资本家的家庭。楼上两层则是办公和开会的地方，在各个房间里备有草席，个别房间里还有一两张桌凳，供同志们在开会和晚上睡觉时应用。楼上临街房间的玻璃窗，挂有墨绿色的呢窗

人民代表大会制度从这里迈出

爱文义路（今北京西路）690号—696号旧照

帘，以防止街上人发现室内的情况。我们还故意摆出很阔绰的样子，还雇有大师傅、老妈子等各种'用人'。其实，这些所谓的'用人'，都是自己的同志或同志们的亲属装扮成的。"[1]

当时的全苏大筹备处有一个"常委会"，由向忠发（时任中共中央政治局常务委员会主席、中华苏维埃准备会主任）、徐锡根（时任中共中央委员、政治局候补委员、常务委员会候补委员、中华全国总工会党团书记，江苏省委兼上海市委书记，代表工人）、张金保（时任中共中央委员、中央妇女运动委员会书记，代表妇女）、胡均鹤（时任共青团上海市沪西区委员会书记，代表共青团）和林育南五人组成，用来集中讨论"宪法草案初稿"——

第一次常委会决定，由林育南执笔写出

林育南

---

[1] 张文秋：《虎口里的斗争》。

宪法草案初稿,每星期开一次常委会逐条逐条讨论修改。我记得开过两次讨论会,林育南不厌其烦地把宪法草案逐条地念给我们听,反复地进行讲解。具体内容我记不起来了,只记得大家讨论得很起劲,有时甚至争论得面红脖子粗。但意见统一后,林育南就高兴地说:"加餐!今天喝点酒!"其实并没有加餐喝酒,只不过说说助兴而已。[1]

其实,除了"宪法草案初稿",所有行将提交全苏大讨论通过的文件,不仅都在上海形成,而且都在爱文义路690号—696号形成,在一个由党的一把手亲自牵头的五人"常委会"里形成。那些文件包括了《中华苏维埃共和国国家根本法(宪法)大纲草案》,包括了《全国苏维埃区域代表大会宣言》,也包括了《全国苏维埃区域代表大会告青年书》《全国苏维埃区域代表大会政治决议案》《苏维埃组织法》《劳动保护法》《土地暂行法》《红军及武装农民扩大计划》等"五大决议案与二十二件小决议案"。[2] 于是,一个伟大"原则",一个"实现代表广大民众真正的民权主义"的"最大原则",一个"真正实现劳动群众自己的政权,使政治的权力握在最大多数工农群众自己手里"的原则,就此破天荒地应运而生,率先降生在了五千年文明古国的现代政治生活中——

中国工农兵会议第一次全国代表大会,就是要集中革命势力的领导,为着推翻帝国主义国民

《中华苏维埃共和国宪法大纲》(1931年11月7日)

---

[1] 张金保:《张金保回忆录》。
[2] 刘志清:《一个伟大的印象》。

党的统治,实现全国苏维埃政权而斗争。[1]

《中华苏维埃共和国国家根本法(宪法)大纲草案》是中共执政史上的第一个根本大法。这一大法雏形,纵嫌稚嫩、毛糙,先天不成熟,更因"苏维埃政权的建立还没有普遍到全中国",所以,还"不能够立刻就决定详细的国家根本法的具体条文";但是,一系列"苏维埃国家根本法的原则"的"明确的规定",譬如"保障劳动群众的一切自由",譬如"手里拿着武器的兵士——工人和农民来参与和干涉政治",譬如"劳动群众有最普及的最广泛的选举权",譬如"苏维埃组织的立法机关和执行机关融化在一起,劳动民众所选出来的代表,自己直接去执行代表选举人所决定的一切行政事务,自己直接对选举人负责"等,还是从制度上切实保证了"工农兵会议(苏维埃)的政权真正是劳动群众自己的政权"。正是这一开天辟地的宣示及其行之有效的制度保证,致使我们——继往开来的世代后人,有理由铭记爱文义路690号—696号,有理由铭记1930年5月20日上午,林育南们,张金保们,李立三、张文秋们,正是从一个路口到另一个路口,从爱文义路卡德路到派克路(现黄河路)白克路(现凤阳路),一直向东,走向"卡尔登戏院后面一排楼房",走向全苏大的开幕式,"当着马克思与列宁的像前","镇定而庄严"地唱起"悠扬的雄壮的《国际歌》"![2]

---

[1]《中华苏维埃共和国国家根本法(宪法)大纲草案》。
[2] 刘志清:《一个伟大的印象》。

周恩来每次来，总是轻敲大门三下
——李平心、胡毓秀和"苏准会"的故事

1930年9月24日至28日，中共中央在上海召开扩大的六届三中全会，会场设在麦特赫司脱路（现泰兴路）上的一栋洋房里。正因为中共六届三中全会进一步强化了苏维埃第一次全国代表大会的召开，所以，跟着成立的"苏准会"便就在愚园路庆云里31号（今愚园路259弄15号）设机关，习称秘书处。

苏准会秘密机关遗址旧照

"苏准会"秘密机关设在上海愚园庆云里（静安寺百乐商场附近）十五号。这是一幢三层楼的石库门房子。住在这个机关里的有林育南一家和我们夫妻俩。林育南当时担任中华全国总工会执行委员、秘书长，兼"苏准会"的秘书长，是我们这个机关的领导人。他化名为李敬塘，对外以南洋回国的湖北皮货商身份作掩护。星月担任秘书，参与"苏准会"文件起草工作。我的任务是掩护机关，对外身份是林育南的"表妹"。"苏准会"机关还有一位机要秘书叫彭砚耕，但他不住在这个机关里。[1]

---

[1] 胡毓秀：《"苏准会"秘密机关》。

胡毓秀所说的"星月"即乃夫李星月,亦李平心。

李平心,原名循钺,又名圣悦,笔名李鼎声、邵翰齐等,1907年生,江西南昌人。

李平心1925年入上海大学社会学系,1927年加入中国共产党,1928年与胡毓秀结婚,1930年乔居槟榔路德馨里(今安远路261弄),住一个亭子间。

李平心、胡毓秀夫妇就是在那里认识了林育南、李林贞夫妇。

林育南自称姓华,办了一个小学,自任校长,就在李平心、胡毓秀夫妇的家楼下。

后来,恽代英来了,来看林育南。恽代英是胡毓秀的老师,是胡毓秀在武汉中央军事政治学校第六期女生队学习时的老师。师生不期而遇,恽代英亲切问起胡毓秀的近况,胡毓秀说她的组织在法南区委,恽代英和林育南就有意调李平心、胡毓秀夫妇到"苏准会"工作。

李平心

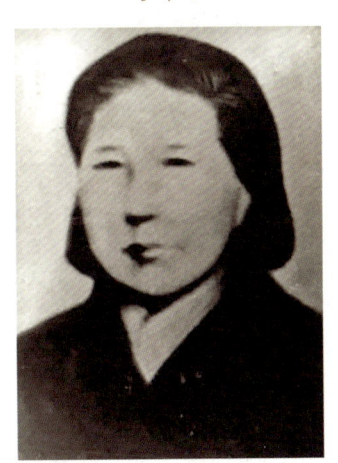

胡毓秀

当时为了起草中华苏维埃共和国的宪法大纲和各项法令、中华苏维埃全国代表大会代表选举条例等文件,正从党员中物色懂理论的同志参加这项工作。星月对马列主义理论接触较早,一九二七年入党后更加刻苦钻研马列著作,因而挑选了他。我从林育南那里回到家,向星月说了这件事。他犹豫了一下,因为他当时正在翻译《社会主义词典》,手头上的工作还没有完成。我当即鼓励他说:这是党的一项重要工作,也是恽老师对我们的关怀、培养,怎么好辜负了呢?!我这么一说,他也就爽快地答应了。[1]

---

[1] 胡毓秀:《"苏准会"秘密机关》。

于是，一个临时家庭形成了。为了筹备"一苏大"，这一个临时家庭，悄然形成于愚园路庆云里，一条始建于1912年的石库门弄堂。

在这一条南北向的窄弄里，共有两条东西向的单边支弄。两条单边支弄里的房子，无不坐北面南，独独弄底的31号，直角打横，坐东面西。

在这一栋坐东面西的31号房里，楼上住人，住二楼前楼的是"南洋回国的湖北皮货商"李敬塘、李林贞夫妇，住三层阁的是李敬塘的"表妹""表妹夫"。

> 秘书处共设五科：文书科（担任起草、誊写、登记、保管文件及分发文告等工作）；交通科（担任通讯接头及其他交通工作）；印刷科（油印一切文件并装订之）；翻译科（翻译外报、外国文材料；或将中文译成外文）；会计科（管理经济事项，预算并决算各项收支数目）。[1]

庆云里31号，真正来得最多的还是周恩来。

周恩来第一次来庆云里31号，身穿长袍马褂，头戴皮帽，胡毓秀一下子没认出来，周恩来却一眼认出了她，亲切叫了声："小鬼！"

据胡毓秀回忆，周恩来每次来"苏准会"，总是依既定暗号，轻敲大门三下。有一次，邓颖超随周恩来一起来，两人虽是初次见面，却一见如故，邓颖超见面就称呼胡毓秀"小妹子"。至于周恩来，他一到就"认真地审阅文件，和林育南同志一起认真讨论，反复推敲"。[2]周恩来一丝不苟，尤为关注"一苏大"的文件起草。从内容到形式，从总则到各个条款，周恩来都提出明确的具体意见，并与林育南、李平心等人一起字斟句酌、反复修改。

> 经常到"苏准会"秘密机关来的中央领导人，还有瞿秋白等。秋白同志外表像是一个潇洒飘逸的文人，讲话颇为幽默。任弼时、邓颖超同志也来过二三次。我本来不认识任弼时，有次他来，不知同林育南谈了些什么，结果二人争得面红耳赤。他走后，林育南才告诉我，刚才来的

---

[1] 李良明、廖鑫初、田子渝：《林育南传记》，华中师范大学出版社，2018年6月。
[2] 胡毓秀：《在苏维埃准备委员会工作期间》。

就是任弼时。团中央的李求实也经常来。此外，何孟雄、柔石、殷夫、胡也频等也来过。[1]

柔石、殷夫、胡也频等人的到来也是为了"一苏大"的文件起草。所以，张金保的晚年回忆还说到了林育南"把一批左翼作家起草的《宪法草案》，念给我们听，征求我们的意见"。[2]

经过两个多月的紧张起草，到1930年的秋冬之交，后来在"一苏大"上通过的那些文件，尤其是那一些最主要文件，诸如《中华苏维埃共和国宪法大纲》《中华苏维埃共和国劳动法》《中华苏维埃共和国土地法令》等，都已从"全苏大"上通过的初稿变成了定稿。这些历史性文件的最终成型，在愚园路庆云里的呼之欲出，最清楚不过地表明，人民代表大会制度的走来，起步在上海，在一条旧里深处。

《中央准备委员会临时常委会组织大纲》

---

[1] 胡毓秀：《"苏准会"秘密机关》。
[2] 张金保：《三十年代初期我在上海的回忆》。

快！拉开身后警号

——从兴庆里到合庆里的密台故事

毛齐华的回国，从海参崴越境回国，是在 1930 年的初冬。

毛齐华，本名毛品贤，1903 年生，江苏（今上海）嘉定人，1925 年加入中国共产党，1927 年赴苏留学，进中山大学，后又参加"国际无线电训练班"学习。

国际无线电秘密训练班，位于莫斯科城内一处独立的三层别墅里，负责人是共产国际派来的，名叫晓克。除中国人外还有 3 个德国人，3 个保加利亚人，英国、捷克各 1 人，总共只 14 个人。学习的内容，除学习无线电外，还学习英语、骑马、驾驶汽车，各种武器的使用方法，以及如何搞秘密工作等。[1]

1930 年从苏联返沪的毛齐华

1930 年初冬，毛齐华回国，回到上海，与"老朋友、老战友"李强"久别重逢，分外高兴"。李强将他带

---

[1] 毛齐华：《风雨征程七十春——毛齐华回忆录》，当代中国出版社 1997 年 6 月第一版，第 59 页。

到公共租界,慕尔鸣路(今茂名北路)兴庆里(今111弄)17号。那里"有一个电台"。(1981年11月3日,李强在中央特科党史专题座谈会上的发言)那里是一个"新建的党的地下电台所在地"。于是,毛齐华又"把妻子潘林珍从乡下接出来,安了家,由她担任守门瞭望"——

> 慕尔鸣路兴庆里17号(今茂名北路111弄17号)的二房东是吴克坚,住在楼下,大家称他为"账房先生"。曾三(康和生,新中国成立后曾任国家档案局局长)是报务员,住在小亭子间。我家是三房客,住在楼上,收发报机就放在我房内衣橱里,每夜在我房间里进行收发电报工作。[1]

除了"每夜"在慕尔鸣路兴庆里17号二层前楼利用那一台藏匿在"房内衣橱里"的收发报机"进行收发电报工作",毛齐华还时常依照李强通知,去巨籁达路(今巨鹿路)四成里12号碰头,商讨业务,研究工作。

巨籁达路四成里12号距离慕尔鸣路电台不远,其间只隔了一条福煦路(今延安中路),步行至多十分钟。

当时中央特科在巨籁达路四成里12号办了一期无线电训练班,以"福利电器公司"的名义,集中16名学员,由张沈川负责教授报务课。

"福利电器公司"很快就被反动当局的线人盯上。因为无线电训练班的学员都是年轻人,有些还是大学生,虽然发了工装,打扮成工人,但外出办事,或上街买粮、买菜,还是头发梳得油光光的,皮鞋擦得亮晃晃的,身上的毛衣花花绿绿,款式时新,色彩鲜亮,一眼看去就很扎眼。加上"福利电器公司"对外没有业务联系,和社会上又没有往来,也很容易引人怀疑,出事也就不可避免。

出事那天,天冷,刮着风,下着细雨,这是毛齐华记得最清楚的。

毛齐华清楚记得那是1930年12月17日。

那天上午,李强、毛齐华和几个学员在"福利电器公司"的楼下制作变压器,张沈川在楼上给其他学员开课讲报务。

中午时分,李强和曾三、宋濂去毛齐华家吃饭,张沈川和多数学员则留

---

[1] 毛齐华:《风雨征程七十春——毛齐华回忆录》,当代中国出版社1997年6月第一版,第90—91页。

在训练班里用餐。

> 到吃饭时间了。我家离厂不远，李强因很喜欢吃我妻子潘林珍烧的江南菜，这天便照例和宋濂、曾三到我家吃午饭。[1]

那天午后，张沈川继续讲课，房门忽被撞开，闯进6个中外捕探，其中有一个外国人，走在前面。两个捕探冲到张沈川面前，隔着讲台，掏出手枪，顶住张沈川的胸膛，大声叫嚷："不许动！你叫什么名字？什么地方人？自己写在纸上！"

张沈川见势不妙，趁捕探们忙着捉拿一屋子学员，反手把身后的窗帘给拉开了，这是他们有约在先的警号。

李强、张沈川在巨籁达路（今巨鹿路）四成里12号开设的无线电技术培训班旧址

这一警号是发给李强、曾三、宋濂等人的，最先发现那警号的是宋濂。那天饭后，李强跟毛齐华、曾三聊天，留下没走，宋濂独自返回，先回四成里取东西。

不一会儿，返回四成里取东西的宋濂气喘吁吁地跑回兴庆里来说："出事了！我们训练班后门上的警号变了！"李强闻讯，马上赶到四马路（今福州路）振华旅馆找吴克坚。吴克坚正在那里等候前来送经费的同志。听李强说福利公司遇袭，吴克坚旋即再往更上一级报警。更上一级的应变措施是：一、李强去张沈川寓所处理党的文件；二、毛齐华、潘林珍夫妇去方廷桢、李元杰住处搬空他们的个人物品，绝不遗留任何一点可能

---

[1] 毛齐华：《风雨征程七十春——毛齐华回忆录》，当代中国出版社1997年6月第一版，第93—94页。

让人起疑的东西；三、尽最大可能转移、抢运四成里训练班里的重要设备。

这次事件提高了大家的警惕性。以后李强很少到地下电台去了。不久，中共中央派陈寿昌来领导我们。陈寿昌是浙江镇海人。每次他到电台，我们总要向他打听被捕同志的情况。他说："他们在狱中都表现非常坚强，没有一个暴露自己的真实身份。组织上正在从各个方面设法营救。"大家听了稍觉心安。[1]

后来，香港台被破坏，改用英语发报，说："老板进医院，这里处境困难。"再后来，吴克坚调离，"二房东"换成毛齐华，大房东说不行，要"重新找铺保订契约"，毛齐华"便与陈寿昌研究决定把房子退掉"。

曾三机智地将收发报机包装在行李中安全转移了。慕尔鸣路电台就此结束。春节过后，我在泥城桥鸿福里租到一间双亭子间。把"家"稍加安顿，又接受了新任务。[2]

毛齐华的密台几经辗转，最终还是重回当年的公共租界，而今的静安区，大沽路合庆里（今437弄）20号。其实，在而今的静安区，中共的地下电台，除了原慕尔鸣路兴庆里17号、原大沽路合庆里20号，还有原慕尔鸣路（现茂名北路）141号、原赫德路（今常德路）572号、原蒲石路（今长乐路）蒲石村（今339弄）18号、原威海卫路（今威海路）338号、新闸路1520号和原同孚路（今石门一路）某弄某号。正是所有那些隐蔽战线的无线电通讯工作点，以一道道无形穿梭的红色电波，有力撕开反动统治的严密封锁，给浴血奋战的前方红军以源源不断的情报后援！

---

[1] 毛齐华：《风雨征程七十春——毛齐华回忆录》，当代中国出版社1997年6月第一版，第95页。
[2] 毛齐华：《风雨征程七十春——毛齐华回忆录》，当代中国出版社1997年6月第一版，第96页。

吊起脑袋干革命
——中共中央秘书处的故事

毛毛在《我的父亲邓小平》一书中提到，1927年中共中央秘书处"还有一个中央负责同志看文件的地方，文件一到，秘书长总要先去看"。这个"看文件的地方"，指的正是江宁路（原戈登路）673弄10号。中共中央从武汉迁回上海后，鉴于之前由个人携带、保存文电的方式极不安全，且各部委、各地每日呈报中央文件数量大幅上升，在周恩来建议下，中共中央秘书处租下此处，辟为阅文场所，专供中央领导阅办文电和召开中央政治局会议，并规定个人不许再带文件回家，由阅文处统一保管。

大革命失败后，中央秘书处在周恩来、邓小平等领导下，在上海白色恐怖的艰难环境中，进行了近六年的坚守，逐步发展成为中共中央常委工作的执行机关，机要工作的总汇，上下联系的枢纽。时任中央政治局常委会秘书长的周恩来和中央事务秘书长邓小平几乎天天到中央秘书处办公，中央各部委和各地区的同志也经常到此请示工作。凡属机关事务性的问题都由邓小平处理，政策性的问题由周恩来处理。曾担任秘书处工作人员的黄玠然回忆："我当时在党刊工作，也是去请示工作，在那里头一次见到恩来和小平同志，他们非常忙，请示工作的人很多，有时还要排队在外面等。邓小平和周恩来他们两人是不可分的，处理工作是相互配合，密不可分。"

邓小平曾回忆说："我们在上海秘密工作，非常艰苦，那是吊起脑袋在干革命。我们没有照过相，连电影院也没有去过。我在军队那么多年没有负过伤，地下工作没有被捕过，这种情况是很少有的。但危险经过好几次，最大的危险有两次。"邓小平所说的两次危险都是在他担任中央事务秘书长期间发生的。

吊起脑袋干革命

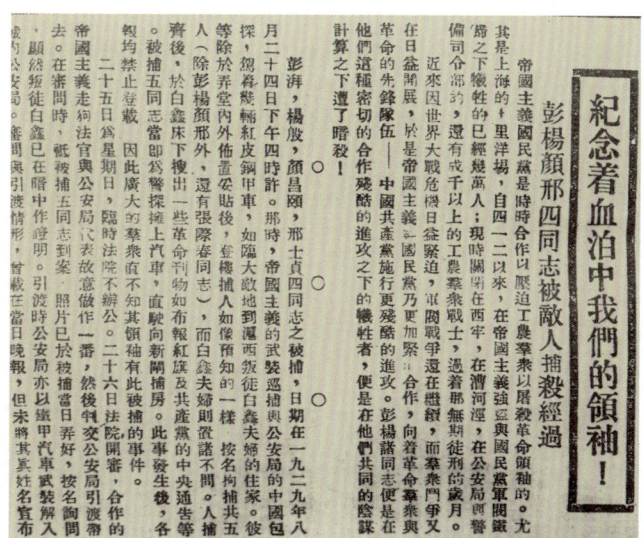

《红旗日报》1930年8月30日刊载的周恩来撰写的《纪念着血泊中我们的领袖》

中央秘书处在上海的秘密办公地点有多处，包括青海路19弄（原青海路善庆坊）21号、西康路24弄（原小沙渡路遵义里）11号等。1929年8月30日，彭湃、杨殷等军委四烈士在龙华牺牲，当晚，周恩来就是在西康路秘书处含泪写下了纪念文章。

1931年前后，中央秘书处机关（阅文处）由雅号"张老太爷"的文书科主任张唯一负责，他乔装成木器行老板，与"儿子"于达、"儿媳"张小妹居住在这里。向忠发、周恩来、王明、项英等中央领导人，经常到此阅批文电或参加中央政治局会议；各部委非急用的文件、电报、书刊等，也交由阅文处集中保管。后来，随着文件越积越多，周恩来颇为担心，认为一旦遭遇搜查，极易暴露，于是指示张唯一于1930年底将阅文处保管的文件，转移到了张在法租界的另一处居所，从此文件阅办与保管场所开始分离。

1931年初，中央秘书处工作人员张纪恩化名"黄寄慈"，以其父名义继续租下江宁路（原戈登路）673弄10号，对外自称小开，来沪求学居住于位于江宁路的秘书处机关。他与夫人张越霞（化名"黄张氏"）住楼下，"用人"仇愛珍（又名周秀清）住亭子间，即将分娩的"亲戚"苏才住前楼。楼上厢房供中央领导阅文、起草文件和开会之用，为防巡捕搜查，布置成单人间，生活用具、床铺、皮箱等一应俱全，对外则称登报招租给不识之人。秘书处的工作人员还开展文电收分发、药水密写、刻蜡版、油印等工作，中共六届

中共中央秘书处机关旧址南立面今照

四中全会的开会内容也是在这里讨论商定的。

1931年6月22日,中共中央政治局常务委员会主席向忠发突遭逮捕。翌日凌晨,中央阅文处响起急骤的敲门声,中西巡捕蜂拥而入,张纪恩夫妇当场被捕。据邓颖超回忆:"在下午四点多钟,我仍按约定去吃晚饭,到该屋的后门附近,看到在亭子间窗户放的花盆不见了(这是我们规定的警报信号),我没有再前进,立刻转移到另一位同志家里。"曾在中共中央秘书处工作的黄玠然也提到,那天他到门口时,仇爱珍在二楼阳台抓了一把泥土丢在他头上,示意此地已出事,要他赶快离开。所幸前一日中央派人运走了存放在楼上厢房的两大木箱文件,巡捕除搜到共产国际文件、王明用绿墨水写的手稿各一份外,一无所获。张纪恩后以"窝藏赤匪,隐而不报"罪名获刑5年。

张纪恩,1907年9月出生于浙江省浦江县。大革命时期在浙江省立一中上学时就投身反帝反封建的爱国运动,1926年经同乡青年张新锦介绍加入共青团,1928年转为中共党员,在上海法科大学从事学生运动,不久调到上海的党中央机关秘书处文书科工作。先是做油印、药水密写和收发文件工作,并在周恩来介绍下，与同乡张越霞组成家庭，"住机关"，保管文件，掩护中央政治局开会，他与周恩来、彭湃编在一个党小组。全民族抗战和解放战争时期，他长期在上海、重庆、镇江从事地下工作。张纪恩默默无闻地为党工作了七八十年，直到2007年7月9日，以百岁的高龄安详辞世。他在晚年，对中共中央在上海期间的驻扎留下一些珍贵的回忆。

张越霞，1910年出生于浙江省浦江县。1926年，张越霞在浦江县蚕桑讲习所任教员时，在党的领导下，参加了反对南京国民党政府教育制度的斗争。1927年2月，北伐军进入浦江县，成立了国共合作的浦江县党部，张越霞担任妇女协会负责人。同年4月，国民党发动了四一二反革命政变，革命处于低潮，但张越霞立场坚定，在一片白色恐怖中，她加入了中国共产党。1928年8月，国民党浦江县当局宣布通缉张越霞，于是，张越霞在张纪恩的帮助下，到上海找到党中央，并留在中共中央机关，担任文印、内部交通、警报等机密工作。全民族抗战时期曾任中共广东省委妇女部长。新中国成立后曾任全国供销合作总社推销局副局长、曾为中共七大候补代表、八大代表，全国妇联第三届执行委员。

"爱书爱字不爱名，求真求实不求荣。多思多谋不多怨，争苦争累不争功"，这是秘书工作者崇高的职业操守。在白色恐怖时期，绝对忠诚，是党的秘书工作者最重要的品质。张唯一、张纪恩、张越霞是无数党的秘书工作者的代表，他们默默无闻，甘于奉献，忠于使命，深藏功名，为党和人民的事业立下特殊功勋。

1982年5月28日，黄玠然（左）、张纪恩在中共中央秘书处机关旧址二楼楼梯口

龙华塔下并肩远行

——恽雨棠和李文的故事

恽雨棠

那只是一幅画，一幅烈士纪念堂里的画，但真实再现了一对年轻夫妇，在他俩生命的最后时刻，相互依偎，并肩前行，拖着沉重脚镣，迈着坚定步伐，在高高直立的龙华塔下……

这一对年轻夫妇就是恽雨棠和李文。

恽雨棠是1923年的中共党员，1925年的莫斯科中山大学首期学员。1927年春夏之交，大革命失败，恽雨棠第二次出国，赴苏进"中大"学习。

1929年8月底，恽雨棠回到了上海。周恩来（中央组织部部长）在华山路靠近静安寺附近的一家米店楼上约恽雨棠等谈话，向他们介绍了国内的斗争形势，通知他们参加中组部主持的专为这批由苏回国学生开办的干部短期训练班。这个班结业后，恽雨棠被分配在中共中央宣传部所属的《红旗报》经理部，当发行部主任，直接领导《红旗报》的发行工作。[1]

恽雨棠在《红旗日报》经理部工作期间跟李文（1910年生，1928年加入中国共产党）结合，成为夫妻，介绍人是武进同乡、时任中共武进县委书

---

[1] 于龙生：《恽雨棠》，原载《中共党史人物传》第三十八卷，陕西人民出版社1988年10月第一版，第200页。

记的徐水亭。不久，时任中共江苏省委组织部部长兼外县工作委员会书记的陈云找恽雨棠谈话，代表组织宣布调令，调恽雨棠任南京市委书记。恽雨棠表示无条件服从组织决定。

风萧萧兮易水寒，壮士一去兮不复还。"无条件服从组织决定"的恽雨棠临行前跟爱妻话别，李文坚持要随恽雨棠去南京，说恽雨棠之前的几任南京市委书记都已壮烈牺牲在敌人的屠刀下，她不能眼睁睁看着，看着恽雨棠重蹈覆辙，只身赴难，哪怕是死，也要死在一块。恽雨棠强忍着盈眶热泪，一再说有她的眷顾、她的祈愿、她的庇佑，自己一定好好活着，不会有事。

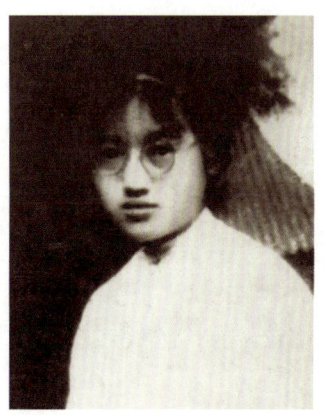

李文

金秋时节，恽雨棠来到南京，着手恢复南京党的地下组织。据同年12月3日，南京市委给江苏省委的报告中汇报：南京党团支部已经恢复14处，还有47个党员。而江苏省委对南京市委工作的决议亦说："市委领导一部分同志在极端困苦和复杂的条件下还能保障和恢复一部分党及群众组织这是值得指出的"，这足以说明省委对恽雨棠的工作是满意的。[1]

1931年1月中旬，恽雨棠自宁返沪开会，便"托唐虞带条子"给周天僇，约他面谈，因为"李文的房子即要退租"，恽雨棠有意"把房子转租"给自己的"中大"同学。

唐虞又名唐禹、王掘夫，亦有留苏经历，并在《红旗日报》工作期间熟悉恽雨棠。

恽雨棠原在《红旗日报》做过发行工作，所以跟唐虞相识，两人关系很好，他认为此人可靠，所以托他送条子去。人力车夫工会筹备会机

---

[1] 于龙生：《恽雨棠》，原载《中共党史人物传》第三十八卷，陕西人民出版社1988年10月第一版，第205页。

静安——首部党章诞生地的100个故事

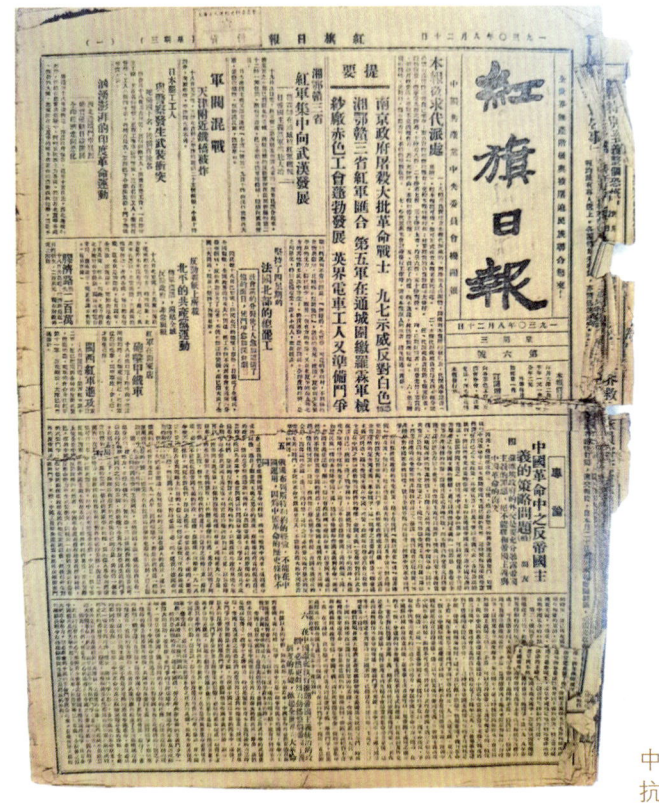

中共中央机关报《红旗日报》，抗议南京政府屠杀大批革命志士

关被破坏后，孙冶方遇到了周天僇，他们认为唐虞可能是告密者，怕恽雨棠受到株连，因此孙冶方非常着急，当晚与周天僇冒险去找恽雨棠。他们恳切地劝恽雨棠夫妇迅即转移，以防叛徒出卖。但是，恽雨棠思想过于麻痹，认为唐虞已把条子交给了周天僇，不会记住地址，可能他没有看过，因此没有立即搬家躲避。果然第二天大清早，敌人就来搜捕，把恽雨棠夫妇抓走了。[1]

恽雨棠真的是"麻痹"了，大意了，太重感情、轻原则了，以致他最终不曾在血雨腥风的南京遭到不测，却在刚松一口气、放下一颗心的上海，上

---

[1] 陈修良：《关于恽雨棠烈士的一些情况》，原载《陈修良文集》，上海社会科学院出版社1999年10月第一版，第350页。

海租界，新闸路福康里 623 号家里，与他爱妻一并遇袭！

  1931 年 2 月 7 日晚上 10 时许，恽雨棠穿着长衫，披着长发，拖着十多斤重的脚镣和李文从容地向难友告别，被押往刑场。在"中国共产党万岁""打倒帝国主义、国民党反动派"的口号声中，他们同林育南、何孟雄、李求实等党的一批重要干部同时英勇就义。恽雨棠牺牲时年仅 24 岁，李文才 21 岁。[1]

  其实，那一晚，跟恽雨棠、李文夫妇一起离去的还有他们的孩子。
  他们的孩子尚未出世，他们的孩子还在李文腹中。
  敌人明知李文正怀孕待产，但还是将她和恽雨棠一起推上上海淞沪警备司令部的刑场！
  那一刑场，已为后人久远瞻仰。每每桃花盛开，纷至沓来的上海民众就会在那里汇合、聚集、凭吊。他们祭奠先烈的英魂。他们追思前人的业绩。他们念念不忘恽、李夫妇的塔下远行，同时，念念不忘滴血汩汩的惨痛教训……

---

[1] 于龙生：《恽雨棠》，原载《中共党史人物传》第三十八卷，陕西人民出版社 1988 年 10 月第一版，第 206 页。

在"云上"做"地下"工作
——鲜为人知的云上邨1号

新民主主义革命时期,作为党的领导核心机构,中共中央政治局曾出现过两次"临时"的名称,均是在特殊背景下形成的。第一次的名称为"中共中央临时政治局",是党的第五次中央委员会改组后成立的临时领导机构,从1927年八七会议成立,直至1928年中共六大选出新的中央政治局。第二次的名称为"中共临时中央政治局",当时俗称"临时中央",成立于1931年9月,直到1933年1月进入中央革命根据地后,同苏区中央局合并。

1931年4月,中共中央政治局候补委员、参与领导中央特科工作的顾顺章在武汉被捕叛变。6月,担任中共中央政治局和中央政治局常务委员会主席的向忠发在上海被捕叛变。这两人的相继叛变给中共中央机关和中央领导人的安全造成极大威胁。在周恩来等人的领导部署下,党组织采取果断行动,迅速将中央机关和中央主要领导干部转移到安全地带或撤离上海。王明于10月前往莫斯科,周恩来于12月底前往中央根据地。当年9月,由于在上海的中央委员和政治局委员都已不到半数,根据共产国际远东局的提议,在上海成立临时中央政治局,由博古、张闻天(洛甫)、康生、陈云、卢福坦、李竹声六人组成。博古、张闻天、卢福坦三人任中央常委,博古负总的责任。这个中央临时领导机构,随后得到共产国际的批准。以博古为首的临时中央虽然继续贯彻执行以王明为代表的"左"倾错误路线,致使革命力量遭遇严重损失,但在反帝抗日、坚持白区斗争和在苏区进行反"围剿"战争、实行土地革命、加强根据地建设等方面,还是做出了一些正确指示的。

临时中央成立后,党组织委派应修人、曾岚夫妇寻找一处独住的、适合一般中上等人家的新住所。几经周折,他们最终在西摩路(今陕西北路)小

在"云上"做"地下"工作

中共临时中央政治局机关旧址旧照

菜场旁边的一条小弄堂里选定了一幢两上两下的楼房——云上邨1号(今静安区奉贤路290弄1号)。云上邨是20世纪20年代建造的新式里弄,有砖木结构二层房屋7幢,取业主姓名中的"云"字,称为"云上邨",含"青云直上"之意。对此,曾岚回忆道:"修人说这个弄堂的名字真好,叫作'云上邨',我们在'云上'做'地下'工作,好不优哉游哉。"

当时,应修人夫妇住在楼下,楼上由柯庆施出面租下,再分租给党内同志。为了避免引起弄堂管理人员的怀疑,屋内全部布置了红木家具,应修人外出时就穿上皮袍,打扮成大少爷的模样。1931年冬至1932年初,这里成为临时中央政治局常委的秘密联络点,博古、张闻天、康生等常到此开会。陈云作为临时中央政治局委员,后又担任临时中央政治局常委,经常来云上邨办公。他时常乔装成谈生意做买卖的"先生",头

应修人

185

《中国论坛》刊载的《丁玲与潘梓年被绑 应修人被杀的真象》

戴瓜皮帽、手拿公事皮包，实际上是与时任临时中央会计的应修人商议中央财经工作。他与应修人之间处理党务工作，被戏称为"大大方方的谈生意做买卖"。

应修人，原名应麟德，14岁只身到上海福源钱庄当学徒，后任上海棉业银行出纳股主任。虽一直手捧"金砖"工作，他却总是感到内心苦闷。挚友楼适夷曾回忆："算盘、银元、钞票，使我们感到衷心的厌恶，周围唯有金钱能支配一切的处境，更使我们对人生怀着美梦的青年，发生呕吐似的感情。"面对困境，应修人将全部热情倾注到文学之中，他大量阅读书刊，于1920年开始创作白话诗，很快成为诗坛冉冉升起的新星。1922年，他和潘漠华、冯雪峰、汪静之创立了中国新诗史上第一个诗歌团体——湖畔诗社，诗集《湖畔》一经出版，立即得到郭沫若、郁达夫、朱自清等知名作家的好评与鼓励。

1925年，追求进步的应修人加入中国共产党。为了革命事业，他毅然放弃诗歌爱好和银行工作的优越地位，于1926年底受党组织派遣，赴黄埔军校担任中尉会计员。"为了憎恶算盘和账本离开了他的过去，现在他为革命而当账房了。他的账本里不再挟带诗集了。他默默地奔走着，偶然遇见，只是轻轻的一笑。"1933年5月14日下午，时任中共江苏省委宣传部部长的应修人到昆山路昆山花园7号联系丁玲，却遭特务伏击，他拼力拒捕，不幸从4层高楼坠亡，年仅33岁。消息传出后，中国左翼作家联盟、中国民权保障同盟等纷纷发表宣言，强烈谴责国民党杀害革命作家的暴行。

"信是明年春再来"
——瞿秋白编制党的第一个档案管理办法

时间转回那黑暗沉沉的旧中国。1930年10月，中共中央秘书处的文件保管处已接收机密文件、电报近2万份。当时的文书科主任张唯一带领保管员于达、罗晓红将文件运送至法租界恺自尔路（今金陵中路）顺昌里他本人住所。一个月前，周恩来在中共中央六届三次扩大会议上已提请中央考虑党的机密文件安全问题。会后即采取两项紧急措施：一是尽快转移4万余份文件至安全处；二是整顿文书处理工作秩序，这在当时尤为紧要，关乎党的生死存亡。

1931年2月初，时任中共中央军委书记、中央组织部部长兼管中央秘密工作委员会的周恩来到中央秘书处视察工作，严谨敏锐的他发现文书处理工作存在很大安全隐患，管理也不规范，甚至有一间屋子堆积着一捆一捆未加整理的党内机密文件资料，这在白色恐怖日益严峻的情势下是极其危险的，也不符合党的保密纪律要求。周恩来深感揪心，他严肃地对负责人黄玠然说："现在你们保存的文件很杂滥，不便于秘密管理，你们可以去找阿秋谈谈，请阿秋提出几条文件整理的办法，供你们参照整

中共中央秘书处旧址旧照

理。""阿秋"是同志们对瞿秋白的爱称。当月,中央秘书处的文件保管处改为中共中央第一秘密档案库,该库即我们后来所称的"中央文库"。

1931年的瞿秋白32岁,政治处境艰难。是年1月7日,瞿秋白参加中共六届四中扩大会议,该会在上海武定路修德坊6号(现武定路930弄14号)秘密召开,会议从早晨开到深夜,争论激烈,王明点名批评瞿秋白。在共产国际代表米夫等人的操纵下,瞿秋白等退出政治局;列席会议的王明成为中央政治局委员。

据杨之华的《回忆秋白》,当时的宗派主义者不断打击瞿秋白,甚至把杨之华的工作也撤掉了。但是瞿秋白没有计较个人得失,没有一点委屈情绪,也从来没有在同志、朋友和妻子面前诉说过受打击的事。他还热情地鼓励妻子杨之华要继续自觉地、主动地去为党工作。

电影戏剧家夏衍在《追念瞿秋白同志》中写道:"党的六届四中全会之后,他正受到了'左'的教条主义、宗派主义分子的打击,可是,在我和他断断续续的近两年的工作接触中,丝毫也没有感觉到他受了打击之后的委屈的心情。日常谈话的时候他是那样的乐观,那样的潇洒,那样的幽默,可是一接触到工作他又是那样的生气勃勃。"

此时的瞿秋白久患肺病,身体也很弱,但他依然坚持为党翻译著述和撰写文稿,每天工作16小时以上,保持着高度的革命热情。接受周恩来的任务后,他壮志在胸、才思敏捷,很快草拟出《文件处置办法》(以下简称《办法》),规定了档案分类整理、编目、留存、销毁的原则与方法,资料的收集、保管等内容,分为7个方面。

瞿秋白、杨之华夫妇

"信是明年春再来"

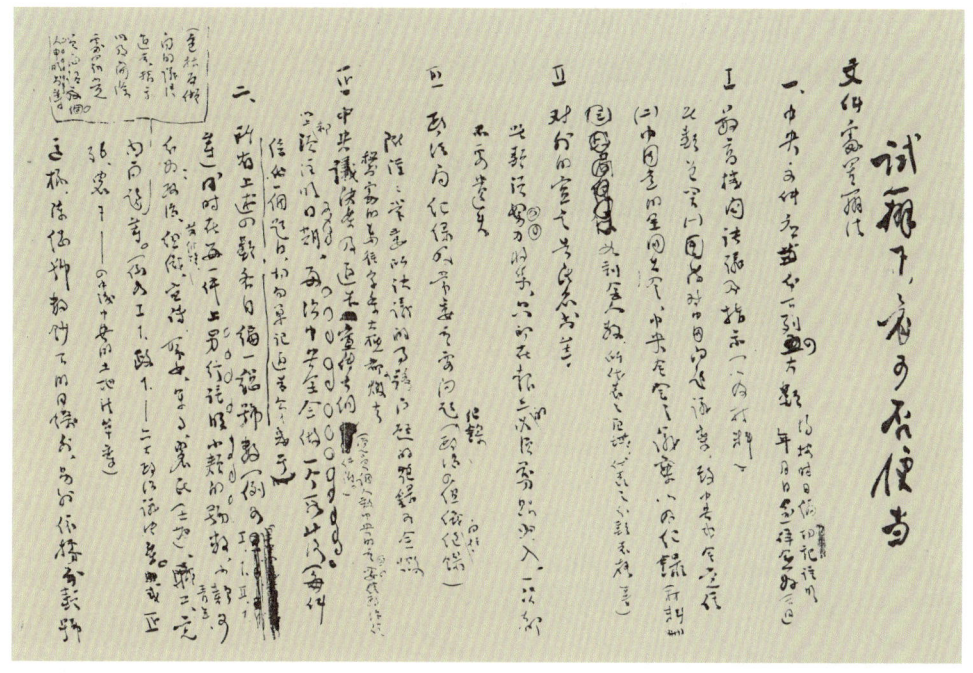

瞿秋白起草的《文件处置办法》，周恩来在上面批注"试办下，看可否便当"

1931年2月，瞿秋白将写好的《文件处置办法》呈送周恩来，周恩来十分赞赏，亲笔批示"试办下，看可否便当"，并交中央秘书处立即执行。据此《办法》，1931年4月，张唯一起草了《中共中央秘书处关于文件编目的规定》，并经秘书处负责人黄玠然批准执行。

1931年4月24日，中共中央政治局候补委员、中央特科负责人顾顺章被捕叛变。幸得打入国民党内部的中共地下党员钱壮飞递送准确情报，4月25日、26日，周恩来、陈云、瞿秋白等秘密转移，并将已经整理、精简的中央文库文件紧急转移至西康路合兴坊15号（今西康路560弄15号），党才避免了一场灭顶之灾。之后，中央文库的1.7万余份重要文件又辗转在静安区多个地方，1940年秋存放在康定路生生里和新闸路金家巷嘉运坊1839号，1942年秋至1949年，存放在成都北路974号，直至新中国成立。

瞿秋白编制的《文件处置办法》是中共中央最早的关于档案文件管理的规定，对中国共产党的文书、档案工作产生深远影响，使党得以保存大量珍贵的党史文献资料。斯人已逝，但其才华与贡献光耀千秋。

苦难让思想站立，岁月见证着初心。今时捧读《文件处置办法》，仍然会被末尾的那条"总注"所震撼。秋白特地写道："总注：如可能，当然最理想的是每种二份，一份存阅（备调阅，即归还），一份入库，备交将来（我们天下）之党史委员会。"瞿秋白特别在"将来"两字旁打了着重圈点，表明他在起草文件时，对中国革命前途充满坚定的信念与必胜的信心！恰似秋白狱中所填的那首《卜算子·咏梅》词：

信是明年春再来，应有香如故。

"打狗队"喋血锄奸

——中央特科和斯文里的故事

斯文里坐落于而今上海静安区新闸路北、大田路两侧,系近代上海规模最大的成片广式石库门建筑群之一,分为西斯文里和东斯文里,由英籍犹太妇人阿谷向广肇山庄业主广肇公所(广肇同乡会馆)购得70多亩公墓地予以开发。

斯文里被国民党特务用上的背景是1932年11月,国民党中央组织部党务调查科("中统"前身)在上海成立行动区总部,任命史济美(又名马绍武、吕克勤)为上海行动区区长,一心利用叛徒,安插内奸,来侦破中共地下组织。其中一个点就设在斯文里1040号前楼,由赵伯谦(一说曹伯谦,疑沪语"赵""曹"同音,安徽人,1929年加入中国共产党,叛变前在同兴纱厂从业,为中共沪西区委一员)偕其妻张氏入住,打理"接头处"。

西斯文里弄堂旧照

上海新闸路斯文里1040号是史济美与各行动特务的接头处,他每天都在这里听取报告,筹划阴谋,指挥特务的破坏行动。除此以外,部分在沪的自首人员每天 9—10 小时也要到这里汇报情况，听候史济美的安排。[1]

史济美之流太猖狂了，中央特科决定把他们打掉，"大广东"邝惠安便率"小广东"欧志光、"小山东"王德明，以及孟华亭、袁友芳等，潜入斯文里踩点、布局。

邝惠安

邝惠安，本名龚昌荣，1903 年生，广东江门人，1925 年加入中国共产党，1930 年参加中央特科。1931 年 4 月，顾顺章叛变投敌，中央改组特委领导核心，增补陈云、赵容（康生）、潘汉年、邝惠安等人为委员。

欧志光，广东翠微人，1932 年参加中央特科。

王德明，化名王荣生，1909 年生，山东峰县人，1927 年参加中央特科。

孟华亭，又名杜瑞先，1932 年加入中国共产党，1933 年参加中央特科。

袁友芳，又名袁友才，江苏崇明人，1932 年参加中央特科。

1932 年 11 月 25 日下午 3 时许，斯文里"打狗"正式开始，由汤醒白率先进入 1040 号前楼。

汤醒白（一说汤杰才，或汤连才），乳名汤俊民，化名黄达、王达、白云鹏，1906 年生，江苏镇江人，1926 年加入中国共产党。

汤醒白，化名黄达，是我的丹阳同乡，曾担任过中共丹阳县委书记，不知何时被捕自首被派到上海"表现"工作。我在斯文里接头处和他见过面，但限于特工纪律，只点头示意，没有机会谈各自的情况。[2]

---

[1] 陈蔚如：《我的特务生涯》，原载《中统内幕》，江苏古籍出版社 1987 年 8 月第一版，第 153 页。
[2] 陈蔚如：《我的特务生涯》，原载《中统内幕》，江苏古籍出版社 1987 年 8 月第一版，第 154 页。

"打狗队"喋血锄奸

不过,同一个汤醒白,虽被卖身投靠国民党的叛徒、特务陈蔚如称其为"被捕自首",但老奸巨猾的徐恩曾(时任国民党中央组织部党务调查科主任)还是认准他"身在曹营心在汉",是"一个内奸",他的"到上海'表现'工作"只是一种刘玄德式的"勉从虎穴暂栖身"——

民国二十一年(一九三二)十一月二十五日下午三时许,红队队长邝惠安率领五个暴徒,在一个内奸的指引下,冲进我们设在上海闸北的一个秘密办事处,击死一人,击伤三人,办事处的主持人受伤后倒地佯死得免。[1]

中共中央特科机关旧址旧照

其实,汤醒白被捕是在苏州,1932年初。敌人一经捕获,就将他作为重犯押送南京第一陆军监狱(小营陆军监狱)。

敌人先是百般折磨,威逼利诱。眼见汤醒白宁为玉碎,坚贞不屈;他们就又欲擒故纵,结案放人,妄图放长线钓大鱼。

汤醒白既获释出狱,即经丹阳返回无锡,千方百计找组织。组织上知其身后有尾巴,不能随便接触他。他就又到上海找党,强烈表明归队心迹,并说敌人命他与"部分在沪的自首人员"一样,于"每天9—10小时"到斯文里1040号前楼报到,向史济美"汇报情况",并"听候"他的"安排"。这是一个可乘之机。他完全可以利用这一机会,配合组织上端掉这个上海行动区的"接头处"。组织上这就将计就计,让邝惠安率欧志光、王德明、孟华亭、

---

[1] 徐恩曾:《我和共产党战斗的回忆》,原载《细说中统军统》,传记文学出版社1992年6月第一版,第178页。

袁友芳等"红队"队员，于1932年11月25日下午3时许，随汤醒白进入斯文里1040号前楼，第一枪打翻赵伯谦，跟着又将王寿喜打得血肉横飞，当场殒命。

王寿喜即王少锡，也是叛徒，叛变前系中共沪东区委组织部干事。

当天我有一点私事耽搁，去斯文里接头处的时间稍迟了一些。当我刚走到弄口就看见特务郝鸣（他是接头处的监护，以摆水果摊为掩护）在向我暗示，我走近他，就听他说："老陈，你不要进去了，里面出事了，王寿喜被打死，赵伯谦眼角被子弹擦伤，他女的也被弹伤小腿，吴修跳楼跌伤了拐骨，都被带到捕房去了。"……入夜后，史济美到我哥哥家来看我，我问他究竟是怎么回事？他说："今天下午汤醒白到接头处楼上瞄了一下就匆匆忙忙地走了。不一会就是一阵脚步声，接着就是乱枪向房内射击。这些人打枪后，即从斯文里西边弄口逃跑了。"[1]

---

[1] 陈蔚如：《我的特务生涯》，原载《中统内幕》，江苏古籍出版社1987年8月第一版，第153—154页。

党啊，我重回您的温暖怀抱
——陶承和她家人的故事

1958 年，革命母亲陶承自传体长篇小说《我的一家》出版，短时间出版 600 万册。被拍成电影《革命家庭》后，更是获奖无数，成为一代经典。故事的女主人公陶承也是和静安区有着不解之缘。

陶承来上海是在 1929 年。

陶承是中共早期党员欧阳梅生的妻子。1928 年 2 月，欧阳梅生病逝汉口，陶承拖儿带女，来到上海，先是住机关，掩护上海工会联合会；后调共青团中央秘书处，在公共租界卡德路（今石门二路）树德里的一栋石库门房子里，收藏、分发文件，警卫团中央领导开会。

1956 年，陶承根据自己家庭的革命经历，写出了《我的一家》一书。图为 2011 年版该书封面

那时的工作环境极其恶劣。虽说整整两年，陶承这边不曾遭遇大的险情，但陶承的长子、16 岁的中共党员、上海总工会青工部部长、共青团江苏省委委员欧阳立安，在这一期间因叛徒出卖，壮烈牺牲在龙华刑场。

作为母亲，那些时日，陶承最为煎熬。白天，她照常工作，有条不紊，不动声色。一到晚上，却整夜整夜地失眠。愈是夜深人静，愈是心如刀绞。

儿子年轻的面庞总在她的眼前浮现。她能清晰听到自己泪珠"卜塔卜塔"落在枕上的声音。

1931年11月，在一个常来接头的同志突然被捕后，陶承又被调到中央国际事务团去住机关。那机关离卡德路不远，在麦特赫司脱路（今泰兴路）张家花园，亦属公共租界。

这时陶承的身份又变成了商务印书馆的林股东太太，带两个儿子住楼下，便于照应门户。老沈和老王则住三楼，负责这个机关的面上工作。

陶承做梦也没想到，进驻这个机关仅一个来月，天大的灾祸就临头了。

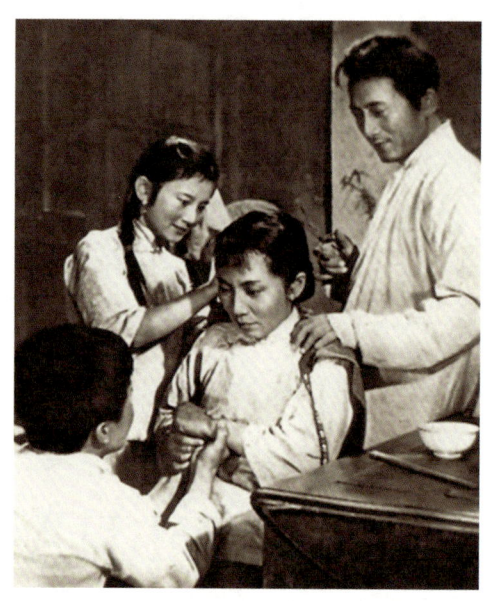

1960年夏衍联合导演水华，将《我的一家》再行创作，北京电影制片厂拍成了《革命家庭》。图为该剧剧照

那天一早，老沈派交通员老于到中央秘书处去取重要文件。临走时，交代清楚：中午十二点以前要赶回来。孰料一直挨到午后一点，仍不见老于影子，大家开始坐立不安。

"注意，时间过了。"老沈警告说。

"最好先收拾一下，免得措手不及。"陶承说。

陶承

当时的事情是很难预料的。有时候，出去工作的同志遇见敌人跟踪，明明走到自己门前，也不能进去，常常要拐好多弯，才甩掉尾巴。有时候，路上忽然遇见车祸，不能通过，也得绕路，自然不能准时回来。

但也有一种人，贪生怕死，叫敌人抓住，抽三鞭子，压两杠子，腿马上就直不起来了。上午还是自己人，下午就翻过脸，带着敌人来捉共产党。老于究竟是哪种人呢？

蓦地，后门有人按铃。

"零——零零——零——"

是事先预定的信号。

"妈妈！于叔叔回来了，我去开门。"一个儿子叫起来。

陶承连忙从厨房里追出来，心里想：刚才的怀疑是没有根据的。

这时候，抢先叫唤于叔叔的那个儿子已经打开后门，"呼啦"一下子，挤进来五个黑衣大汉。陶承一下明白了："包打听！"

陶承冲上去，挡住去路。

"你们干什么？"陶承高声叫嚷着。

为首的包打听，亮出手枪，对准陶承的胸口。

"不许动！"

陶承一面后退，一面向楼上发出警号。因为陶承知道老沈和老王在清理文件，烧东西。

"强盗，强盗！"陶承拼命叫嚷。

"不许嚷！"又是一声吆喝。

这声音好熟！陶承这下看清了来人的脸，原来姓于的已成叛徒，把大家都给出卖了！

敌人把陶承母子用枪逼进厨房，关紧了门。

"强盗，强盗！"陶承一边用力撞门，一边叫嚷。

"噔！噔！噔！"一阵楼梯板响，敌人上楼了，楼上传来铁器砸门的声音。"匡匡！"门砸开了。"哗啦！"桌子推翻了。"乒乓！"椅子摔过来。"咚咚！"有人在地板上厮打。忽然，又像杀猪似的吼叫起来："救命！共产党杀人了！"

陶承母子乘机扭开厨房的门把手，冲了出来。

一个儿子紧揪着陶承的衣角，不住地说："妈妈！逃吧，逃吧！"

儿子的恳求提醒了陶承，是应该马上走。陶承随即吩咐他："你先从大门走，逃脱一个是一个！"

"不！妈妈，要死死在一起！"

天呀！这是什么时候，还那么死心眼儿！陶承气极了，说；"快一点吧！冤家！要不，一个也逃不掉！"

这时楼梯又响了，脚步杂乱。一个粗野的声音咒骂着："他妈的，看你往哪儿跑！"

接着又听见一声狂叫:"哎呀!跳楼了!快抓住他……"

是谁跳楼了呢?急得陶承一身汗。陶承不顾一切地扑向楼梯口,只见两个包打听,正押着老王往后门走。不用说,跳楼的一定是老沈了。

一场骚乱过去,周遭死一般的寂静。

这地方不能久停,说不定敌人还会回来。陶承拉着两个儿子,紧往外走。机关被破坏了,他们成了无家可归的人。到哪儿去呢?身上只剩下几个铜板,而且,现在无论走到哪里,都会连累人。

陶承只能领着孩子,租了一间阁楼,安顿下来。

陶承想:只要安顿下来,就可以找党。

可是这一找就是五年,就是五年的苦熬,五年的苦苦守望!为了找党,陶承到处奔走,日复一日,月复一月,年复一年。她带着孩子,在那黑暗而痛苦的日子里,做杂工,洗衣服,绣手工。陶承的心底,无时无刻不在念念叨叨:"党啊!你在哪里?"

终于,全面抗战爆发,国共第二次合作,陶承带着孩子,随着难民群,从上海乘船,经过香港、广州,一路找到武汉。

当她在汉口原日租界中街9号(今长春街57号)门前,看见八路军武汉办事处的牌子高挂着,辉映满天彤云,一腔悲情,顿作热泪涔涔,打湿前胸衣襟。她哽咽,她抽泣。千言万语,堵在喉头。久久地,久久地,她伫立,她战栗。她一千遍地对自己说:回来了,我又重回党的怀抱了!她又一万遍地对党说:党啊,我亲爱的母亲,从今往后,再苦再难,我也不会再失落您了!

扑不灭的抗日救国烈火
——"十·一"惨案和上海民众反日救国联合会的故事

1931年9月18日,日本关东军突袭沈阳,一手挑起九一八事变,东北大地一派国土沦丧、家破人亡的惨相;但上海宝山路公安第五区署唯南京政府马首是瞻,以"攘外必先安内"的反革命立场,严禁爱国军人张贴反日标语,并向包围区署抗议的上千群众开枪,当场打死两人,打伤五人,悍然造成"十·一"血案,即新的宝山路惨案。消息传开,中共江苏省委发出《关于目前反日、反国民党工作的决议》,要求普遍建立宝山路惨案后援会,援助死难工友,反对国民党勾结日本帝国主义屠杀群众,并定于10月10日在闸北宝山路举行死难工友追悼大会,各区动员群众参加,去包围日本驻沪领事馆。然而,10月10日的民众反日大会和分区飞行集会再一次遭到反动当局的血腥镇压。于是,10月12日,中共中央发表《中国共产党为反抗帝国主义国民党一致压迫与屠杀中国革命民众宣言》,愤怒声讨"双十节那一天",国民党的"南京政府,广东政府以及北平政府,都一致地向革命民众进攻,实行了大规模的逮捕,恶打,解散与屠杀"!同时号召"全中国的民众",团结起来。"在中国唯一的革命政党,中国共产党的领导之下,为了推翻帝国主义国民党在中国的统治,为了苏维埃革命在中国的胜利而斗争"。[1]

积极响应中央号召,中共江苏省委于1931年12月6日晚在四川路青年会召开上海民众反日救国联合会(简称"民反")成立大会,成立"上海唯一的彻底的反日团体",联合"留日回国学生会""工联""左联""社联"等"五十四个民众团体",公推陈公愚(刘芝明,中共党员,时任上海政法大学

---

[1] 中共中央:《中国共产党为反抗帝国主义国民党一致压迫与屠杀中国革命民众宣言》,原载《中共中央文件选集》第七册,中共中央党校出版社1991年3月第一版,第432页。

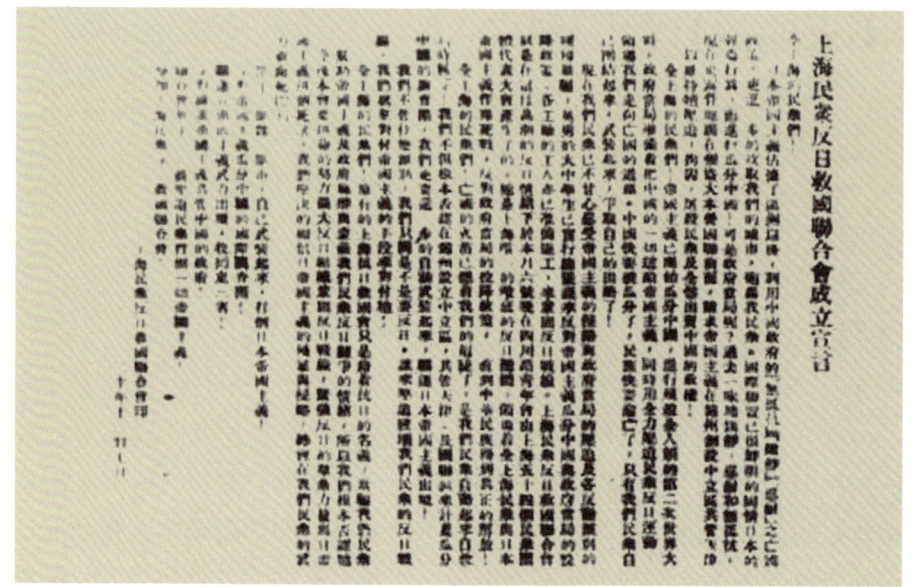

《上海民众反日救国联合会成立宣言》（1931年12月7日）

教授）任常务委员会主席，吴驰湘（中共党员，社联成员）为党团书记。

十二月初的一天傍晚，反帝大同盟党团书记洪灵菲约我去东亚旅馆商量工作。我们在房间里刚坐下不久，先后来了两位从未见过面的领导同志。他们是江苏省委宣传部部长杨尚昆和中央宣传部副部长华少峰（即华岗）。杨尚昆谈了国内外的形势，并指示我们说：根据客观形势的需要，必须在上海成立一个全市性的有广泛群众基础的抗日团体。他要我们以留日回国学生会出面，邀请上海各界抗日团体开会，并在会上发起组织上海民众反日救国联合会。[1]

据吴驰湘回忆，"民反"总部先设麦特赫斯脱路（今泰兴路）606弄5号，公开挂牌办公，后改凤阳路尚公中学；那是因为1932年2月1日，一·二八事变仅三天，公共租界工部局便无理查封，强令迁址。

---

[1] 吴驰湘：《上海民众反日救国联合会的成立和活动情况》，原载《上海党史资料汇编》第二编下，上海书店出版社2018年11月第一版，第841—842页。

扑不灭的抗日救国烈火

那时，上海民众要求抗日的热情很高，华界的民众为了躲避战火纷纷往租界跑，街上睡满了人，学生也停课了。学校的党组织恢复了一些，比较强的有交通大学、同济大学、暨南大学，学生是反日的。我们还办了一份日刊《民反》，有公开的办事处，形势很好。[1]

杨尚昆回忆的日刊《民反》，即吴驰湘回忆的"不定期刊物"《反日民众》，由左翼作家楼适夷（楼建南）等人负责编辑，专门"介绍党中央和江苏省委对上海人民抗日反蒋的指示和上海民众反日救国的活动，特别是上海工人的活动"。当时"'民反'在新闸路一个亭子间内设立了一个印刷机关，由骆何民负责，小杨做助手。他俩住在印刷机关内，夜以继日地工作。《反日民众》当时广为流传，特别是在沪西反日罢工工人中争着传阅。'一·二八'事变爆发后出版的一期发行量达一万份以上"。[2]

"民反"还曾在武定路 24 号智民学校内召开第二次代表大会，通过宣言表明自己的总部在租界，活动主要在华界，其主要活动包括"组织真正义勇军""加紧宣传工作，扩大募捐""彻底抵制日货，厉行经济绝交，扩大罢工罢耕罢市罢课罢操罢岗""反对国内资本家假借国难名义剥削工人""没收日货救济罢工及失业工人"等二十多项。

"民反"所"组织"的"真正义勇军"于 1932 年 3 月 2 日开进闸北，集中在"预先约定的恒丰路桥旁边一块空地开会"——

《反日民众》刊物

---

[1] 杨尚昆：《杨尚昆回忆录》，中央文献出版社 2007 年 7 月第二版，第 57 页。
[2] 吴驰湘：《上海民众反日救国联合会的成立和活动情况》，原载《上海党史资料汇编》第二编下，上海书店出版社 2018 年 11 月第一版，第 845 页。

上海民众反日救国联合会举行市民大会

这时,国民党保卫团闻讯前来镇压。当中央特科工作人员孙小保正在主席台上发表演说时,国民党保卫团朝天开枪威吓,群众慌忙逃散。孙小保从后台跳进苏州河准备逃脱,不幸被打死在河里。[1]

孙小保的鲜血染红了苏州河,这也直接成为"民反"第二次被租界当局查封的导火索。这一次查封,连带着"民反"的各区分会也不能活动了,连带着隐匿在"新闸路一个亭子间内"的"印刷机关"也被破坏了。然而,厝火积薪,抽刀断流,不仅不能扑灭上海民众反日救国的熊熊烈火,反而激起"全中国工农兵学生以及一切劳苦民众",更加"坚决地起来打倒帝国主义国民党在中国的统治"。[2]

---

[1] 吴驰湘:《上海民众反日救国联合会的成立和活动情况》,原载《上海党史资料汇编》第二编下,上海书店出版社2018年11月第一版,第846页。

[2] 中共中央:《中国共产党为反抗帝国主义国民党一致压迫与屠杀中国革命民众宣言》,原载《中共中央文件选集》第七册,中共中央党校出版社1991年3月第一版,第432页。

冒着敌人的炮火，前进

——上海民众反日救国义勇军的故事

义勇军，一个热血的名词。

义勇军，诞生于九一八后的黄浦江畔。

义勇军，活跃于一·二八期间的淞沪抗战前线。

一·二八淞沪抗战期间的上海民众反日救国义勇军隶属于上海民众反日救国联合会，由韩进（韩伯涛）任主席，季苏任党团书记，孙小保任军事指导员，傅维玉任组织部部长，骆何民任宣传部部长。

> 在新闸路麦特赫斯脱路口清凉寺前面，有一幢西班牙式的楼房，义勇军总部公开的办公地点就设在这幢楼房的底层。为了战事需要，义勇军还在闸北中兴路宝兴坊一间草屋内设立了前方办事处，与十九路军太阳庙前线指挥部只隔一条马路。当时，我在前方办事处负责支前工作。义勇军还在各区设立公开的办事处，属各区党委和义勇军总部双重领导。[1]

1932年1月31日，上海民众反日救国义勇军一在闸北中兴路宝兴坊设立前方办事处，立即在附近的平民村召开村民大会，动员战区群众组织起来支援前线战斗。群众的反帝情绪十分高涨，当场决议组织义勇军和救护队、慰劳队。这支闸北义勇军和沪西罢工工人义勇军经常活跃在硝烟弥漫的前线阵地，冒着枪林弹雨帮助十九路军挖战壕、修筑工事、运输物资、递送情报、救护伤员。

---

[1] 韩进：《回忆上海民众反日救国义勇军的活动》，原载《上海党史资料汇编》第二编下，上海书店出版社2018年11月第一版，第848—849页。

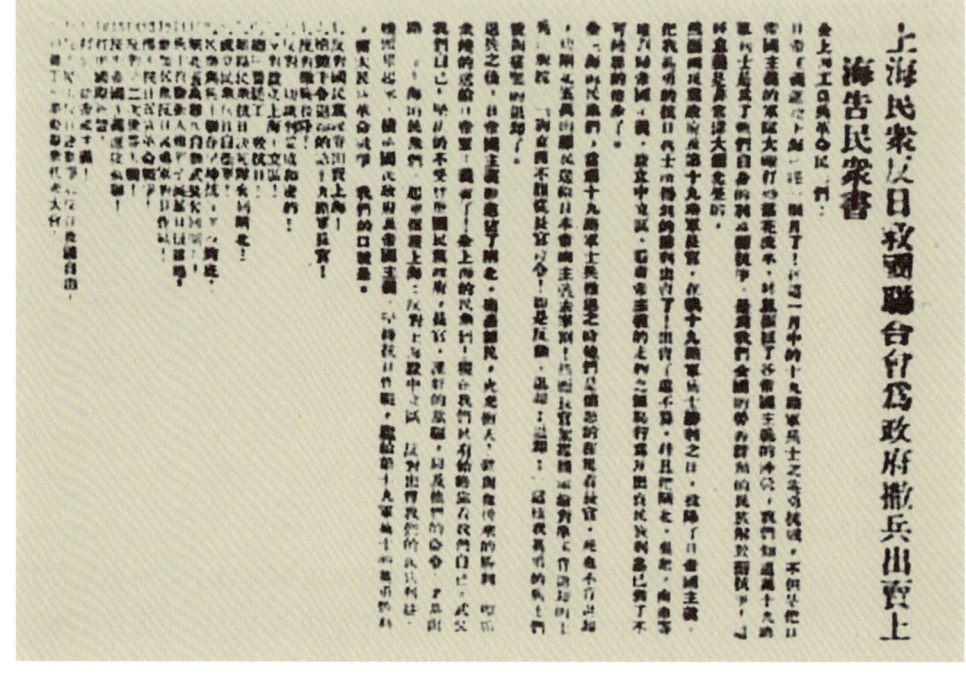

上海民众反日救国联合会《为政府撤兵出卖上海告民众书》

1932年一·二八战争开始后,我是法南区反日义勇军的总指挥,上海反日义勇军的总指挥是季苏,还有一个负责人叫韩进。实际上我们没有多少人,都是些共青团员、社联成员以及其他进步团体的同志,那时主要搞宣传募捐。[1]

明明募捐所得全都交了,及时交了,送交到了抗敌前沿,但居心叵测的反动分子还是在2月17日的《申报》《时事新报》上造谣说"民反"捐款尚未交到十九路军。"民反"这就正面回应,请余华龙、叶昌诒律师代表义勇军在《申报》《时事新报》上发出紧急启事,公布账目,严正辟谣。同时,"义勇军总部和各区办事处"所组织的、由"工人、学生、贫民"所组成的"募捐队",依旧"每天傍晚",通过"由人力车工会等组织的运输队",将"捐得

---

[1] 王霖:《"一·二八"前后我在上海的一些经历》,原载《上海党史资料通讯》,中共上海市委党史资料征集委员会编,1985年第11期,第19页。

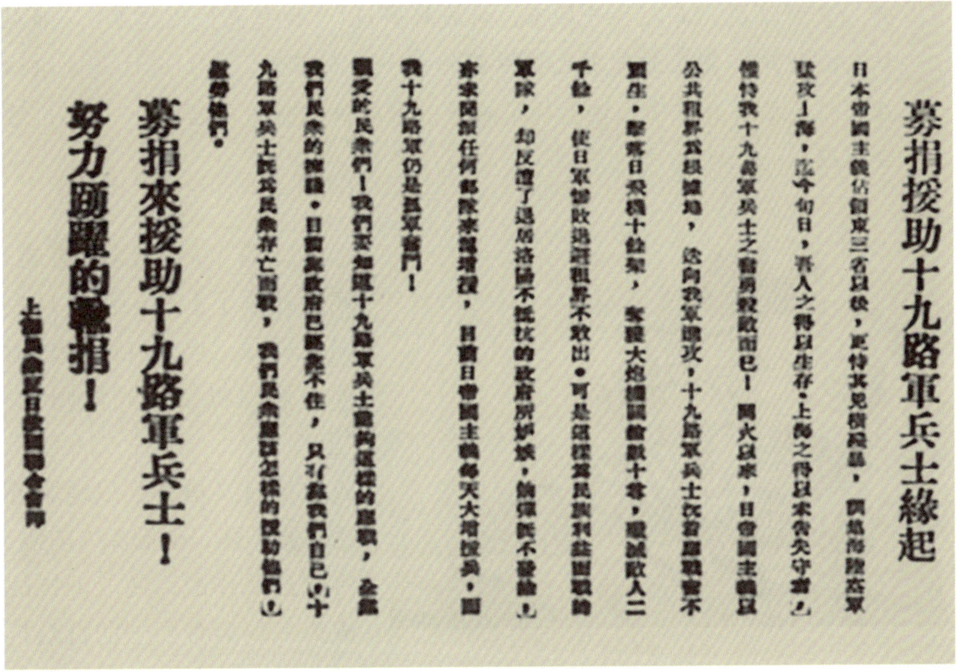

募捐援助十九路軍兵士緣起

日本帝國主義佔領東三省以後，更恃其兇横殘暴，調集海陸空軍猛攻上海，迄今旬日，吾人之得以生存，上海之得以未告失守者，惟恃我十九路軍兵士之奮勇殺敵而已！開火以來，日帝國主義以公共租界爲根據地，統向我軍猛攻，十九路軍兵士抗着誓死不屈，擊落日飛機十餘架，炸毁大炮鐵甲車數十部，殲滅敵人二千餘，使日軍慘敗退避租界不敢出。可是這樣爲民族利益戰的軍隊，却反遭了退居洛陽不抵抗的政府所妒嫉，餉彈既不發給，亦未聞派任何部隊來前增援，目前日帝國主義每天大增援兵，而我十九路軍仍是孤軍奮鬥！

被壓迫的民衆們！我們要知道十九路軍兵士這樣的血戰，全爲我們民衆的利益。目前國民政府已靠不住，只有靠我們自己，十九路軍兵士既爲民衆存亡而戰，我們民衆應該怎樣的援助他們，慰勞他們。

募捐來援助十九路軍兵士！

努力踴躍的輸捐！

上海民衆反日救國聯合會宣

上海民众反日救国联合会为募捐援助十九路军散发的宣传品

的现款和物品”，送到义勇军前方办事处。再由义勇军前方办事处派出“慰问队冒着炮火，深入战壕，送到士兵们的手中”。[1]

谣言破灭了，反动派干脆出动闸北国民党保卫团，于3月1日下午2时许，突袭设立在“闸北中兴路宝兴坊一间草屋内”的义勇军前方办事处，将主席韩进、组织部部长傅维玉和交通联络员小白当场抓起，押到外面空地上枪决。

> 我站在中间，老傅和小白分站两旁，一阵枪响，三个人应声倒下。我只觉得自己额头上鲜血直流，但没有全晕过去，躺在地上一动也不动。敌人匆匆走了，周围聚拢了许多群众。一会儿，有人用一张芦席把我们盖住了，这时我才稍微动弹一下。我听到有人不时地打发围观的群众走

[1] 韩进：《回忆上海民众反日救国义勇军的活动》，原载《上海党史资料汇编》第二编下，上海书店出版社2018年11月第一版，第849页。

开。直到深夜,有人拉开席子,对我轻声说:"快起来!快起来!"那人扶着我就跑,到了北站附近棚户区的一个工人家里。我知道这是党组织在营救自己。我洗净血迹,换了衣服,向那位救我的同志说:"同志,后会有期!"就走了。[1]

上海民众向抗战将士捐赠的物品

反动当局的倒行逆施,残酷扼杀了上海民众反日救国义勇军,但十九路军总指挥、爱国将领蒋光鼐则说:"上海工人、学生、妇女纷纷成立抗日义勇军、战地服务团和救护队,他们深入前线,协同部队作战,使淞沪抗战成为一场轰轰烈烈的群众抗日运动,第十九路军才能以劣势装备与日本部队交战一个月零二天之久。"

事实上,而今的国歌,本名就是《义勇军进行曲》,由田汉作词、聂耳作曲,在赤县神州的浮沉存亡之际,悲壮唱出亿万炎黄子孙宁为玉碎、不为瓦全的心声。

让我们高唱国歌,起来!起来!起来!

让我们万众一心,冒着敌人的炮火,前进!前进!前进!进!

---

[1] 韩进:《回忆上海民众反日救国义勇军的活动》,原载《上海党史资料汇编》第二编下,上海书店出版社2018年11月第一版,第851页。

中国无产阶级革命音乐的开拓者
——聂耳与恒德里

聂耳，原籍云南玉溪，生于昆明。原名聂守信，字子艺（亦作紫艺）。自幼天资聪颖，受民间文艺熏陶，酷爱音乐。1928年参加中国互济会，后加入中国共产主义青年团。1930年7月，为逃避当局的追捕，他取道越南经香港到上海。在上海，他迅速成为一名坚强的共产主义战士，一名无产阶级革命音乐的开路先锋。

考入黎锦辉创办的明月歌舞社

1930年聂耳到上海后，先在云丰商号当店员，住在公平路185弄86号2楼。11月加入中共领导下的进步群众团体中国反帝大同盟，从事革命活动。

1931年3月云丰商号倒闭，4月他考入黎锦辉创办的联华音乐歌舞学校（简称联华歌舞班，后改称明月歌剧社、明月歌舞团等），任乐队练习生，后升任第一小提琴手。他刻苦自学，虚心求教，跟随王人艺、工部局乐队的中提琴首席普度什卡学习小提琴，艺术技能和视野迅速提高。他活泼开朗，幽默热情，多才多艺，深受大家喜爱。由于听觉灵敏，模仿能力强，且耳朵会随着他的想法前后上下摆动，做出一些滑稽的动作，常引得哄堂大笑，因而大家逐渐不喊他的真名，直接叫他"耳朵"先生。因姓聂，于是就改名为聂耳。

1931年的九一八事变和1932年一·二八淞沪抗战，给他极大的思想震动，他开始严肃地考虑自己的艺术道路和职业发展方向，思考怎样更好地服务于民族解放事业。1932年，他搬入明月社宿舍常德路633弄65号二层朝北的亭子间，在此尽力思索"怎样去做革命的音乐"问题，积极探索左翼文艺理论。

红色 静安——首部党章诞生地的100个故事

1931年4月，聂耳考取明月歌剧社。聂耳（中）与小提琴老师、明月歌剧社首席小提琴师王人艺（右）的合影

常德路恒德里聂耳旧居今照

7月，他以"黑天使"的笔名在左翼刊物《电影艺术》第3期发表《中国歌舞短论》，批评低俗的黎氏歌舞靡靡之音，引起强烈的社会反响。由此，8月初他退出明月歌舞社，9月到北平寻求新的工作，积极参加北京的左翼文艺运动，写文章，演话剧，终因生活没有保障，11月初返回上海。年底，他经组织安排到联华影业公司一厂工作，投身党领导下的电影阵线。

参与组织中国新兴音乐会与剧联"音乐小组"

1933年初，经田汉、赵铭彝介绍，聂耳加入中国共产党，入党仪式在联华一厂的一个摄影棚角落中举行，夏衍监誓。1933年春，他与任光、张曙、安娥等参与组织"苏联之友社"的音乐小组和中国新兴音乐研究会，努力奋战在左翼电影、戏剧、音乐等各个条线。

3月22日，他在日记中提及自己身兼具多职的异常忙碌情形："联华"航捐会执委、话剧剧本起草委、音乐股主任、联华一厂俱乐部执委、秘书、中国电协组织部秘书、电协组长、电游艺会筹备委员、中国新兴音乐研究会发起人。戏剧方面，公司工作、练琴、看书、运动、作曲、教唱歌、写信等。

1933夏，他为联华影片公司的《母性之光》创作的电影歌曲《开矿歌》，在影片中扮演一个矿工并领唱这首歌曲。这首歌通过南洋矿工的劳动场面，第一次在银幕上唱出被压迫劳动阶层的呻吟与呐喊。这是他第一首真正的音乐创作，开创了1930年代革命电影歌曲的先声。此后，在短短两年时间内，他创作了30多首振奋人心的革命歌曲。

1934年春，他参与成立左翼剧联音乐小组，全力推动左翼音乐运动的发展。同时，经党组织安排进入英商百代唱片公司，协助音乐部主任任光工作。这一时期，他埋头工作，异常努力。他在给亲友信中称，为赶配电影《大路》的音乐及音响，"近两个礼拜来，每天总是三四点钟睡觉"。为《新女性》配音工作，"有过三天三夜不睡觉的时候（这当然不是绝对不睡，有时在收音室里站着或坐着闭一闭眼）"在负责电影《渔光曲》配音期间，晚上7点到12点读俄文或做影片配音工作，"有时也要做通宵"。

为电影《风云儿女》创作主题歌《义勇军进行曲》

由于聂耳创作的革命歌曲充满战斗激情，以及日益高涨的抗日救亡歌咏运动，引起国民党反动派的恐惧。聂耳的名字被列入"黑名单"中。1935年春，党组织出于对他的关心和爱护，批准他迅速离开上海，经日本到苏联学习深造。

在出国前后，聂耳为影片《风云儿女》创作了主题歌《义勇军进行曲》（田汉词）。该曲体现聂耳作为一个"天才富赡、忠勇奋发的艺术斗士"所具有的革命的炽热情感和献身精神，夏衍说："聂耳在配曲时，把自己对党、对祖国、对人民的赤诚和对敌人的无限愤恨，倾注到了每一个音符当中。"《义

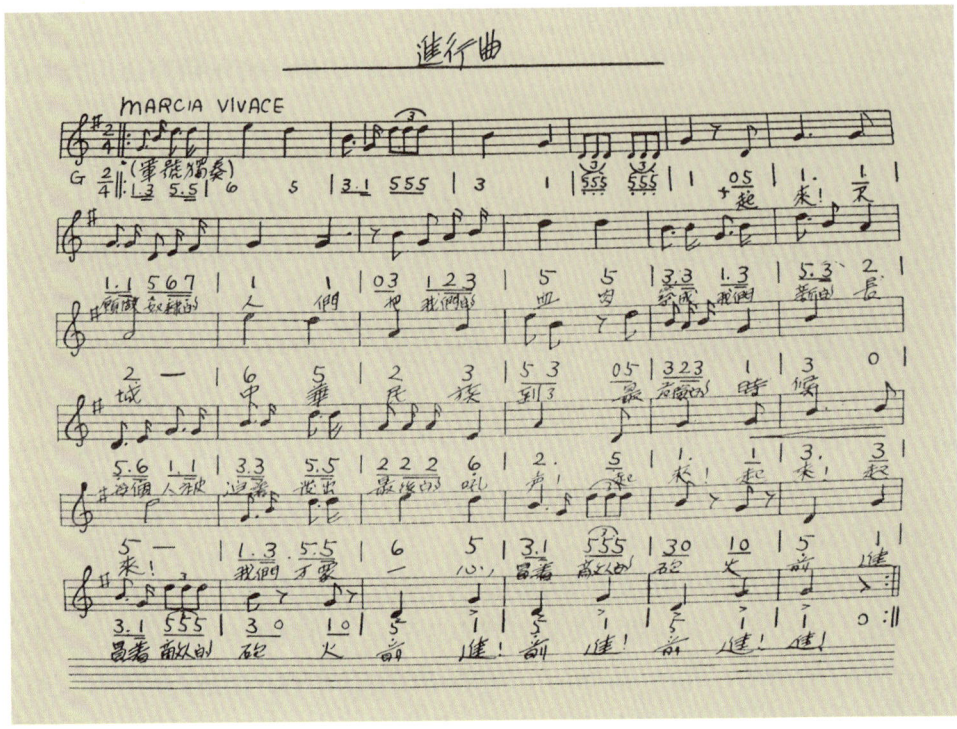

《义勇军进行曲》曲谱

勇军进行曲》先由百代公司录制成唱片，1935年5月24日随影片首映后迅速风行全国，成为动员中国人民起来抵抗日本帝国主义侵略最响亮的号角。1941年刘良模曾把该曲曲谱带到美国，并教著名歌唱家保罗·罗伯逊学唱，制作唱片《起来》，使该曲在国际上也广为流传。1949年9月，《义勇军进行曲》被确定为中华人民共和国代国歌，2004年3月作为国歌写入宪法。

1935年4月16日，聂耳由上海搭乘轮船到日本。7月17日不幸在日本溺海，年仅24岁。聂耳短短一生绽放了天才的光芒，郭沫若称其为"民众的天才""中国革命之号角，人民解放之鼙鼓也"。

到雨花台去死，正是死得其所
——十三烈士和共舞台案的故事

而今的长寿路，即昔日的劳勃生路，与小沙渡路（今西康路）相交，十字路口建有川村纪念塔，俗称大自鸣钟。大自鸣钟以东是玉佛寺，以西是曹家渡，居中便是沪西共舞台，又名共和大戏院，始建于1931年，设施极简陋，却跟周遭棉纺织职工的集聚完全匹配。也正是因为这一点，1932年7月17日（星期天）上午的义演募捐，被上海反帝大同盟和江苏省民众援助东北义勇军反对上海停战联合会（民联）定在了沪西共舞台，方便更多产业工人自发参加。但这一次的义演募捐，竟就遭到当局镇压。面对手无寸铁的工人群众，滥用暴力的反动当局，一次性出动三辆大卡车，上百名全副武装的警员。他们先是包围会场，再是大打出手，见人就抓，当场抓了88人。其中13人被南京警备司令部判处死刑，于10月1日处决，壮烈牺牲在雨花台。

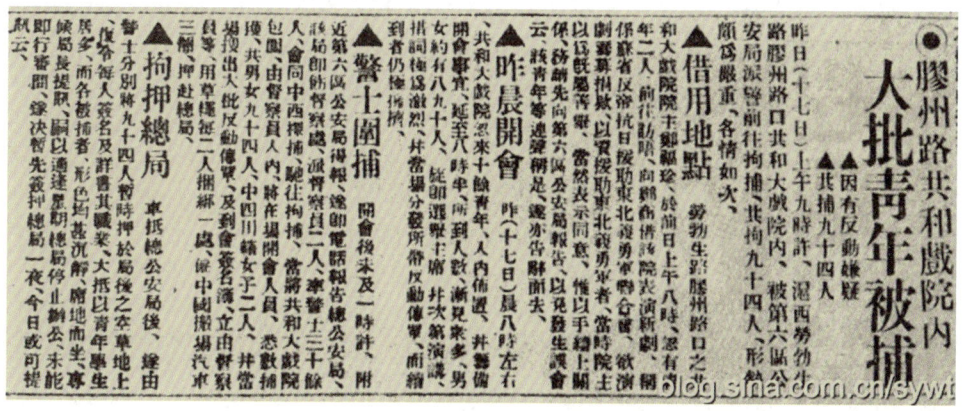

1932年7月18日《申报》上刊登《胶州路共和戏院内大批青年被捕》的消息

肖万才

当天凌晨,第一个走上刑场的肖万才(肖志义)是中共上海南洋肥皂厂支部书记、上海民众反日救国联合会闸北分会发行部长。他还担任中共闸北区委的秘密交通联络工作,他的家就是一个秘密联络点。

他们一家4口人被同堂审讯。女儿为了不牵连自己的父母和哥哥,在堂上坚决推说不认识他们,肖万才也说不认识肖明(被捕时化名王小宝),把从他家里抄出几十份党的秘密文件的事和叛徒供出关于他一家的问题,都揽在自己一个人身上。他是同案临刑时走在最前面的一个勇士。[1]

肖万才的女儿肖明是共青团闸北区委的妇女部长,上海反帝大同盟闸北分盟的组织者,亦被判处死刑,因实足年龄只有14岁,减为18年有期徒刑。肖万才的儿子肖明山20岁,被判12年。肖万才的妻子肖郎氏曾帮丈夫保管文件,因没有暴露,又双目失明,被交保释放。

第三个走向刑场的是许清如,25岁,江苏阜宁人,共青团员,互济会成员,是作为闸北区反日团体的代表而参加大会的。他身材高大,公开的职业是巡捕。他以职业为掩护,营救了不少同志,常常把救济物资送给那些被捕的和被关在监狱里的同志。九一八事变后的多次示威游行中,他想方设法保护了群众,有时还鼓动别的巡捕一起参加示威游行。[2]

接着走向刑场的是杨小二子、徐阿三(潘阿二)、许金标(徐子明)、崔阿二(崔四)、钟明友、邱文知(邱文治)、陈山(曾太功)、陈士生(陈纪

---

[1] 华校生:《共舞台案十三烈士》,原载《上海英烈传》第九卷,百家出版社1997年8月第一版,第101页。

[2] 华校生:《共舞台案十三烈士》,原载《上海英烈传》第九卷,百家出版社1997年8月第一版,第101页。

到雨花台去死，正是死得其所

盛）、王得盛（王明国）和柳日均（柳栋臣）。

杨小二子，20岁，江苏阜宁人，共青团员，在共青团闸北区委做秘密交通工作。组织上曾派他带一些同志到江西准备进入苏区，参加红军，由于长途交通负责人被捕，失去联系，返回上海。他是代表工厂里的反日救国会和红军之友社参加大会的。

许金标（徐子明），25岁，江苏靖江人，上海闸北营造业工人反日救国联合会的组织者和领导者之一。他出席"江苏省民众援助东北义勇军反对上海'自由市'代表大会"是代表了上海闸北营造业工人反日救国会。

崔阿二（崔四），43岁，江苏阜宁人，早年参加过五卅运动和上海工人三次武装起义。被捕前，他积极发动和组织闸北码头工人参加上海民众反日救国联合会，领导码头工人举行反日大罢工。被叛徒供出后，他曾向同号子难友表示准备牺牲的决心。有的难友知道他刚结婚，努力宽慰他，他则豪爽说道："干革命，就顾不得家了。"他还说，"像我们这样的穷苦力，累死，病死，饿死，冻死，倒在马路旁边有多少啊！到雨花台去死，不正是死得其所吗？我们倒下了，一定会有更多的人跟上来。革命终有一天会胜利的！"

柳日均（柳栋臣），30岁，江苏阜宁人，中共党员，上海市政工会的负责人之一，闸北人力车工会的组织者和领导者。九一八事变后，正是他广泛发动，带领人力车工人队伍进入上海公共体育场，参加反日救国市民大会，并登台演讲，高呼反日口号。

肖万才、曹顺标、许清如、杨小二子、徐阿三（潘阿二）、许金标（徐子明）、崔阿二（崔四）、钟明友、邱文知（邱文治）、陈山（曾太功）、陈士生（陈纪盛）、王得盛（王明国）、柳日均（柳栋臣）等13人的大义凛然，视死如归，甚至都感动到了敌人营垒中良知未泯的人。雨花台行刑回来，有一名看守就私下感叹道："这些人真有种，个个不怕死！有的身上中了好几枪，还在唱什么'打得落花流水'！"

1932年7月25日，《申报》报道《百余共党昨晚解京》

旧世界打个落花流水,奴隶们起来,起来!这是《国际歌》里的词。

至死仍在高唱《国际歌》,这就是革命者,这就是共产党人。

而我们的革命者,我们的共产党人,不仅在雨花台,至死仍唱《国际歌》;而且幸存的,一旦被押送苏州盘门外江苏陆军军人监狱服刑,下了火车,同样肃立、默哀,面对南京,唱响"起来,饥寒交迫的奴隶!起来,全世界受苦的人"!他们确信他们终将"做天下的主人"!他们确信"团结起来到明天,英特纳雄耐尔就一定要实现"!

我不愿造一点点罪恶在我生命中

——巾帼英烈郭纲琳的故事

伦兄：

  我知道希望在追求中是甜蜜的，美满的占多数。可是实现了便因时间与空间的更换，也许会恼恨希望的实现。所以你要我做的，我是不能给你圆满的实现。并我该告诉你，"我不愿造一点点罪恶在我生命中。"伦兄，请你原谅，"我不能屈服在一个无罪而加上有罪的名义下来遵从你。"

狱中英妹　谨上

  这是一纸家书，一封妹妹写给哥哥的信。信里的"英妹"即化名郭英的中共党员郭纲琳，而"伦兄"则指她的大哥、上海信谊化工厂高工郭纲伦。

  郭纲琳，1910年生，江苏句容人，1931年加入中国共产党，历任共青团江苏省委内部交通、巡视员、无锡中心县委书记、共青团上海闸北区委书记等。

  这日黄昏，郭纲琳依约来到海宁路祥麟里（今945弄）1338号，郑子仪家，一个亭子间，亦共青团闸北区委机关。

  郭纲琳的来，是为了策动闸北丝绸厂工人罢工。她进门就有不祥直觉，只觉周遭氛围怪怪的。她见屋里除了郑子仪，还有吴仁卿。吴仁卿的目光让她浑身难受，仿佛冷到骨子里。郑殷勤问她，吃过没有。她说不曾。郑说那好，一起吃，他去买，盖浇面。她说不必了，她还有事，无意久留。三人正当屋站着说，又来两个，一个顾阿新，浦东人，一个白敦，自称暹罗（泰国）人。郑说人都到齐，干脆定定心神，边吃边聊，好好合计。郭还想摇头，郑

倫兄：我拖延了許久許久才復你信了吧！我不願申訴和說明什么。因犯人的心理是絕隔人世的起作用，也許有很多的想象
是脫離实际的，為了她抓不住实在而做她估計的对象，所以给与她的会令她失望得可怕。現在我很能安靜，腦袋似靜水一樣
不波紋，我不希望什么，更不為失望而悲嘆。我能安命自守。虽在過去我不利用時间追求我的現实。当在追求我的身体曾
由而陷於失望的苦燥中。現在呢？我不那樣企求了！現在我的中心是：讓（成）造我的命運來完結我的命運，讓我能得着
的時日，求些我願求的知識，一直到最後一日。我知道希望在追求中是甜蜜的，美滿的佔多數，可是实現了後，因時间与空间
的更換，也許会惱恨希望的实現。所以你要我做的，我是不能給你回答。並我該告訴你：我不願造一点點罪惡在我生命中。
倫兄！請你原諒我不能屈伏在一个个罪而加上有罪的名义下來遵从你。我知道自己，明白自己。並且我也知道你們的苦衷！
我常常覺得给你們的实在也夠煩忙了，我為什么要這樣累贅你們呢？我能给你們一点点什么答复呢？——哦！垂豬的生活——
再有什么？什么也没有了！再有给你們的只有失望，还说什么呢？總算將我的身体和夏日一樣有力，自入秋來胃口有不佳，
别均似夏日的我，請你放心！我近來还能安讀书，因能讀书，所以雜念也易消失了！中秋節快臨了，你們又忙着請客了吧！
我們犯人一年照例有三次特許的買牛豬肉吃——有節，八月節，舊曆年——所以每个犯人逢到这時都有一点点興奮，如没有錢，那只有
望肉而興嘆了！八月節尚未到早就計畫着：还有一个月要吃肉和月餅了。八月節可買月餅吃，五月節可買粽子吃。月
餅比粽子好吃，能放得久多。八月節还有半个月，不知你來得及請我否！七叔許久未來信了，大约公務忙吧！請他把小弟照片再
寄張我，並替他要求他：請我过節！肯不肯呢？好！紙完了！下次再说！祝你
努力保重！
獄中英妹 謹上 八月廿日

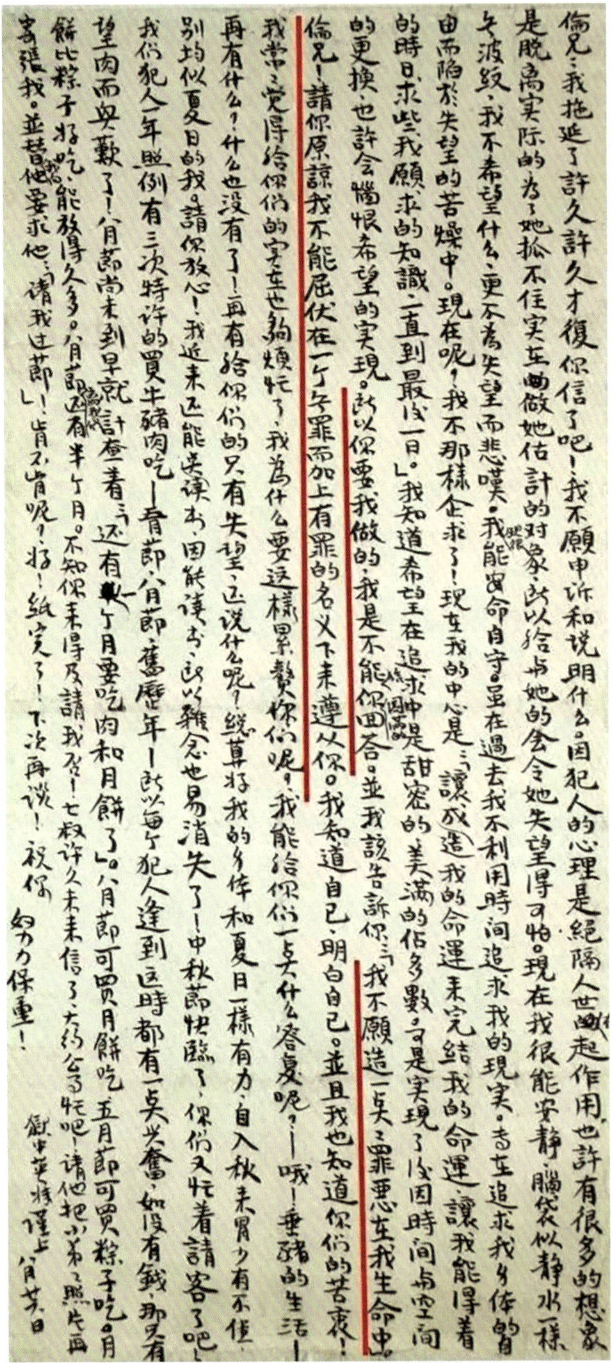

郭纲琳在狱中写给哥哥郭纲伦的复信

已抄起桌上锅子，转身出门，径自下楼。

孰料郑前脚刚走，后脚便有中西捕探破门而入，把整个亭子间翻了个底朝天，从一只皮箱里面抄出25种文件、书籍，总量多达几百件。

捕探追问郭纲琳是干什么的，郭纲琳冷冷回答：“来请房东介绍工作。”

捕探又问：“房东呢？”郭纲琳又答：“买面去了。”

捕探嘿嘿一笑，将郭纲琳、吴仁卿、顾阿新、白敦等四人统统推上警车。

第二天，也就是1934年1月13日，星期六，美侨办在上海的英文报纸《大美晚报》中文版，就以《又一批共产党嫌疑被捕》的醒目标题报道了郭纲琳出庭受审时“身穿旗袍、外加短呢大衣”，俨然是“资格老练之女”。还说她“态度之从容，为从来犯人中所罕见”。

相关报道还证实了郭纲琳的直觉是对的，目光

我不愿造一点点罪恶在我生命中

诡异的吴仁卿果真是敌人"眼线"已获释。

郭纲琳被租界当局引渡给国民党上海市公安局后,就被押送南京,并于1934年5月以"危害民国紧急治罪法",判了8年徒刑,关入南京第一模范监狱的女牢。

郭纲琳

> 那是一排十间和其他牢房完全隔绝的矮平房,关着我们三十个女政治犯。建党初期的老党员何葆珍(化名王芬芳)、帅孟奇、夏之栩、钱瑛(化名彭友姑)、上海工人三次武装起义的著名女战士熊天荆(化名田耕)和郭纲琳(化名郭英)等都关在这里。[1]

郭纲琳被判刑后,前来探狱的母亲、兄嫂只想用钱买通国民党高官来"营救"她出狱。他们劝她在"悔过书"上签字画押,含糊低个头,认个错。然而,郭纲琳的回答是:"我没有罪,无过可悔。你们如果要帮敌人在精神上枪毙我,我便不是你们的女儿、妹妹了。我不会让我清清白白的一生中沾上一点点污点和罪恶!"

> 当时的监狱生活条件非常差,发霉的米饭里夹有许多砂子和稗子,郭纲琳每次将拣出的砂子、稗子洗干净后摊在窗口晒干,然后精心贮藏起来,想把它们做成一个枕芯。她说:"如果我能够活着出去,一定把这个枕头带出去,等将来革命胜利,把它送到革命纪念馆去,让我们的后代知道胜利是怎样得来的。"[2]

1936年冬,敌人把郭纲琳及其难友都转到了新建的南京反省院,加紧在

---

[1] 戚铮音:《怀念郭纲琳烈士》,原载《上海党史资料汇编》第五编,上海书店出版社2018年11月第一版,第115页。

[2] 戚铮音:《怀念郭纲琳烈士》,原载《上海党史资料汇编》第五编,上海书店出版社2018年11月第一版,第120页。

郭纲琳用铜元磨的铜心

精神上折磨她们，进行所谓的"感化教育"。郭纲琳则在一方手帕上绣了一只展翅飞翔的大雁，绣了英语的"起来"。她还将两枚铜板磨成心形，一枚刻上"健美"，一枚刻上"永是勇士"。

在我们党诞生十六周年纪念日——一九三七年"七一"的凌晨，敌人终于对坚贞不屈的郭纲琳下毒手了。那一日，天还未亮，一群敌人突然打开了禁闭室门吆喝着："郭英，出来！"郭纲琳意识到最后的时刻即将来临，她从容地穿好衣服，梳好短辫，大笑着高呼胜利口号，并昂首唱起了国际歌。[1]

郭纲琳在雄壮的《国际歌》声中倒下了，但她"坚持立场，为革命而牺牲"！她"拥护真理，为正义而流血"！她永远不死。她与世长存。她愈是不希望人们记起她，说起她，"朝着自由幸福的道路上前进"的人们，"朝着祖国独立的道路上前进"的人们，就愈是难忘她，缅怀她。因为他们"理解"她"斗争的意义"。因为"有的人活着，他已经死了 / 有的人死了，他还活着"。因为"有的人，把名字刻入石头，想不朽 / 有的人，情愿作野草，等着地下的火烧"。因为"把名字刻入石头的，名字比尸首烂得更早 / 只要春风吹到的地方，到处是青青的野草"……[2]

---

[1] 戚铮音：《怀念郭纲琳烈士》，原载《上海党史资料汇编》第五编，上海书店出版社 2018 年 11 月第一版，第 122 页。
[2] 臧克家：《有的人》，长江文艺出版社，2019 年 5 月。

上海成长的"大众哲人"
——艾思奇的故事

哲学家艾思奇一生中有6年在上海度过,在他的人生历程中,上海时期占有重要的篇章,他的成名作《大众哲学》《哲学与生活》都是在这个时期完成的。艾思奇在他的自传中说:"1933年以前,我虽早读过一些马克思主义的书,并已相信共产主义社会必然实现,但我自己没有把这种认识变为行动,所以一直找机会学工业。1933年以后,这个希望断绝了,我才决心参加革命斗争。"

艾思奇原名李生萱,蒙古族,1910年3月2日出生于云南腾冲。"艾思奇"是他发表文章时用的笔名。关于这个笔名的由来有很多种说法,据艾思奇的胞弟李生萁说,"艾思奇"是"爱(艾)卡尔·马克思(思)伊里奇(奇)·列宁";一说艾思奇在上海看了一部名为《爱斯基摩人》的外国影片后突发奇想,借此影片名的谐音为自己取下这个笔名;又有一说李"生萱"两字首字母是"S·H",其谐音"艾思艾奇",去掉了中间的"艾"字就成了"艾思奇"了。

艾思奇家学渊源,他的父亲李曰垓曾出任蔡锷为总司令的护国第一军

1936年6月版《大众哲学》

秘书长，起草过著名的《讨袁檄文》，被章太炎称为"天南一支笔"。讨袁失败后，李曰垓回到故里，大力倡导科学救国。艾思奇青少年时期，即受到民主革命思想和哲学思想的双重熏陶。

艾思奇于1927年至1928年在日本留学，其间参加了中共东京支部组织的"社会主义学习小组"，还将《伏尔加船夫曲》译成中文，交给聂耳在昆明演唱。1930年，他再度赴日，以优异成绩考入福冈高等工业学校，自修德文，阅读了许多马克思列宁主义经典著作。1931年九一八事变发生，他毅然弃学回国，于年底返回昆明。

1932年，艾思奇告别父母，投身上海革命的洪流之中。他先经过同学介绍，到上海福建华侨办的私立泉漳中学（康脑脱路5号）做教员，经济拮据，却并不被生活窘迫所困。去泉漳中学前后，他参加了"上海反帝大同盟"，积极投身到革命实践斗争中去，他一边教书，一边以"思奇""李东明"等笔名在《中华月报》上发表哲学短文，并着手翻译苏联哲学家米丁的《新哲学大纲》，介绍马克思主义哲学。1933年初，党领导的中国左翼文化总同盟负责人杜国庠到泉漳中学考察革命斗争情况时，认识了艾思奇，并与"中国社会科学家联盟"领导人许涤新一起作为介绍人，吸收艾思奇加入了"中国社会科学家联盟"（简称社联），并委以"社联"研究部长工作。这是艾思奇踏上革命征途的重要一步，也是他人生中的一次重要转折。

1933年5月，艾思奇第一次写作了系统的哲学论文——《抽象作用与辩证法》，在中国左翼文化总同盟主办的《正路》杂志创刊号上发表。从此，艾思奇开始致力于马克思主义理论的研究和宣传工作。1934年6月，艾思奇经"社联"安排，到《申报》流通图书馆读书指导部工作，处理和回答读者来信，后又参加编辑和主编《读书生活》《读书半月刊》《生活学校》《新认识》《文化战线》《认识月刊》等杂志。1933年到1934年间，艾思奇在每期的《读书生活》发表一篇哲学讲话，用生动通俗的语言阐述马克思主义哲学原理，这些文章1936年结集成书，书名就叫作《哲学讲话》，后改名《大众哲学》再版。到1938年短短两年期间，《大众哲学》已出到第10版，新中国成立前共印行了32版，在群众中影响极大。毛泽东在延安时便十分喜爱《大众哲学》，称赞它为"通俗而有价值的著作"，新中国成立后，毛泽东离京考察时多次都带着《大众哲学》，以供途中阅读。

上海成长的"大众哲人"

《申报》流通图书馆是申报老板史量才于1933年秋约请李公朴在上海创办的,旨在面向广大青年、职工输送进步文化食粮。艾思奇所在的读书指导部,仅1933年10月到1934年10月,指导部发出的有学术内容的复信就达1 800余件,在报上公开发表的有30万字。由于读书指导部工作的发展,影响日益扩大,便从申报独立出来,在1934年11月创办了《读书生活》半月刊杂志,李公朴任主编发行人,艾思奇、夏征农、柳湜相继任编辑。1935年12月,《读书生活》半月刊出到第3卷第1期时,在静安寺路斜桥弄(今南京西路吴江路)71号租了两间房子,自己发行刊物。

上海"孤岛"时期斜桥弄(今吴江路)读书生活出版社办事处(摄于1939年)

1936年2月,读书生活出版社在斜桥弄71号正式成立,李公朴任总经理,艾思奇为出版社筹款1 000元,并担任编辑部主任。《哲学讲话》是出版社成立后出版的第一本书,并在此后10年间成为支撑读书生活出版社的畅销书。

"七君子事件"后,李公朴被捕、书刊被查禁,读书生活出版社遭受重大打击,艾思奇和柳湜、黄洛峰、郑易里等同事们勉力支撑,在"白色恐怖"之中渡过难关。"孤岛"时期,读书生活出版社出版大量进步书籍,其中《资本论》全译本动用该社的一半资金,在上海突击排印,是上海出版界继《鲁迅全集》出版后的又一件大事。随着抗日局势不断恶化,读书生活出版社转移到武汉,后又西迁重庆,活跃在抗日战争期间的国民党统治区,在当局的监视迫害下坚持出版营业,不断开辟文化阵地,传播马列主义,唤起青年与广大群众的爱国热情,出色地完成党组织的宣传出版任务。在抗战胜利后,读书生活出版社与生活书店、新知书店在香港全面合并,即成为后来著名的"生活·读书·新知三联书店"。

写成《大众哲学》时,艾思奇才24岁,风华正茂的他于1935年10月由

解放初期建立的三联书店上海南京路门市部

周扬、周立波介绍加入中国共产党。1937年,日本侵略者大举进犯上海,他接受党组织安排离开上海,到达革命圣地延安,先后担任抗大主任教员、中央文委秘书长、陕甘宁边区文协主任、《解放日报》副刊部主任、总编辑等职务。

《大众哲学》不仅在传播马克思主义哲学中起了不可磨灭的作用,而且对马克思主义哲学的发展,也做出了创造性的贡献。艾思奇作为中国哲学大众化的第一人,一生致力于马克思主义哲学在中国的传播、宣传和教育事业,留下了《大众哲学》《辩证唯物主义纲要》《哲学与生活》等300多万字的著作,影响了一代又一代读者,被人们誉为"大众哲人"。

我是革命组织的一个细胞

——巾帼英雄李林在上海爱国女中

"20余岁之青年李林同志自1937年夏起,即在前方英勇杀敌,不仅是我们女共产党员的光辉模范,而且是全国同胞所敬爱的女英雄,今竟英年战死,实我中华民族——特别是我国妇女界一严重损失。"这是当年中共中央妇委向李林烈士追悼大会发出的唁电。

李林是中华民族的女英雄,她的革命生涯是从上海,从静安开始的。

求学爱国女校

1915年农历10月,她出生在福建龙溪贫困家庭,由于多子女,父母忍痛将她卖给印尼侨商李瑞奇在家乡治病的妻子。后来她回印尼并读书,取学名李秀若。在就学期间,她目睹殖民统治者压迫华侨和当地人民,在爱国华侨老师的教导下,使她幼小的心灵中萌发出反抗殖民统治和爱国的感情。

1929年她在养母带领下回故乡读书,后来又到厦门集美女中学习毕业。学习期间,她性格倔强、开朗,颇有男子汉气概。九一八事变后,她萌发了投笔从戎报效祖国的决心。

李林

过了五年,她来到上海爱国女中读高中。在校园内,她格外惹人注目,一不烫发,还剪成男式;二脸上不涂脂抹粉;三穿着朴素大方。虽然有人不理解,但还是赢得部分同学钦佩。她们一起读进步书籍,探讨问题,唱抗日

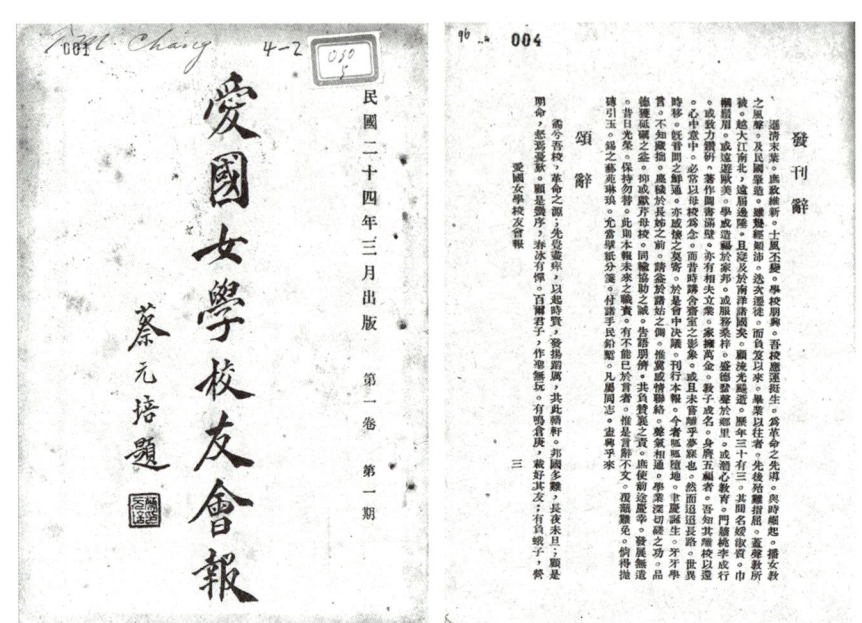

蔡元培题名的爱国女学校友会报和发刊词

救亡歌曲，参加体育锻炼。面对民族的屈辱，人民的痛苦，更使她们痛心疾首，忧心如焚。出路何在？她们一起讨论，寻找答案。在苦闷之时，她们结识了一名在同班学习的进步学生胡文新（方铭）。胡很关心大家的进步，她曾将复旦"社联"支部的秘密传单带到爱国女中阅览室，夹在杂志里面。李秀若她们通过各类文艺作品和杂志，学习革命思想。为了活动方便，胡文新和李秀若等几个同学在学校附近租了一间小房间，秘密学习讨论党的文件，例如《为抗日救国告全体同胞书》等，不断提高觉悟，并表示要以实际行动投入抗日的洪流去锻炼，不久她们被吸收为"社联"成员。

参加爱国运动

1935年12月，北平爆发了一二·九爱国学生的抗日救亡运动。爱国女中学生在"社联"小组的发动和领导下，成立了爱国女中学生救国会。12月20日，他们参加了上海中学生救国联合会组织的全市中学生向国民党政府请愿，虽然受到帝国主义租界当局的阻拦、冲击，但李秀若始终精神抖擞地冲锋在前。当游行队伍走到外滩外白渡桥时,受到一大群巡捕阻挡,她毫无畏惧地高呼:"同学们,不要怕,冲上去!"冲上去,退下来,多次反复,她们被迫退到桥边。她的一只鞋被挤落到河中,仍光着脚,忍着饥寒痛苦继续与敌人搏斗,终于和大家一起完成游行任务。抗日救亡运动的实践,使李秀若悟出了共产党才是真正的爱国者,有共产党的领导,中国不会亡,由此她萌发了寻找共产党的渴望。不久,她加入了抗日救国青年团(这是中共党组织根据党中央要求,将大、中学校"社联"和共青团合并为抗日救国青年团,简称抗青团)。她兴奋地说,我现在不再是一个人了,而是整个革命组织中的一个细胞,我感到有无穷的力量。

1936年3月,李秀若和部分同学参加纪念"三八"国际妇女节活动,著名爱国人士何香凝、史良等都参加大会。会后进行游行示威。回到学校,遭到学校以违反校规,擅自参加游行为由,要开除她们,她们据理力争,驳斥校方,使校方不得不收回成命。

牢记爱国宗旨

"三八"节后,李秀若等同学按照抗日救国青年团的布置,办了平民夜校。她是办校骨干并兼任教师,在办学过程中,她直接接触了工人,更了解工人们的生活。这年暑假,她又参加了上海学联组织的大中学生暑期抗日宣传队,以话剧、歌唱的形式宣传抗日。她们沿着沪杭铁路来到松江县。国民党松江县政府下令禁止宣传活动,李秀若和同学们与国民党特务开展面对面斗争,她跳上台阶高声向群众宣传"同胞们,老乡们,日本帝国主义占领我们的东北,现在又将占领我们华北,中国面临灭亡的危险,为什么政府还不准宣传抗日?为什么卖国有赏,爱国有罪?"她讲得激昂慷慨,声泪俱下,感动了群众,吓坏了反动当局,他们强行把同学们拉上火车,押回上海。这时李秀若的同学们处境很困难,决定离开上海,到五四和一二·九运动发源地——北平去继续学习。离开上海前大家提议李秀若改名字,有个同学说,你平时十分崇敬列宁,那么就用列宁的中文谐音"李林"为名吧。她很高兴接受这个建议,从此改名为李林,并自勉要当列宁的好战士,夏伯阳式的射击手。

献身爱国事业

1936年下半年，李林来到北平。通过努力她考取了国民学校。但是国民学校贯彻国民党的反动教育方针，李林十分失望，经常在图书馆与进步同学一起阅读进步书刊，议论时政形势，还投入爱国学生运动，参加北平学联举行的示威游行，游行时受了伤，仍坚持斗争。现实斗争锻炼了李林，使她逐渐成熟，当年12月，她光荣地加入中国共产党，成为一名共产主义战士。接着李林被党派去山西太原参加"牺盟会"举办的军政干部训练班学习。

1937年7月7日，全面抗战爆发，李林积极要求上前线，最后被派到雁门关前线，从此，整整三年多时间，她日夜奔波转战在平鲁、右玉、山阴、偏关、绥南一带，宣传、发动、组织群众抗日，培养地方干部，建立人民武装，战斗在长城内外，为开辟和巩固晋绥抗日根据地做出了重要贡献。1940年4月下旬，日寇集中大批兵力突然向边区腹地进行扫荡，为了让大部队突围，李林带领少量骑兵杀入敌人包围圈，大部队脱离了危险，李林陷入了困境，由于寡不敌众，在歼灭大量敌人后，李林向自己射出了最后一颗子弹。时间定格在1940年4月26日。

李林，在爱国女中遇到了共产党，这是她一生中的历史转折点。在党的培育下。她由一个爱国的归侨青年学生，逐步成长为一个坚定的共产主义战士。她像一颗种子，在上海，在静安生根发芽，移植到山西雁北，开出了一朵壮丽的鲜花。

胡乔木为爱国中学的题词

芬芳桃李姐妹情

——青年会女工夜校的故事

三和里,因三人合建得名,始建于1929年,位于原公共租界小沙渡路(今西康路)894—910弄;而弄内21至23号,早在全民族抗战爆发之前,就有中共地下组织借用基督教女青年会的名义开办女工夜校。

女青年会是基督教办的。该会的总干事、干事中有一部分有民族正义感的人,同情和支持我们党所开展的群众工作,如总干事蔡癸(陈望道的夫人)。后接任蔡癸的是邓裕之(现全国政协委员、全国女青年会总干事)。有些干事则直接由党组织安排担任,如1936年安排北大学生、中共党员张淑仪(现在全国妇联)到女青年会担任干事之职。[1]

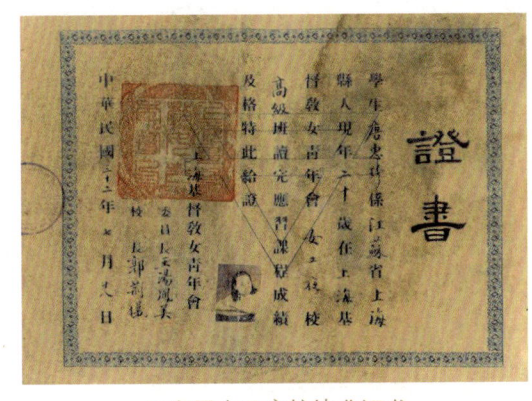

三和里女工夜校毕业证书

在三和里主持开办女工夜校的张修是从广州来的。她1934年9月加入中国共产党,1935年上半年跟邓洁等人被组织上派去女工夜校教书。当时,基督教女青年会"在工人区办了几个女工夜校:沪西小沙渡路一所,浦东一所,杨树浦一所,提篮桥兆丰路

---

[1] 徐佩玲:《沪东女工夜校的一些情况》,原载《上海党史资料汇编》第二编上,上海书店出版社2018年11月第一版,第520页。

一所,曹家渡一所,菜市路一所,共六所,每所夜校都有几百名女工学生",我党地下组织便"陆续派了些年轻的女同志去当教师"。[1]

据张修回忆,她所在的三和里女工夜校,其实是一栋房子两块牌子,除了"女工识字班",也还有"托儿所"。三和里女工夜校的主办人,名义上是陶行知,由他的学生孙铭熏负责联系,实际上同其他许多女工夜校一样,都是由党的地下组织在抓。当时工人子弟入托不多,组织上兼办"托儿所",是想用工人子弟来掩护我们党的烈士遗孤抑或一些党内同志的孩子。那些同志夜以继日,埋头工作,实在是顾此失彼,忙不过来。

我们公开的身份是教师,除教书外,更主要的任务是开展革命活动。当我们去的时候,领导同志教育我们,一定要取得女工学生的信任,建立姐妹般的感情,条件成熟的时候就发展她们参加组织。[2]

当时的夜校学生,大多是纱厂女工。纱厂两班倒,一班十二小时,劳动强度之大,请读夏衍的《包身工》或看朱端钧的《星星之火》。她们只能是白天上班,晚上念书,念两小时书。或者一出大夜班,不回家休息,先赶来上课,尽管一脸疲惫,两眼满布血丝,仍认真听讲,听邓洁、张修们启蒙,给她们讲她们是最廉价的劳动力,是被压迫、被剥削的一类。她们的劳动成果被人无偿占有。她们"没有独立性和个性"。她们"仅仅为增殖资本而活着"。她们"只有在统治阶级的利益"需要她们活着的时候"才能活着"。所以,她们要想"抬起头来,挺起胸来",就要"消灭私有制","用暴力推翻全部现存的社会制度","炸毁构成官方社会的整个上层"。[3]

为了更多的接近她们,对她们有更深入的了解,我们经常到她们家去访问。她们的家多在工人区贫民窟。我们去访问总是受到热情的欢迎,

---

[1] 邓洁:《三十年代上海基督教女青年会的女工夜校》,原载《上海党史资料汇编》第二编上,上海书店出版社 2018 年 11 月第一版,第 523 页。
[2] 邓洁:《三十年代上海基督教女青年会的女工夜校》,原载《上海党史资料汇编》第二编上,上海书店出版社 2018 年 11 月第一版,第 523 页。
[3] 马克思、恩格斯:《共产党宣言》,人民出版社 2015 年 1 月版。

芬芳桃李姐妹情

三和里女工夜校学员合影

不但她们自己欢迎，她们的亲属也欢迎。在她们的家里能进行更深入的宣传和谈心，这对我们这些刚刚离开学校的女孩子是极好的学习和锻炼的机会。[1]

女工夜校还有每周一次的"工友团"活动，这是基督教女青年会的既定设计，邓洁、张修等人便因势利导，根据党组织的要求，有意识充实、丰富"工友团"活动的内容，对女工学生加强革命教育，诸如请爱国人士来做救亡动员，相互交流打工遭遇，愤怒控诉资本家的盘剥、欺凌。还有便是生动活泼的演讲比赛、文艺活动、教唱抗日歌曲、排演活报剧等，女工学生对于"工友团"的寓教于乐都有浓厚兴趣。她们特别乐见自己队伍的壮大，特别对自己活动的扩大影响有成就感，特别欢迎外校同学不请自来、共同参与她们的活动。这样的不请自来、共同参与，则又进而加强了各女工夜校之间的联

---

[1] 邓洁：《三十年代上海基督教女青年会的女工夜校》，原载《上海党史资料汇编》第二编上，上海书店出版社 2018 年 11 月第一版，第 524 页。

系、沟通、友谊和团结。

  团结就是力量。

  团结就是胜利。

  上海各女工夜校的学生，首先是小沙渡路三和里女工夜校的学生，就是这样"成了冼星海、吕骥发起组织的上海业余歌咏队的活跃分子"，就是这样"壮大了救亡的队伍，又通过参加救亡活动迅速提高了她们的政治觉悟"。[1]

---

[1] 邓洁：《三十年代上海基督教女青年会的女工夜校》，原载《上海党史资料汇编》第二编上，上海书店出版社 2018 年 11 月第一版，第 524—525 页。

以青春的热血　为革命鼓与呼
——胡乔木在培明中学点燃火种

1936年5月，培明中学迁到新闸路。8月，学校开学了，校图书馆阅览室来了一位24岁青年教师，他就是在杭州受到特务机关追捕来沪的改名为胡定九的胡乔木同志。

20世纪90年代的培明中学外观

我们学习虚怀若谷

胡乔木经常在阅览室里，观察并关心每一个来阅读的学生在看些什么书。他对来看书、借书的学生经常问，她们平时喜欢看些什么书，有时还帮助指点读书的方法，热情推荐一些进步书籍，如苏联的翻译小说、鲁迅和左翼作家写的小说。在介绍学生看进步书籍时，他还让同学另外备一本普通课本，以便有人来时作为掩护，同学们就觉得这位老师像个大哥哥。经过一段时间观察，胡乔木基本掌握了经常来图书馆借阅书刊的同学情况，便组织各班要求进步的同学成立了读书会，并按她们的水平高低来分组，每三四人或五六人一组，各组又按A、B、C、D分别编号，给她们轮流挑选阅读进步读物。为了丰富同学阅读资料，他开了书目让图书馆添置新图书，其中有艾思奇的《大众哲学》、有精装的《苏联版画选》，让同学们从图书中了解第一个社会主义国家。当时，参加读书会的一位高中同学和一位初中同学后来成为中共党员。

过了一段时间，学校聘请胡乔木任高中二年级的英语教师。通过他的任教，学生活动渐渐活跃起来，如出壁报，举办时事讲座，组织读书会，演出话剧《秋阳》《打回老家去》等，还进行一些球类比赛。他教英语不完全照搬课本，有时还选用美国独立宣言及有关巴黎公社的故事做教材，由他自己刻蜡纸、用手摇油印机印辅助材料，扩大了同学眼界，启发她们的觉悟。有时他还到初二年级上课，胡老师平易近人，讲课通俗易懂，深受大家好评。课余还与同学谈心，关心学生的家庭情况，引导大家看书读报。有时他还代课教语文，在课上他讲解进步作家的作品，介绍学生看《今日之苏联》、巴金的《家》、鲁迅的《彷徨》《呐喊》等书。学校规定学生记日记，胡乔木主动把学生日记拿去看，有的还写上批语，有表扬，有批评，启发同学深入思考社会问题，开展阶级教育，使大家在思想感情上与他越来越接近。

我们奋斗浩气如虹

在胡老师任教的初中二年级里，有几个同学很要好，很纯洁，他称她们为"一伙人"。胡老师殷切期望她们早些走上革命的道路，经常介绍进步书籍给她们看，在日常接触中不断地耐心地讲革命道理，如他讲：要做好事就要靠多数人的力量，不能光靠几个侠客。教育大家不要屈从命运，要与命运做斗争。并说，世界上有一个共产党领导的国家叫苏联，在那里，消灭了人剥削人的制度，大家一律平等，并带她们看苏联电影，使大家从感到好奇、神秘，直到产生了寻找党的愿望。

胡老师常常让这"一伙人"去校外听讲座、学歌曲、演话剧。1936年10月19日，一代文豪鲁迅先生逝世，对这位巨人的丧礼主持擘画，胡乔木尽了最大的力量，他动员培明师生前往胶州路万国殡仪馆吊唁。葬仪前导大旗上的大字"鲁迅先生葬仪"即为胡乔木手笔。培明中学暨附小师生排着长长的吊唁队伍，从南园慢慢走到万国殡仪馆，在被鲜花围起来的鲁迅遗体傍瞻仰遗容，并默默地走一圈。吊唁结束，胡老师又动员同学们参加送葬。那天有近万人参加，有宋庆龄、许广平、巴金、胡风等社会著名人士参加。一路上，大家唱着"打回老家去""五月的鲜花"等歌曲。由于为鲁迅送葬的两次活动当时都是合法的，参加同学很多，也很顺利。胡乔木于1984年6月致培明中学信中曾说："在为鲁迅先生送葬的队伍中，培明女中是人数参加得最多并一直坚持到底的单位"通过参加安葬仪式，大大提高了同学爱国主义思想。

太阳照临我们的肝胆

1936年12月12日，西安事变爆发，在那段时期，胡乔木工作十分繁忙，往往深夜才返回宿舍，他抓紧做教师工作，把教师团结在他周围，讲解时政，教师们对全民族抗日十分欢欣鼓舞，而对蒋介石事后写的《西安半月记》无不嗤之以鼻。同学们对西安事变的发生不理解，胡乔木通过座谈的形式向同学们讲解事变过程，使同学们了解事变发生的背景，知道了日本帝国主义在步步紧逼，东北父老兄弟姐妹受到侵略和压迫，饥寒交迫，国内不能再打内战，一定要团结抗日。

不久，地下党员罗叔章来培明任训育主任，胡乔木常和她商量工作，1936年12月底，罗叔章当时正在组织全校英语比赛，却接到反动当局指令学生参加庆祝蒋介石回南京的游行，罗老师在全校大会上慷慨激昂地对同学说，

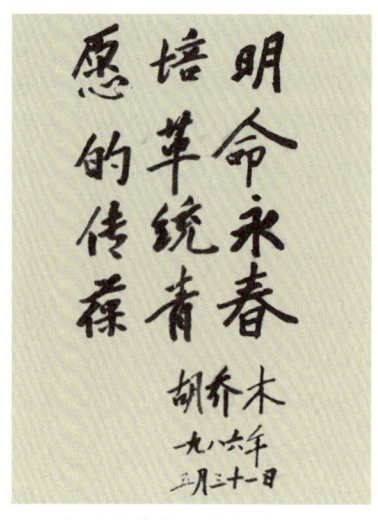

胡乔木为培明中学的题词

我们不参加,已经安排好的英语比赛不能停,但上面说,非去不可,我们决定每班只去四个代表,就这么应付过去了。

胡乔木在培明工作期间,重视团结教师,主执正义,受到教师信任。对学生和蔼可亲,讲课生动,受到学生爱戴。即使1937年初,他不再担任培明的教职,但仍住校继续工作,与其他地下党员一起启发学生的共产主义觉悟,鼓励大家献身革命。

此后,胡乔木离开学校到革命圣地——延安。临行前,他向进步老师赠言:书勉吾友,少年肝胆,壮年气魄,老年睿智。受到过他辛勤培育的同学对他的离开,依依不舍,觉得有许多话要谈。胡乔木在培明中学撒下的革命种子一天天茁壮成长起来,她们中不少参加了地下党,投身到革命洪流中建功立业。

光阴荏苒,山河故人。1986年5月31日,74岁的胡乔木回到阔别五十载的培明中学,在师生的热情簇拥下,他望着典雅庄丽的灰墙碧瓦,看着依旧青青的昔时草木,万千话语凝诸笔端,写下了这蘸满"情"与"义""血"与"火"的12个大字:

愿培明的革命传统永葆青春

"绝对不作无原则的让步"

——潘汉年与陈立夫在沧州饭店的国共合作商谈

沧州路原是上海公共租界的一条旧马路，位于静安寺路（今南京西路）以南、西摩路（今陕西北路）西侧，即原锦沧文华大酒店处。依沧州路而建的沧州饭店，是当年沪西最著名的豪华旅馆，更是重要的社交中心，名流云集，孙中山、严复、胡适、赵元任、郭沫若、郁达夫、梅兰芳和程砚秋等都曾在此下榻，泰戈尔访问中国时，徐志摩曾在这里接待过他；1931年埃德加·斯诺与美领馆职员海伦·福斯特在沧州饭店相遇，第二年结婚，后分别以《西行漫记》和《续西行漫记》享誉世界。

沧州饭店旧照

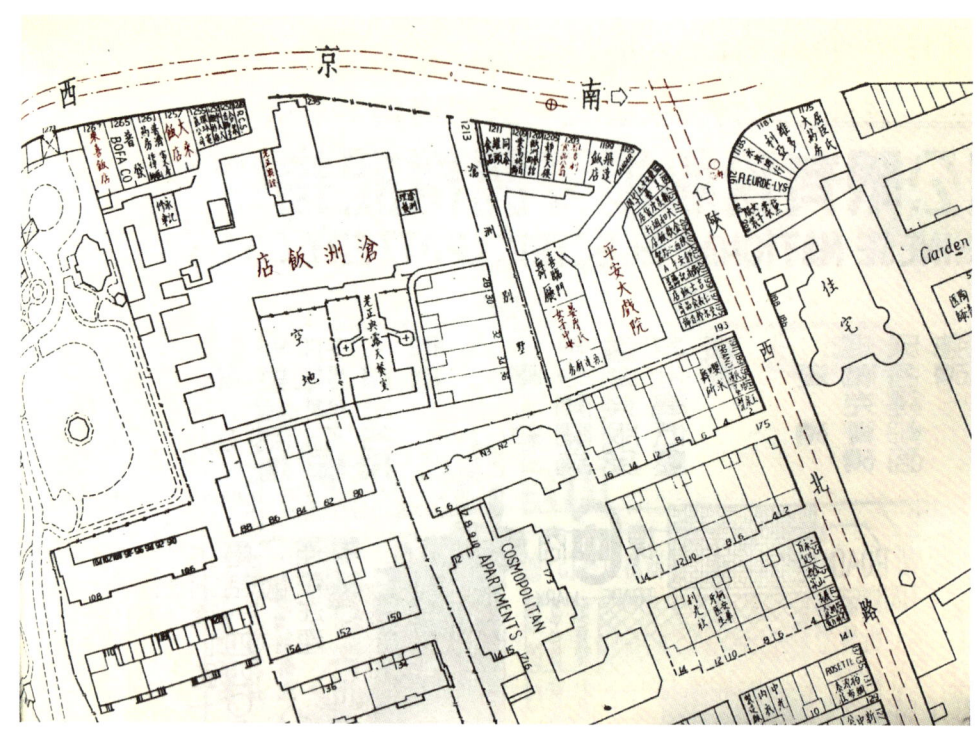

沧州饭店位置图

风花雪月之外,沧州饭店还是中共党史中一个特殊的坐标,1935年12月,瓦窑堡会议做出了关于建立抗日民族统一战线的决议,得到了全国人民的拥护。迫于日益高涨的抗日救亡运动的压力和调整对外关系的需要,蒋介石也开始派出代表与中共方面联系接触。国共两党于1936年间在莫斯科、南京、上海等地,就合作抗日问题,进行了一系列秘密会谈,为抗日民族统一战线的形成奠定了基础,其中一处会谈地点,就在沧州饭店。

1936年9月,潘汉年被中国共产党任命为谈判代表,前往上海与国民党方面会谈。他出发时只是作为国共谈判"联络代表",为周恩来同国民党高级领导人的直接谈判做准备,"不负任何谈判责任"。但是,蒋介石于10月解决了两广事变,对中共采取军事压迫和政治解决双管齐下的办法:一方面加紧围剿陕北红军,另一方面由曾养甫出面邀请周恩来飞广州进行谈判。中共方面随即表示,"立即下令暂时停止西北各军向红军进攻,双方各守原防,以便互派代表举行谈判","至于周恩来飞赴广州会谈,在确保安全的条件下是可行的,在双方主要代表未会谈前,我方拟派在沪的潘汉年先与陈立夫、曾养甫会谈"。10月14日,中共中央正式任命潘汉年为中共谈判代表,成为中共方面与国民党方面谈判的最高代表。

11月10日,在上海沧州饭店,国共双方的高级代表——陈立夫和潘汉年,一个是国民党CC派首脑,一个是中共要员,终于在上海晤面。潘汉年向陈立夫递交了周恩来的亲笔信,正式表明他是中共中央指派的联络代表。周恩来在信中对陈果夫、陈立夫兄弟寄予厚望:"两先生为贵方党国中坚,领导党议,倘能力促蒋先生停止内战,早开谈判,俾得实现两党合作,共御强敌,则两党之幸,亦国家之幸也。"陈立夫看信后,意在弄清楚潘汉年在谈判中的身份,便问潘汉年:"你是代表周个人或代表毛?"潘汉年干脆地回答道:"我代表整个苏维埃与红军来与南京政府及中央军谈判,并非代表任何人。"并根据《国共两党抗日救国协定》的草案讲了国共合作大概条件:两党应合作抗日,建立全国抗日救国联合阵线;停止内战;建立两党代表组成的联合委员会,作为经常接洽与讨论之机关;双方保持政治上、组织上之独立性等。

陈立夫声明代表蒋介石做了答复:第一,既愿开诚合作,就不好有任何条件;第二,对立的政权与军队必须取消;第三,目前可保留3 000人之军队,师以上领袖一律解职出洋,半年后召回按材录用,党内与政府干部可按材适当分配南京政府各机关工作;第四,如果军队按上述处置,则你们所提各项政治要求都好办。他讲完后,笑问潘汉年道:"这条件恐不易接受吧?"

蒋介石也深谙"枪杆子里面出政权"的道理,所以这些条件的目的便是要解除中共的军事力量。这一无理要求,被潘汉年笑着针锋相对:"这是蒋先生站在剿共立场的收编条例,不能说是抗日合作的谈判条件。"他强调道,"这样消耗国力的内战,眼见一时尚无停止可能,日本乘机进攻之野心当亦继续无已,南京日来标榜之决心抵抗,未知从何做起,历史上未见对外对内两重战争可以同时并进,先生以为如何?"

陈立夫见他态度坚决,便向潘汉年试探提出,蒋介石的要求是必须解决军事问题,既然目前谈判二人都非军事当局,难有结果。不如请可以全权代表军事的周恩来亲自出山面谈。

潘汉年干脆回应:"如蒋先生无谈判合作之必要,我想他不会来。"

陈立夫劝诱道:"蒋答应如周出来,他可以和周面谈,或者那时蒋先生条件不致太苛也难说。"

潘汉年不为所动，笑着反问道："那么要不要把蒋先生所提收编各点同时打电报给里面呢？"

陈立夫有意绕圈子："那要看周到底愿不愿与蒋亲自谈。"

潘汉年断然拒绝："如不把贵方意见提出，仅说蒋愿见他，岂不是我骗他出来，何况正在交战激烈之际，暂时停战问题不解决，我想他是无法出来。"

至此，陈仍坚持双方军事负责人先谈，潘则要求先无条件停战，双方陷入僵持，为了打破局面，潘汉年话题一转，向陈提出：两党合作谈判一时难以成熟，可否与陈先生所管各种的政治问题，其中包括反政学系、汉奸等局部问题先谈判，以形成将来整个合作的基础。陈立夫没想到他竟然会提出这种问题，良久才答复："这是不可以，必须整个来谈，必须在唯一领袖意旨下来进行工作。还是请你先打一个请恩来出来的电报。"潘汉年看话题止步不前，只能表示考虑陈立夫的提议，第一次谈判未能收到任何实质性的结果，就此不欢而散。

一天后，潘汉年以"小K"的代号，将与陈立夫谈判的情况电告毛泽东等中央领导。这份文字奇迹般地保存了下来，并在1993年第5期《党的文献》上首次公之于世，使沧州饭店这次谈判的场景得以重现。

沧州饭店谈判后，潘汉年根据中共中央和毛泽东制定的既定谈判原则"愿以战争求和平，绝对不作无原则的让步"，与陈立夫在南京、上海进行过多次谈判。由于国民政府并无任何谈判诚意，此后的秘密接触也并没有达成任何协议，直到西安事变爆发，国民党才真正坐到谈判桌前，开始与中共商谈合作抗日问题。在民族危机深重的年代里，潘汉年在中国共产党的领导下，为推动第二次国共合作的实现，为挽救民族危亡做出的可贵贡献，值得人们永远铭记。

巨浪扁舟
——"李公馆"的故事

1937年8月底,根据国共双方在南京谈判期间达成的协议,以红军驻上海办事处和中共上海办事处人员为基础,八路军驻上海办事处公开组建,简称上海"八办",经历了从国统时期公开的"八办"到沦陷时期秘密的"八办"这两个重要的阶段。

上海"八办"从成立至上海沦陷前,直属驻南京的中共中央代表团领导,根据周恩来的指示,"八办"负责上层统战、文化宣传、营救和安排出狱的政治犯、情报机要工作。工作地点设在福熙路多福里(今延安中路504弄)21号,对外称"李公馆",这是一栋砖木结构、坐北朝南的二层楼老式石库门房屋,一楼东厢房是会客室,二楼东厢房是卧室,后楼是报务员、译电员宿舍。

20世纪90年代的八路军驻沪办事处旧址

上海"八办"成立之初,由李克农任主任,冯雪峰为副主任,刘少文为秘书长。8月27日,李克农离沪去南京就任"八办"主任,潘汉年接任上海"八办"主任一职,他依靠独特的人格魅力和非凡的工作能力,在上海"八办"岗位上,为宣传中共政策、为抗日根据地争取支援做出了重要贡献。

潘汉年

潘汉年把宣传教育工作、上层统战工作和对国民的团结争取工作与群众性的抗日救亡运动密切地结合起来,争取上海各界人民的同情和支持。他联络国民党主管上海文化工作的潘公展,以上海抗日救亡协会的机关报名义刊行《救亡日报》,由郭沫若任社长,夏衍主笔,发行极广,这是中共首次在国统区获得公开合法的宣传阵地。他以"八办"主任的身份,看望"七君子"之一的沈钧儒先生,宣传中共的主张,沈钧儒深受感动,代表"七君子"表示:"我们和你们之间是心心相印的关系。"他通过宋庆龄、何香凝等人的帮助,向上海各界募集了大批物资,支援八路军。据不完全统计,经八路军驻上海办事处转给八路军的捐款就有80多万元。1937年10月28日,潘汉年以"八办"主任的名义,致函担任上海市各界抗敌后援会主席团成员兼筹募委员会主席的杜月笙,说明八路军"开入晋北,血战经月,已迭予日寇重创",但因为"经费限制,防毒装备缺乏","渴望后方同胞捐助防毒面具"。杜月笙随即召开抗敌后援会主席团会议并通过决议,将价值1.6万元的1 000具刚从荷兰进口的防毒面具捐赠给八路军将士使用。

1937年11月12日,上海失守,郭沫若、沈钧儒、沙千里、胡子婴、邹韬奋等著名爱国人士的安全撤退,都是潘汉年、刘少文一手经办的。夏衍有过回忆:"就在上海沦陷这一天,潘汉年要我到办事处去,他和刘少文一起,正在和沙千里、胡子婴谈话,我参加了进

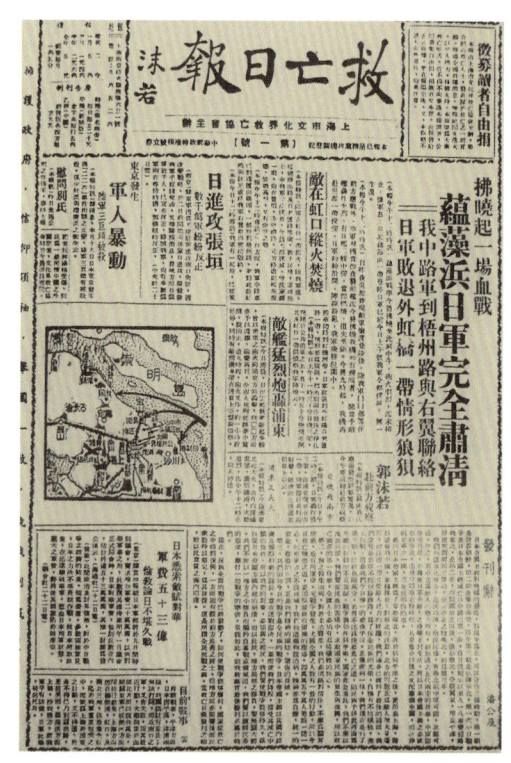

《救亡日报》

去，只听得胡子婴在说：'目标最大的，是沈老（钧儒）和（邹）韬奋，日本人和汉奸是会下毒手的。'显然，他们分明是在讨论头面人物从上海撤退的问题。……"1937年11月底，潘汉年撤离上海后，刘少文继任"八办"主任，开始主持办事处的全面工作，在上海坚持斗争，直至1939年底。

上海沦陷后，八路军驻上海办事处转入半公开和地下活动，并迁址萨坡赛路264号（今淡水路192号），这是一幢沿街坐西朝东的3层楼房。刘少文、孟进夫妇居住于此，译电员朱志良以学生身份住进3楼亭子间，佯称刘少文为"叔父"，孟进为"婶母"。刘少文早年留苏，参加过长征，还有丰富的统战经验，同各抗日团体上层人士保持着密切联系，在工商实业界等各界人士中有较高的影响力。他与宋庆龄组织的"保卫中国同盟"上海分会筹备工作负责人吴大琨有较多的接触，还到鲁迅夫人许广平家，向上海妇女救国会骨干讲解毛泽东的《论持久战》。在刘少文推动下，中华职业教育社上海办事处与其他爱国团体两度组织"上海各界民众慰问团"慰问皖南新四军，各爱国团体募集龙头细布7 000匹和大批棉衣、棉鞋。中华职业教育社社员、茅麓农场经理纪振纲在国民党军退出上海时，收买了一批枪械，原打算自己办"民团"，由于淞沪周围很快沦陷，便想把枪械交出，在刘少文的工作下，这批枪械经由"上海八办"移交给新四军，大大提高了军队战力。

为冲破日伪政权的新闻封锁，刘少文通过文化界的秘密党员和进步朋友组织出版《译报》《长征画册》等进步书刊。他指导和支持汪衡、胡愈之等翻译了埃德加·斯诺的《红星照耀中国》，并在会见斯诺后，对书中的照片和内容做了注释，亲自修改译文，为应付租界的阻挠禁毁，将书名改为《西行漫记》。为保护鲁迅文稿，刘少文根据党中央指示积极赞助出版《鲁迅全集》，《钢铁是怎样炼成的》也是刘少文嘱托身边工作人员梅益翻译完成的。

除公开工作外，八路军驻上海办事处的一项重要任务是收集情报。在抗日战争初期，上海"八办"的电台在情报传递方面发挥了重要作用，情报系统和上海地方党组织与中共中央联系往往都通过"八办"来完成，早期电报皆由潘汉年亲自起草并发送。刘少文在任办事处秘书长时，专门负责机要电报和情报的处理，并在潘汉年离沪后接管了上海情报工作，还与新四军建立了无线电通讯联系，1938年新四军第一支队东进至溧阳竹箦桥一带时，刘少文领导的上海情报组织就把当地敌军的详细情报送达司令员陈毅手中，陈毅看了情报高兴地说："这份情报太好了，现在我们有了眼睛，不再做瞎子了。"

1939年11月，刘少文奉上级指示撤离上海，八路军驻上海办事处被撤销，工作人员转入地下。经李克农、刘少文回忆或踏勘，并访问附近居民确认，1962年9月7日，延安中路504弄21号（原福煦路多福里）被上海市人民政府公布为上海市文物保护单位。这所历经时代风云变幻的建筑，如今仍有居民居住，平静得仿佛一切从未发生。可历史不会忘记，存在于1937年8月至1939年12月的八路军驻上海办事处，作为抗战时期中共中央派驻于上海的特殊机关，在残酷的环境中不辱使命，坚持斗争，如同动荡时代的一叶孤舟，以单薄的力量顽强推动了抗日民族统一战线的发展和壮大，书写了上海在中国共产党领导之下的抗日救亡运动的壮烈篇章。

统一战线"三人团"

——中共上海临委和群委的秘密活动

1935年夏,中共上海中央局接连遭到几次大破坏后基本停止活动,江苏省委也由于接连遭到破坏,上海统一的地方党组织不复存在。中共中央非常重视上海党组织的恢复重建工作,1936年4月派冯雪峰到上海开展抗日民族统一战线工作,了解上海地下组织情况。

上海临委机关地点设在王尧山、赵先夫妇家中

1936年4月冯雪峰到上海后,会见了鲁迅、宋庆龄、茅盾、沈钧儒、史沫特莱等,并同何谷天、王学文、邓洁等共产党员建立了联系。冯雪峰还通过鲁迅找到左联党团成员王尧山做助手,做好重新筹建上海党组织的准备工作。

7月26日,中共中央政治局常委会议讨论上海党组织的工作,认为冯雪峰的任务主要是进行上层统战工作,上海党组织的组建工作另外派人领导。根据中央的指示,9、10月间成立中共上海办事处,潘汉年任主任、冯雪峰任副主任,主要开展统战工作和情报工作。

年底,在冯雪峰的直接领导下,成立中共(上海)临时工作委员(简称上海临委),王尧山任书记,林枫、沙文汉为委员。上海临委的机关地点就设在威海卫路(今威海路)720—722号王

冯雪峰

中共（上海）临时工作委员会活动地点旧址旧照

尧山、赵先夫妇的家中。

上海临委的主要任务是清理和整顿上海各系统的地下党组织，为重建上海地方党组织做准备。经过冯雪峰审查后的中共地下党员，其中有条件在上海做长期隐蔽工作的交给上海临委，其余的就由上海办事处分配搞公开的救亡活动，或介绍到延安等地工作。

筹建上海群众团体工作委员会

1937年5月，中共中央安排曾在上海工作过并有丰富斗争经验的刘晓，出席在延安召开的白区党代表工作会议，学习党对白区工作的基本方针和斗争策略。会议结束后，刘晓奉命担任重建上海党组织的重任。临行前，中央领导人毛泽东、张闻天等分别找他谈话。6月，刘晓途经西安时，周恩来曾两次找他详谈上海工作，给予具体指导。

6月下旬，刘晓抵达上海，先与冯雪峰、潘汉年接上关系。他们经常碰头商谈工作，联络点就在上海临委处。七七卢沟桥事变爆发前，中共中央的通电如《停战议和一致抗日通电》《中国共产党致中国国民党书》等，都由这里复写分寄到上海各报社公布；中共中央领导同志写给国民党要员张群、程潜的信，也都从这里发出。

7月，根据党中央电示，刘晓、冯雪峰、王尧山三人组成中共上海共产党组织（史称中共上海三人团），作为中共在上海的领导机构。刘晓主持全面工作，王尧山协助，冯雪峰重点转向协助潘汉年负责的中共上海办事处，开展统一战线和文化界工作。

中共上海三人团建立后，分批逐个对上海临委联系的160多名党员进行细致审查。第一批审查通过的有林枫、马纯古、沙文汉、陈修良、王任叔、顾准、陆志仁等30人左右。

八一三淞沪抗战爆发后，为加强对上海抗日救亡运动的领导，刘晓决定在上海三人团下建立群众团体工作委员会（简称群委）。经中央书记处批准同意，群委书记为王尧山，沙文汉、王翰、陈修良、王洞若、彭柏山为委员。群委的筹建地点也在威海路王尧山、赵先夫妇的家中。

江苏省委重建后该处机关撤销

经中共中央批准，1937年11月在中共上海三人团的基础上，重建中共江苏省委，刘晓任书记，王尧山任组织部部长，沙文汉任宣传部部长，张爱萍任军委书记。江苏省委领导上海市和江浙两省沿沪宁、沪杭铁路线地区的党的工作和开辟敌后武装斗争。江苏省委开会及机关活动地点随着王尧山、赵先的住址变化而搬迁他处。

江苏省委正式成立后，上海临委的任务完成，群委取消。1937年12月，王尧山夫妇搬离

王尧山

威海卫路住处，这里成为普通居民住宅。

上海临委在整顿和恢复上海党组织中发挥重要作用，也是重新组建的江苏省委的主要基础。在中共江苏省委领导下，经过两年多努力，到1939年底省委所属党员已从成立时的130余人发展到2 310人，成为上海抗日救亡运动的骨干力量。

最后一课

——季沄和暨南大学的故事

众所周知，国立暨南大学，海外华侨第一学府，清末创办于南京，1923年迁址上海真如。

1937年8月13日，侵华日军进攻上海，暨大的真如校舍毁于战火，被迫迁入租界继续办学，定址在康脑脱路（今康定路528号），面积不到原校舍的十分之一。

暨大的康脑脱路校舍是一幢三层的白色小洋楼，底层有卷拱门窗，二楼设西式栏杆阳台，三楼上部还加盖了一层阁楼。

当时暨大集中了一批傲视国内学界的泰斗级人物，其中尤为著名的有大文豪郑振铎。

郑振铎是1935年春到的上海，应邀就任暨大文学院院长兼中文系主任。

郑振铎一面从事教学工作，一面投身抗日救亡活动，与蔡元培、胡愈之、萨空了、应云卫、赵景深、茅盾、张志让、沈兹九、巴金、黎烈文、欧阳予倩等人共同发起成立上海文化界救亡协会，组织复社，出版《鲁迅全集》，主编《民主周刊》。

1940年3月，汪伪政权在南京成立，试图拉郑振铎下水，既指使一个熟识郑氏容貌的特务到上海执行绑架任务，又派出一队日本宪兵偷袭静安寺路庙弄（今南京西路1634弄）郑宅，逼迫郑振铎离家出走，易名蛰居。但暨大的课，他还是照上不误。他甚至仍给"高足"季沄开"小灶"，应允她每"星期天"去他密不宣人的隐居处学习。

季沄，1921年生，江苏南通人，一个热血满腔的进步青年，孜孜不倦的好学女孩。1940年，季沄加入中国共产党，同年夏中学毕业，毕业于上

季沄

海通州中学（即原江苏省立南通中学）高中部，旋即考入暨大教育系，拜郑振铎为师，不仅"常到郑振铎家学习，后来也在《文汇报》和《大公报》上发表过文章"。而"她的住处"也就"成为暨大地下党学生支部开会、学习、研究工作的秘密基地"。她也相继担任中共暨大学生支部委员、书记。

1941年12月8日，日军侵入租界，暨大董事会紧急会议做出关闭学校的决定，以示对日寇侵略的抗议。郑振铎走进教室，先向包括季沄在内的所有同学宣布校董事会的决定："只要看到一个日本兵或一面日本旗经过校门口，立即停课，关闭校门。"随后他照常讲课，讲得格外认真、紧凑，好像要在这一课时里把所有的知识都教给学生。同学们的听课也特别专注，拿着笔记个不停，仿佛要把郑振铎所传授的知识全记下来，因为他们都明白这是最后一课，这一课的每一分秒无比金贵。

蓦地，窗外街上传来"沉重的车轮碾地的声音"。郑振铎一眼瞥见"有几辆满载着日本兵的军用车，经过校门口，由东向西，徐徐地走过，当头一面旭日旗，血红的一个圆圈，在迎风飘荡着"，便毅然合上书本，以凝重的口气宣布："记住，这是上午10点30分，现在下课。"季沄等学生全体起立，有的望着窗外的日本军车，紧紧握起拳头；有的用手背抹去无声泪水，眼里灼燃愤怒火焰——

没有一个学生有什么要问的，没有迟疑，没有踌躇，没有彷徨，没有顾虑。个个人都已决定了应该怎么办，应该往哪一个方向走去。

赤热的心，像钢铁铸成似的坚固，像走着鹅步的仪仗队似的一致。从来没有那么无纷纭的一致的坚决过，从校长到工役。

这样的，光荣的国立暨南大学在上海暂时结束了她的生命，默默地在忙着迁校的工作。[1]

---

[1] 郑振铎：《最后一课》，四川文艺出版社，2016年1月。

1942年，暨大内迁，季沄转入江苏省立教育学院文史地专修科，读二年级。

抗战胜利后，季沄从苏州调回上海，然后再调台湾，与"新婚的爱人同志"[1]一起漂洋过海，分别担任中共台湾工作委员会领导职务。

1949年12月31日，20世纪40年代的最后一天，新中国元年的最后一夜，张志忠、季沄

关于季沄被杀害的新闻报道

1950年11月10日，季沄生前写的最后一封信

---

[1] 蓝博洲：《台共党人的悲歌》，中信出版社，2014年。

夫妇双双被捕，锒铛入狱。

　　张志忠、季沄夫妇最终牺牲在同一个马场町刑场上，相隔28个月，由同一支台北宪兵队行刑。

　　季沄的忌日是1950年11月18日。

　　张志忠的忌日是1954年3月16日。

　　季沄死在凌晨6时，破晓时分。

　　张志忠死在下午2时30分，尚是未时。

　　季沄生前的最后一封信是写给儿子小羊的。她随信寄给儿子一张画，"一张台中张（金杏）阿姨"画的小羊画像，要儿子"请阿叔找张玻璃纸罩在上面，贴在墙上，小羊对小羊说话：'爸爸妈妈都不在家，小羊不要哭，和阿卿一同好好玩。礼拜天，爸爸妈妈就坐火车回家了！'"。

灶披间里的秘密排字房
——《团结》周报的故事

时至今日，再无太多人知道租界时期的泰兴路曾叫麦特赫斯脱路。同样，即便而今有人知道租界时期的泰兴路曾叫麦特赫斯脱路，亦未必更多知道这一条不太长的南北向路上有过一条骏蔚里，即今泰兴路587弄，或武定路166弄。然而，这一条不太长的南北向路上不仅有过一条南北各有开口的骏蔚里，而且那里还有过一个排字房。一个名叫彭元顺的工友，就是于1937年12月至1938年11月，在那一个跻身灶披间的秘密排字房里，排出了40余期《团结》周报，既及时报道国内外时事新闻，又详细介绍、宣传中国共产党的抗战主张，深入浅出地分析、评论政治形势，帮助广大民众认清抗战前途，团结各阶层人民进行持久斗争。

记得一九三七年十二月初，胡愈之、王任叔同志约我谈话，胡愈之同志说："我们要以上海各界救亡团体的名义，创办一

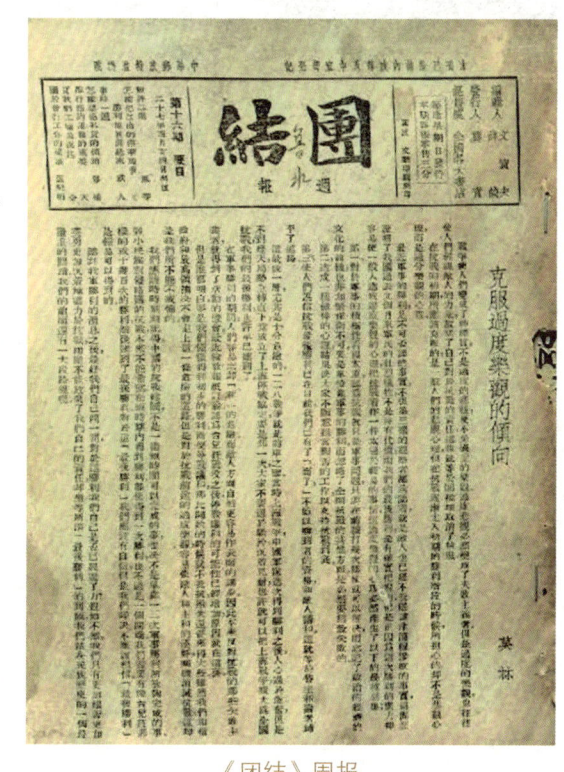

《团结》周报

个秘密发行的刊物,宣传、动员和组织上海市民争取实现全面抗战,为了便于群众阅读,刊物宜用三十二开本。"说完,愈之同志有事先走了,接着王任叔同志给我布置了创刊号的编辑、印刷等工作,并要我负责办好这个刊物。[1]

潘芳,原名潘蕙田,早年留学德国并入党,1937年12月参与上海各界救亡协会《团结》周报创刊并任主编。

胡愈之

潘芳主编的《团结》周报,既是党的喉舌,有胡愈之、王任叔(笔名巴人)、潘汉年、刘少文(笔名铁人)等人挤时间撰稿,大力宣传党的抗战主张;又有恽逸群(笔名群)、杨潮(笔名易卓)、钱纳水(笔名金声)等社会名流、文化界人士发声,各抒己见,直抒胸臆。《团结》周报既刊登各行各业人民大众热切关注的国内外要闻消息、时事评论和救亡动态,又络绎开辟报告文学、救亡常识、杂文、图片、漫画等栏目,以短小精悍的文体、活泼流畅的笔调、图文并茂的形式,吸引广大读者的兴趣,增强刊物自身的趣味性和感染力。

王任叔

《团结》周报最初几期是在靠外滩一条斜街上的"光明"印刷厂排印的。厂里的工友瞿伯礼对排印《团结》周报非常热心,每当我们需要赶早排版和改版遇到困难时,他总是出来帮忙解决。有一次,老瞿为我们排版,排到深夜两点。当我校好清样步行回家时,走到跑马厅一带,巡捕已经将道路戒严

---

[1] 潘芳:《关于〈团结〉周报的一些情况》,原载《上海党史资料汇编》第三编下,上海书店出版社2018年11月第一版,第1020页。

灶披间里的秘密排字房

了，老瞿把我送到附近的一幢楼房底层，一直等到解除戒严。[1]

那之后，组织上便有意另行择址，创办一个自己的秘密排字房。瞿伯礼跟另一位工友彭元顺商量，两人打算自己集资，拿出一百多块钱来。潘芳这就上报胡愈之，亦让组织上予以资助。

我为他们这种积极性所感动，完全赞成他们的计划，立即请示了胡愈之同志。他同意建一个排字房，并指示我向张宗麟同志预支了一百多块钱。我把钱交给了两个工友，排字房就办起来了。排字房设在英租界麦特赫斯脱路（现泰兴路）骏蔚里灶披间彭元顺工友家里。这时，组织上调蔡磊做校对。《团结》在这里排版后，由他们送到别的印刷厂去印。[2]

骏蔚里这个秘密排字房的出事是在1938年11月。那一天，《团结》周报在从印刷厂运出来的路上被租界巡捕搜查出来了，排字房被破坏，彭元顺被捕，潘芳立即向胡愈之、张宗麟报告。不待营救与转移工作跟进、展开，瞿伯礼和蔡磊也被捕入狱，严重影响到《团结》周报的出版、发行。

我对同志们的被捕非常难过，总觉得自己没有尽到责任。以后，孙冶方分配我到《译报》工作，接替扬帆（即殷扬）编国际版。[3]

《团结》周报的存在时间并不长，前后近一年，但"谨之又谨，慎之又慎"的工作态度还是长久影响着所有参与者。无论是当年的团结民众、持久抗战，还是后来的建设、改革、发展，之于那些从《团结》周报里走出的人们，从骏蔚里秘密排字房走出的人们，久远萦绕心头的，那便是奋斗即幸福。只有艰辛的奋斗，曲折的奋斗，方是光荣的，珍贵的，值得的。

---

[1] 潘芳：《关于〈团结〉周报的一些情况》，原载《上海党史资料汇编》第三编下，上海书店出版社 2018 年 11 月第一版，第 1022 页。
[2] 潘芳：《关于〈团结〉周报的一些情况》，原载于《上海党史资料汇编》第三编下，上海书店出版社 2018 年 11 月第一版，第 1022—1223 页。
[3] 潘芳：《关于〈团结〉周报的一些情况》，原载于《上海党史资料汇编》第三编下，上海书店出版社 2018 年 11 月第一版，第 1223 页。

涛声回荡，不朽的深情歌词者

——桂涛声与《在太行山上》

《歌八百壮士》曲谱

2020年8月21日，电影《八佰》上映。四天四夜，苏州河岸，"八百壮士"奉命坚守上海四行仓库，与日寇英勇顽强战斗的热血壮举看得无数国人血脉贲张、激情喷涌。

这不仅使人回想起也有一部民国时期电影《八百壮士》在武汉正式公映，它也曾唤起了国民万众一心、保家卫国，自强不息、抵御外侮的斗争精神。尤其是片中的主题歌《歌八百壮士》飘荡在中华山河大地，回荡在亿万人民心中。这首歌的结尾处有七个"中国不会亡"，这一次更比一次强烈的民族自警自省的呼声，不知使多少民众从迷雾中觉醒，从泥泞中奋起，坚定地投入抗战的洪流中，狠狠地打击日本军国主义的嚣张气焰。这首由著名歌唱家周小燕在武汉首唱的《歌八百壮士》词作者就是本文的主人公桂涛声，原静安区育才中学教师。

松涛之声：风雪压不屈

1906年，桂涛声出生于云南省曲靖的一个回族小山村，由于当地是回、

涛声回荡，不朽的深情歌词者

汉、彝、苗等多民族聚集的村子，使他从小就受到多种文化的熏陶，并在绘画、音乐方面显露天分。1923年以优异成绩考入云南省立师范学校。在学习期间，接触到新文化运动刊物《滇潮》和《共产党宣言》《反杜林论》《唯物史观》等进步书籍，从而使他的革命思想受到启蒙与形成，并积极投入学潮，于1926年被开除学籍。后经朋友介绍，参加云南地方军阀部队，既学习了军事知识和技能，又阅读了许多马列经典和革命书籍，从而更加接近党组织。1927年8月，他受聘于云南省立第三师范学校美术老师，在学生中传播马列主义，并借庆祝元旦之机，亲自编写和主演富有反封建思想的节目。不久即遭学校解聘。

1928年5月，桂涛声投笔从戎，参加广东韶关的国民革命军第16军任参谋处书记员。当部队转驻郴州时，他亲眼看到国民党军队肆意杀害无辜老百姓、尸横遍野的凄惨景象。革命理论的启示和目不忍睹的残酷现实，更坚定了他信仰马列主义的革命人生观。1930年5月，在中共党员吴登云的介绍下，桂涛声在郴州城的一个小餐馆里秘密宣誓，加入了中国共产党。他入党后，肩负党的使命在国民党军营中秘密策动官兵参加特殊战斗。当时国民党反动派加紧对江西中央苏区的

桂涛声

围剿，红军迫切需要军事人才，受党的指派，桂涛声和几位同在国民党潜伏的同志离开云南。

1931年，桂涛声以请长假为由，离开国民革命军第16军，转到上海进行地下活动，住在租界康定路的旅馆内，准备去江西中央苏区红军部队工作。在短期学习时，由于被特务窃听跟踪，5月15日不幸被捕，先后关押在上海提篮桥监狱、苏州反省院。在狱中，他吃尽苦头，然信仰弥坚，积极参加"政治犯"难友秘密组织的政治学习活动，还把监狱中传唱的《囚徒歌》按《苏武牧羊》的旋律做了修改，以音乐为抗争的武器，团结难友，共同斗争。

1935年10月，桂涛声从牢狱出来后，四处寻找党组织。1937年2月，他来到由爱国民主人士李公朴创办的读书出版社编辑部（即"三联"书店前身，石门一路吴江路）工作，积极参与上海文化界的革命宣传活动。也是从这里开始，他

为自己取下后来名扬天下的笔名"涛声"。因酷爱诗词,当他读到辛弃疾《菩萨蛮·补陀大士虚空》中"有怒涛声远,落花香在,人疑是、桃源路"时,回想四年半铁窗镣铐生涯,愿似松涛之声,虽历经风雪,依旧雄浑豪气,襟怀浩荡。

救亡之声:冲天斗志昂

1937年9月,桂涛声在李公朴创办的全民通读社担任战地记者,向国内外发了大量战地新闻、通讯。

1937年10月,桂涛声到武汉,在汉口参与《战斗》《救中国》两个杂志社的工作,创作过许多革命诗词。这时,桂涛声认识了音乐家冼星海,两人一起从事抗日救亡歌曲的创作。由于桂涛声日夜战斗在抗日斗争的最前线,丰富的生活源泉为他创作《在太行山上》《送棉衣》等提供了让人热血沸腾的歌词。

《做棉衣》歌词后经由冼星海谱曲,很快在武汉传唱开来。这首歌也使桂涛声与冼星海建立起深厚的革命友谊。

1938年4月下旬,桂涛声、冼星海等人住到八蜡庙,组建陵川抗日儿童文工团。一天凌晨3点,桂涛声、冼星海等人出发登佛山的王莽岭的山顶时,四周雾海茫茫,东望群山奔涌。破晓时分,一轮红日喷薄而出,霞光万丈,洒向苍松翠柏、千山万壑,山河一派多娇。面对此情此景,桂涛声顿感也有一轮红日正跃出自己的心海,一时无纸,他旋及掏出随身携带的香烟盒,飞速将一首词写在了包装纸上,经数次修改,成了《在太行山上》的歌词。

红日照遍了东方,自由之神在纵情歌唱!
看吧!千山万壑,铜壁铁墙!
抗日的烽火,燃烧在太行山上!
气焰千万丈!听吧!
母亲叫儿打东洋,妻子送郎上战场。
我们在太行山上,我们在太行山上;
山高林又密,兵强马又壮!
敌人从哪里进攻,我们就要它在哪里灭亡!
敌人从哪里进攻,我们就要它在哪里灭亡!

一天，桂涛声和冼星海在武汉一个茶楼喝茶，桂涛声介绍了自己的《在太行山上》歌词。冼星海看着歌词兴奋不已，他认为写得真好啊！不仅把爹娘妻妹四人送别抗日儿郎的场面，浓缩为"母亲叫儿打东洋，妻子送郎上战场"，既简练生动，又押韵顺口；而且歌词把太行山中游击健儿的紧张战斗生活和勇敢顽强、乐观开朗的性格描绘得生动鲜明。冼星海反复琢磨、构思，连夜谱写成一首二部合唱曲，兼有抒情性和进行曲风格，实现了战斗性与革命浪漫主义的有机结合。由此，一首抗战经典名曲诞生。征得桂涛声同意，这首歌曲最后定名为《在太行山上》。

《在太行山上》曲谱

1938年7月，七七事变抗战一周年纪念日将近，国民政府军事委员会第三厅计划在武汉主持一场群众歌咏大会。周恩来主动提出和冼星海一起试唱《在太行山上》。一曲唱罢，一旁的郭沫若连连赞叹："当年一曲楚歌吹散了楚霸王的八千兵马，今天这首《在太行山上》，一定会激励我国成千上万的老百姓打日本，形成敌人从哪里进攻，我们就要他在哪里灭亡的局面！"

从此，这首激情燃烧的战歌在太行、吕梁、五台山脉间飞扬，在晋察冀边区飞扬，在大江南北的19块敌后根据地飞扬。受到鼓舞和激励的千千万万民众，踊跃参军，主动奔赴抗日战场，为国奋勇杀敌。

1945年底，桂涛声由陕西凤翔前往上海。1946年，先在复兴中学任文史教员，8月到育才中学任教。由于他是颇有名望的诗人，创作过不少抗日歌曲，1950年至1977年，桂涛声兼任上海音乐协会副主席，为党的文艺工作做出了应有贡献。

三尺讲台上的"外婆"
——钱勤和三和里女工夜校的故事

1937年8月13日,第二次淞沪抗战打响,基督教女青年会开办在沪东、沪西、浦东和法租界的6所女工夜校,悉数关闭,在校师生纷纷转向难民收容和战地救护;直至1938年夏,租界里的社会秩序日趋常态,沪西小沙渡路、麦根路(今淮安路)和法租界的3所女工夜校方才开门复课,召回学生。

夜校校址,多是借用日校的教室,只能夜间上课。独有小沙渡路三和里学校的校址是上海女青年会自己的房子。这是一幢两楼两底的楼房,楼上是各个夜校教职员的宿舍,当时有六人固定住在那里;楼下是医务室和教室,可以早晚使用,因此,日夜倒班的女工也能够连续上课,不至于因为上夜班而中断学习。[1]

三和里女工夜校旧址旧照

对于三和里,张祺也有一个回忆,说到了三和里夜校在以女青年会劳工部名义所办的几所女工夜校中"规模最大,办的时间也最长。中共地下党员钱勤和黄纫秋就在这

---

[1] 罗晓红:《记一九三八年秋——一九三九年夏的上海女青年会女工夜校》,原载《上海党史资料汇编》第三编中,上海书店出版社2018年11月第一版,第923页。

三尺讲台上的"外婆"

所夜校里教书。汤桂芬当时在统益纱厂做工,她就是在这所夜校里接受革命思想、参加革命的"。[1]

汤桂芬,原名汤大心,曾用名汤关弟,1918年生,上海人,1927年进厂做工,先后做过内外棉五厂的养成工、内外棉十四厂的织布工、统益纱厂、永安三厂的挡车工,1940年加入中国共产党,1941年任中共统益纱厂支部书记。

汤桂芬在三和里夜校学习期间,三和里夜校一共办了三个班,分别为特级班、高级班和初级班。特级班相当于高小的文化水平,高级班相当于小学三四年级的文化水平,初级班相当于小学一年级的文化水平。各班教员都是专职,多是进步青年,过半共产党员,所以待遇虽低,但大家都是十分热爱,并不计较。

> 一群热血奔腾的女青年,他们中间有教员、有学生、有工人,还有外地逃难来的朋友,集体住在三和里一个汽车间楼上的阁楼里,这阁楼前面是一排玻璃,他们就把这个家叫做"金鱼缸"。这三和里宿舍的天地虽小,但人们的壮志冲天,坚决不做亡国奴,一定要把敌人赶出中国去,不取得最后胜利绝不罢休的心意联结在一起。[2]

张祺所说的"地下党员"钱勤就是那"一群热血奔腾的女青年"中的一个,但学生们却都亲切地叫她"外婆"。

"外婆"钱勤,当时年仅二十来岁,只是长期营业不良,乍眼看去,她"头发已枯黄,肌肤干枯,腰背伛偻,连牙齿也掉了好几颗";又常年"身穿一件破旧的灰色旗袍",真的太像饱经风霜的中年妇女。不过,"外婆"也是一众女工学生之于钱勤的昵称、爱称、尊称。因为她不仅诲人不倦,深入浅出;而且还有一颗金子般的良心、爱心。她

钱勤

---

[1] 张祺:《上海工运纪事》,中国大百科全书出版社上海分社1991年7月第一版,第107页。
[2] 罗晓红:《记一九三八年秋——一九三九年夏的上海女青年会女工夜校》,原载《上海党史资料汇编》第三编中,上海书店出版社2018年11月第一版,第925页。

总是将心比心,处处、事事、时时,为他人着想。她跟每一女工学生交上知心朋友。无论谁有犯难事,困惑事,纠结事,只要找上她,她无不循循善诱,耐心开导,鼎力相助,排忧解难。

当时三和里女工夜校有教师4位,后因经费困难,留下了3位教师,但只发给两个人的薪水。她们生活十分艰苦,打扫卫生,开门摇铃,烧水做饭,全由自己操劳。她们吃的是发霉的籼米,而且缺盐少油,烙苞米饼只能用布蘸点食油在锅上擦一擦。有时几块大饼算一顿饭,一小块乳腐当几天小菜吃。但只要听到学生患病无钱就医、失业挨饿时,钱勤和教师们都会倾囊相助,想方设法为之排忧解难。她在学生中组织互济互助活动,帮助失业女工解决生活困难,还为她们介绍工作。女工学生张梅芳有一次很早到夜校来,在教室里低头看书,却心不在焉。钱勤正在吃饭,看到张心神不定,就拿了一只馒头夹上些咸菜塞到张的手里,摸摸她的头,温和地说,你慢慢吃。张梅芳很受感动,她强忍着眼泪,

女工夜校的时事讲座

向钱勤诉说她已失业了。钱勤劝慰张不要着急,她会想办法,帮助解决。没过几天,钱勤拿了一张进厂工作的纸条给张梅芳,这是她通过汤桂芬(当时为上海纱厂工运领袖,也是夜校学生)替张找到工作的。[1]

抗战胜利后,钱勤更忙了。她白天在义务小学教书,晚上在女工夜校上课,还想方设法下厂进车间,发动工人反内战,为成立总工会进行请愿,让在纱厂当学徒的弟弟替她望风。她还跟党内同志一起书写、传递传单。

1946年4月,根据政治协商会议关于国大代表可以增加党派及社会贤达代表名额的决议,中共上海党组织支持上海妇女界发动了一次竞选"国大"女代表的活动,上海各界妇女团体3万多人投票选出许广平、雷洁琼等53名"国大"女代表,其中包括了众望所归的钱勤。钱勤的高票当选引起了反动当局的注意。万恶特务随之伸出魔爪。敌人开始跟踪盯梢。组织上当即安排钱勤撤离三和里女工夜校,于1946年9月漂洋过海,远走台湾,继续新的战斗。

钱勤最终牺牲在了祖国宝岛,一如朱枫,一如季沄,一如萧明华。

钱勤的死重如泰山。

"外婆"是三和里的永远丰碑。

---

[1] 李智清:《她扎根在夜校女工中——记钱勤烈士》,原载《上海党史与党建》1994年第2期,第41页。

风云叱咤小楼中

——沙文汉与陈修良在上海的地下工作

20世纪30年代初沙文汉与陈修良在日本寓所

巨鹿路820弄至延安中路1101号（今延安饭店），曾是清末民初大地产商周湘云的私家园林"学圃"，1937年，抗日战争全面爆发，法租界人口急增，周湘云将"学圃"南侧巨籁达路820弄（今巨鹿路）辟出一块空地，建造了开放式的新式里弄住宅对外租售，因花园风景华丽取名景华新邨。弄内环境优雅高级，曾居住过不少知名人士，其中22号小楼，曾经是中共中央上海局和江苏省委机关所在地，也是革命先辈沙文汉与陈修良伉俪旧居。

20世纪30年代，白区地下组织被破坏严重，上海幸存地下党员不足百人，党中央先后派出潘汉年、冯雪峰、刘晓到上海摸清残存的地下党员情况，找到了沙文汉、陈修良夫妇。1937年11月，中共中央正式批准成立上海地下党统一的领导机构——中共江苏省委，刘晓为书记，刘长胜为副书记，张爱萍为军委书记，王尧山为组织部部长，沙文汉化名张登为宣传部部长，陈修良担任妇委书记。1939年，中共江苏省委急需寻找秘密联络点，经仔细勘察，选中了景华新邨新建成的三层楼新式里弄洋房，这里地处法租界，日本兵不能随便进入；居住的都是中产以上人家，每一幢房子自立门户，人际关系简单；有巡捕看守，环境安静，交通方便，是建机关的理想场所。陈修良的母亲袁玉英（后正式改名陈馥）动用父亲遗产，全额出资租下了此处，为防止居所寒酸引起周围邻居的怀疑，中共江苏省委的几位高层领导纷纷出钱出力援助家装，加上陈家原来住处的旧家具，勉强凑起了中产阶级家庭的样子。袁玉英在

20世纪50年代中后期陈修良（中）、母亲陈馥（右）、保姆黄阿翠在西湖边留影

户口册上正式改名陈馥，扮作富家老太，担任户主，沙文汉也改名换姓为陈元阳，自称逃难的乡下地主，携家眷到"姑姑"家暂住，陈修良化名陈素梅，算作侄媳妇，连同保姆黄阿翠，组成了一个五口之家。1939年7月，陈修良抱着刚出生的女儿陈贝贝（沙尚之）住进了景华新邨22号，从此它便成了江苏省委的秘密机关。

景华新邨22号的三楼亭子间北面是花园，南窗正对自家后楼，四面临空，话声传不出去，外面也看不清里面。中共江苏省委的重要会议或者个别谈话，多数在三楼亭子间里进行，偶尔也在二楼前楼开会。经历了血的教训的机关人员考虑了各种应对危机的脱身方式，22号位于弄堂的最末一排，紧靠周湘云的私家花园（今天的延安饭店），可以通过后门翻越篱笆到大花园；里弄小楼阳台相连，22号正好在中间位置，如果前后门都有人把守，可以跳到别家阳台转移。为了确保安全，这个地方只有极少数主要领导人及他们的夫人等进出，与上海的基层组织不发生直接关系。

1942年太平洋事变发生后，日军进驻租界，上海的形势更为险恶。中共江苏省委撤退到淮南根据地，陈修良也奉命离开上海到达了新四军根据地。双目失明的陈馥带着年幼无知的外孙女和小脚保姆，留守着景华新邨22号作为根据地与白区之间往来的一个秘密中转点，直到1945年8月抗战胜利后，这里成为中共上海局的秘密机关。1946年4月，陈修良从华中局调任南京市

委书记，南京市委关系由刘晓领导的中共中央上海局联系，景华新邨22号又成为上海局与南京市委的主要联络地点。后来沙文汉以华中分局城工部长的身份到上海领导分局下面的城市工作，这三位曾经的同事再次在熟悉的亭子间里秘密接头开会。

作为上海局和南京市委的联络点，陈修良在这座小楼里与刘晓、刘长胜、沙文汉一起策划了许多重大的革命活动：从1946年年底的抗暴斗争，到1947年的五二〇运动，到南京解放前夕策动一系列的国民党陆海空军起义。其中最光辉的篇章，无疑是陈修良作为地下党的南京市委书记，在中共中央上海局的指导和来自重庆的许多地下党员、新青社员的支持下，参与发动并领导了威震全国的五二〇运动。

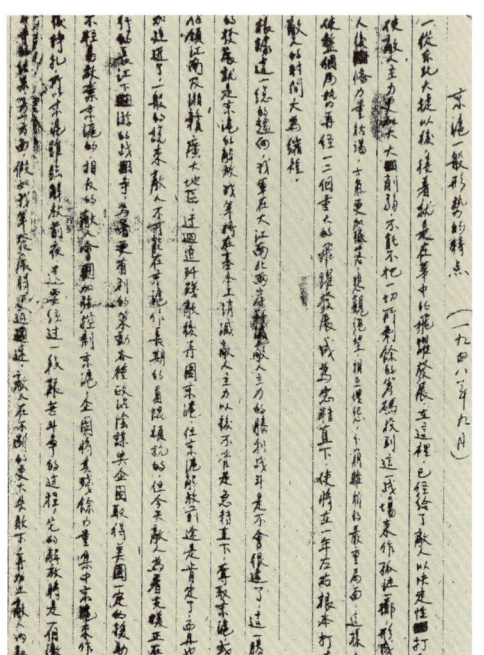

1948年沙文汉代表中共中央上海局起草的文件

1947年5月，陈修良接到了丈夫要她"回去料理家务"的信件，她立刻理解这是上海局要她回去开重要会议的信息。就在景华新邨22号，刘晓、刘长胜、沙文汉听取了陈修良汇报的南京情况，并据此以上海局的名义作出决定：首先在南京的"中央大学"开展示威活动，提出"反内战、反饥饿""向炮口要饭吃""中国人不打中国人"等不过激的口号。接到中共中央上海局的指示后，陈修良立即向南京市委和"学委"传达了中共中央上海局指示。陈修良强调："第一，尽量把反饥饿、反内战两个口号巧妙地结合起来；第二，在斗争中尽量不暴露党的组织，不提政治色彩过于浓的口号；第三，尽量利用各种合法的机会，各种宣传形式，如标语、口号、歌曲、活报剧等。尽量团结多数，特别是团结教授，争取工人和居民的支持。同时要注意国民党政府的反动分子的镇压和破坏。"同时，以中央大学为重点，以点带面，逐步突破。在此精神指导下，5月20日，南京学生开始了反饥饿、反内战大游行，并迅速波及全国 60 多个大中城市，使国民党大失人心。此次事件具有深远影响，被毛泽东高度评价为继军事战线后，在中国境内对国民党反动派进行斗争的第二条战线，推动了整个人民运动的高涨，展开了极其广泛的全民族的统一战线，从政治上有力地震撼了国民党的统治基础。没有几个人知道，这个开端与南京著名的学生运动，竟是远在上海景华新邨一个小小的亭子间里发出行动指令的。

1948 年秋，也是在这个亭子间，沙文汉、陈修良和张执一等商讨了做好迎接解放上海的准备，包括策反与统战工作，发动群众保护工厂、学校、财产，培养城市工作干部等。1939 至 1949 年的十年间，在中共中央上海局和江苏省委正确的白区工作路线和方法指导下，景华新邨 22 号历经腥风血雨的白色恐怖，从未发生过意外。1979 年党的十一届三中全会召开后，历尽坎坷的陈修良再次回到了故地。她抱病坚持写下了一百多万字的回忆文章，成为研究党史的宝贵资料。1998 年 11 月 6 日，陈修良安然离世，走完了她九十二年的跌宕人生，巨鹿路这座久经风霜的楼房，满载革命沧桑往事，作为历史的见证保存了下来。

以绝对沉默捍卫最高机密
——缪谷稔、郑文道和"中央文库"的故事

缪谷稔

从1937年至1939年,"中央文库"一直由上海的中共情报部门掌管,1939年下半年,吴成方让刘钊将"中央文库"再一次整体打包,伪装成"私人衣物",统统运往公共租界康脑脱路生生里(今康定路600弄)内的一幢独栋小楼,暂存亭子间,交缪谷稔管。

缪谷稔,又名青裳,化名李念慈、陈一鸣,1905年生,江苏江阴(今无锡市江阴市)人,1927年加入中国共产党。1932年因叛徒告密,被捕入狱,1935年交保释放。1937年到上海,经恽逸群介绍进市商会函授学校任教,与中共"情报部门"接上关系。

但他正式接替刘钊成为"中央文库"的新一任管理员后,也和他的前任们一样离群索居,不再参加党的会议,不再参加任何公开活动,不再轻易与人结交,想见谁就见谁。即便是吴成方,彼此很熟,是亲密战友,但也断了直接联系,联络全靠交通员小郑。

吴、缪间的交通员小郑即郑文道,也就是程和生。

郑文道,1914年生,广东中山人,1933年入上海同济大学附设高级工业职业学校,1938年3月加入中国共产党,同年9月参加中共隐蔽战线,担任吴成方同中西功之间的联络员。

中西功,1910年生,日本三重县人,1937年加入中国共产党,以满铁调

查部支那抗战力量调查委员会的身份，为潘汉年情报系统工作。

郑文道

和中西功联络之初，程和生对于一个日本人帮助中国抗日，总觉得有点不可思议。时间长了，他发现，中西功完全像个中国人一样地在为抗日煞费心血，便对他产生了一种难以言表的尊敬。中西功和他都是中共党员。两人清楚知道：作为共产党员，就应该为革命事业作牺牲，明知道有牺牲的危险，也应该为革命的利益去工作，去坚持。所以，中西功说："我们现在就是这样。也许某一天的早晨或者夜里，我就被日本宪兵抓去了，那么，我仍旧要坚持我的誓言，我不会吐露有关组织的任何秘密。"程和生的眼眶潮湿、红润了，轻声回应他的话："先生，我可以对你说，一旦我被捕了，我不会泄露一点有关你的情况。"[1]

郑文道说到做到，用自己的年轻生命兑现了承诺。

那是1941年10月10日，苏联特工佐尔格的东京小组"拉姆扎"被破坏，尾崎秀实跟佐尔格相继被捕，尾崎秀实跟中西功的"情报交换关系"浮出水面，中西功、西里龙夫和郑文道亦被捕，吴成方连忙在第一时间赶到缪谷稔家。

这时"中央文库"已被缪谷稔夫妇从康脑脱路生生里内的一幢独栋小楼悄然转运到自己家中，金家巷嘉运坊（今胶州路175弄、新闸路1851弄，包括新闸路1853—1863号）的三层阁上。

听说郑文道被捕了，病榻上的缪谷稔顿时剧咳不止，大口吐血。

这时的缪谷稔跟陈为人一样，不仅罹患严重肺结核，而且病情日益严重，吴成方本拟另找可靠同志顶岗。

吴成方示意缪妻扶缪躺下，先静一静。

缪则挣扎着下床，执意上三层阁搬东西，瘦削脸上通红通红，不知是急

---

[1] 方知达、梁燕、陈三百：《太平洋战争的警号》，东方出版社1995年11月第一版。

的,还是咳的。

吴成方拗他不过,只能快去落实交通工具和新的库址。

再说郑文道,他从他被捕的第一刻起,满脑子想着的只有一句话,一句他当中西功面说过的话:"先生,我可以对你说,一旦我被捕了,我不会泄露一点有关你的情况。"

一点"不会泄露"的最可靠举措就是让自己永远闭嘴、彻底沉默。

于是,押送他的车子经过江西路(今江西中路)、三马路(今汉口路)口,他一声大喝,蓦地跃起,挣脱押解人员,飞纵车外,头部重重摔砸在飞驰的车轮畔。

于是,一星期后,他从昏迷中醒来,发现自己躺在日本宪兵司令部里,就又强忍住浑身伤痛,再次拼命自戕。这一回,他纵身跳出的不是颠簸的车厢,而是四楼的窗口。他以他血花迸溅的最后瞬间,永远凝聚不可战胜的忠魂!

1942年6月,缪谷稔病情恶化,不得不将"中央文库"转交陈来生。陈来生、周月英夫妇一如蚂蚁搬家,发动全家来搬,人人夹带数份,不厌其烦地来回,用上了竹筐、淘箩、面粉袋,足足耗时一个多月,才将两万多件珍贵文档全部安全转移到同一条新闸路上的赓庆里(即新闸路944弄,今已拆除),后再另搬成都北路972弄3号西厢房和新闸路488号兴隆大饼店楼上。

1944年9月,缪谷稔溘然离世,成了第二个陈为人。

1949年5月下旬,上海解放。

同年9月上旬,陈来生、周月英夫妇将他们用生命守护的全部文档送到中共上海市委组织部。1950年2月下旬,"中央文库"所保存的所有文档送抵北京,于1959年10月入藏中央档案馆。时值国庆十周年大典,正应了瞿秋白生前所说的"备交将来(我们天下)之党史委员会"。

《上海陈来生所保存的材料的大概情况》

打入汪伪特工总部的女诗人
——关露在 76 号的故事

汪伪特工总部,是汪伪国民党中央执行委员会特务委员会特工总部的简称,因其设在沪西极司非而路 76 号(今万航渡路 435 号),又被称为"76号"。1939 年 9 月,汪伪特工总部正式成立,丁默邨为主任,李士群为副主任。不久李士群成为主要负责人,权倾一时。汪伪特工总部镇压各种抗日反汪力量,绑票暗杀,栽赃陷害,无恶不作,以致其所处的沪西地区有"歹土"之称。

关露赴港受命潜入汪伪特工总部

1937 年八一三淞沪抗战后,上海沦为"孤岛",抗日救亡环境险恶。"孤岛"内各种政治势力交错,既有汪伪政府的特工总部组织系统,又有国民党政府留下的众多潜伏组织,以及深深扎根于群众、坚持抗战救亡的共产党组织。

潘汉年时任中国共产党在敌占区情报工作的负责人,往来于上海、香港、南京之间。他善于利用各种社会关系、敌人内部矛盾及敌我交错的复杂情形,对日伪一些重要部门与人员,开展情报和统战工作。1939 年秋他决定派人潜入汪伪"76 号"从事情报工作。

党组织原本要调关露的妹妹胡绣枫到"76 号",但由于她和丈夫李剑华此时已经打入国民党上层,且远在湖北宜昌。而此时关露恰在上海,党组织便决定由关露代替妹妹打入魔窟。她们姐妹二人都曾与李士群夫妇相熟,因此被作为打入"76 号"的人选。

关露

关露，原名胡寿楣，又名胡楣，1907年出生于山西右玉县。年轻时为逃避家庭包办婚姻，只身闯荡大上海。1928年考入南京中央大学文学系，开始文学创作。1932年她在上海参加妇女抗日反帝大同盟，在女工中间开展宣传组织活动。她还参加左联，出版诗集《太平洋上的歌声》等，积极从事左翼文化运动。1936年由她作词、贺绿汀谱曲的电影《十字街头》插曲《春天里》，深受欢迎。

1939年深秋的一晚，中共上海地下党情报工作的负责人刘少文带着中央南方局叶剑英的密电找到关露，让关露速去香港找廖承志接受任务，但并未告诉具体情况。廖承志此时负责港澳同胞和国民党上层人士的统战工作。关露紧急赴港，见到廖承志和潘汉年两人。

潘汉年告诉关露准备派她打入上海"76号"汪伪特工总部，策反特务头子李士群，并叮嘱她身处险境千万要注意，切不可当别人诬称她为"汉奸"时设法辩护。关露此时才知道组织上的安排，她深知这项任务的艰巨和危险，但她欣然接受了。

探明汪伪特务头目李士群的两面心态

关露接受秘密任务后，迅速返回上海会见李士群。李士群念及旧情谊，将她留了在汪伪特工总部。不久，潘汉年又委托当时负责中共在上海情报工作的吴成方具体与关露联系。

潘汉年不仅将关露安插在李士群身边，还指派中共地下党员王宣化打入汪伪"76号"特工总部的核心，做李士群的工作。

关露经过一段时间细致观察，摸准了李士群的真实心态：李虽然投靠了日本，成为汪伪特工总部头目，但他不想让自己在这条没有希望的路上陷入绝境，他想与共产党暗中联络，能为抗日做点好事，为自己留条后路。

潘汉年决定利用李士群这种企图脚踩两只船、寻找后路的心理，与之建立秘密联系，以便进一步观察敌情，谋划对策，获取日伪情报。他通过关露

"76号"大门景象,道旁有掩护射击之障碍物,门两旁可安置机枪,门上牌楼书有"天下为公"四字

以及打入日本"岩井机关"的袁殊,试探到李士群愿意见面联系。

1942年2月的一天,潘汉年由袁殊陪同,来到愚园路1136弄李士群的家,双方确立了直接联系。李士群确定他与潘汉年今后的联系,由时任汪伪特工总部的副厅长兼江苏实验区区长的胡均鹤负责。

两个月后,潘汉年与李士群再次在李的家中见面。对于这次会晤,尹骐在《潘汉年传》中叙述:"会见时,李士群首先向潘汉年透露了敌伪即将在苏北盐阜新四军军部驻地进行'扫荡'的有关军事行动的计划,希望新四军方面有所准备。潘汉年对此表示了谢意。"李士群曾几次派人过江给新四军送情报,并且曾派人护送江苏省委领导刘晓等人越过层层封锁进入解放区,这些都是对他进行策反的结果。

担任日刊《女声》月刊的编辑

1942年春,吴成方通知关露,她以后可以不用再和李士群联络进行搜集情报的工作。其后他又通知关露，组织上决定派她到一家日本人办的刊物《女声》工作。

《女声》刊由日本大使馆和海军报道部合办，社长是日本女作家佐藤俊子，他们需要一名中国编辑。中共党组织就设法派关露去，希望以此接近一些日本左派人士，获取日方的情报材料。关露在《女声》工作时期，坚定沉着，勇敢机智，出色地完成各项工作。

1943年8月关露作为华中代表之一，参加在日本东京召开的第二届"大东亚文学者代表大会"，被诬为人所共知的"文化汉奸"。1945年抗战胜利后，虽然关露以此遭受不知情者各种流言，但她始终对党忠贞不贰，不争论辩解，无怨无悔为党工作。

电波中永生
——李白在静安的故事

说到李白,总会提到电影《永不消逝的电波》。这部由原八一电影制片厂摄制的影片结尾,主人公李侠在特务的包围中镇定自若地发出:"同志们,永别了!我想念你们。"这一镜头感动了无数观众。李侠的原型就是李白烈士。

李白(1910—1949),湖南浏阳人;1925年入党;1930年参加红军,在瑞金参加无线电训练班学习;随后参加长征。1937年,他被党组织派往上海,从事秘密情报工作;受潘汉年下属刘人寿的直接领导。

1938年,李白在贝勒路(今黄浦区黄陂路)148号3楼一间约10平方米的房间建立了电台。从此,延安和上海上空便多了一条看不见的电波。

影片中"假扮夫妻"并非演绎,现实中的李白、裘慧英就是由互不相识的同志变成了真正的革命夫妻。

1939年,组织上为了便于李白隐蔽和开展工作,为他设计了一个"家庭";李白与裘慧英假扮夫妻,住在法租界蒲石路(今静安区长乐路)蒲石村。据裘

李白、裘慧英夫妇在上海的合影

威海路党的秘密电台遗址旧照

慧英回忆：李白参加过长征，刚到上海时，上海话听不懂，穿长衫不会走路。但要在敌人心脏里工作，又不能暴露；所以，他一切从头学起。

据知情人回忆：李白在上海的活动区域，相当一部分都在市中心的静安区内。

1940年，威海卫路（今静安区内威海路）338号的"福生无线电公司"是我党秘密联络点；下面是店铺，家安在楼上。李白白天跟"老板"涂作潮学习修理无线电的技术，晚上在亭子间发报。1941年，公司停业，店铺易主；但亭子间保留了下来，李白继续在此发报。

上海的亭子间夏天热，冬天冷。影片中有这样的镜头：发报时，夏天，汗水流进"李侠"的眼睛，湿透他的衣衫；"兰芬"在一旁不停地煽动着大蒲扇。冬天，俩人穿着厚厚的棉衣还是会冻伤手脚，全身麻木。这就是李白夫妇工作的真实写照。

1942年夏，组织上考虑到亭子间实在太热，影响工作，将电台转移至福履里路（今建国西路）福禄村10号。9月的一天深夜，李白发报时夫妻双双被宪兵逮捕。因证据不足，裘慧英一个月后被释放。

1943年1月，李白被转押到极司非尔路（今静安区万航渡路）76号汪伪特务机关。"老虎凳""竹签子"都没有让李白屈从；他一口咬定自己是经济电台，没有暴露身份。6月前后，经组织营救，李白被保释。李白出狱后，对裘慧英说："敌人打断了我的筋骨，却磨炼了我的意志。我要把仇恨化为更大的力量。"

慕尔鸣路（今静安区茂名北路）141号是李白出狱后的住所。为保护李白，组织上没有安排他马上工作。几位朋友合资开了家"良友糖果商店"，由李白经营。

1944年秋，李白夫妇受命前往浙江淳安，仍负责电台工作。不久，又因

电波中永生

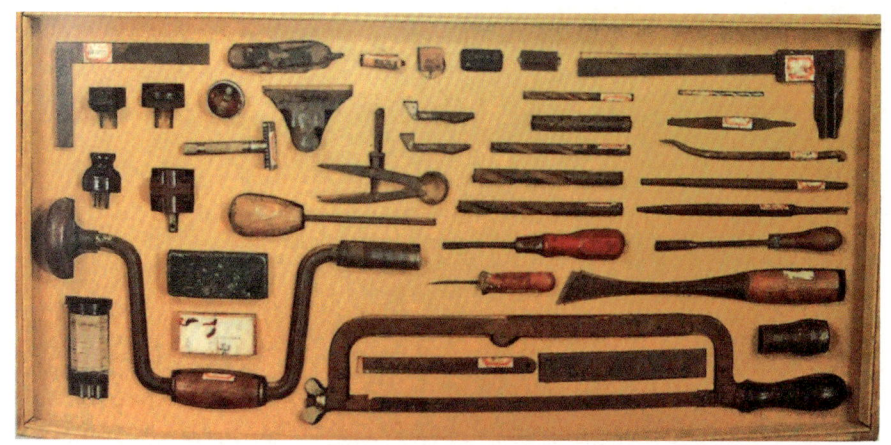
李白修理电台的工具

"来路不明"被国民党关押,所幸组织营救及时。

1945年,抗战胜利后,李白夫妇返回上海。面对组织"可以选择去留"的指示,他们选择了继续留在上海工作。上海虹口区黄渡路107弄15号,即李白烈士故居是李白夫妇在上海的最后住所。

据相关人士回忆:李白被捕的情形并不是电影中结尾那样。当时,李白的电台本已不用了,另一部电台已经备好,但还没调试。突然,有了一个"蒋介石下野"的情报,就说再发一次吧。

1948年12月30日凌晨,特务来搜查时,电台发完报已经藏好;当时的电台都是和收音机连在一起使用的。就在他们准备走时,有个特务摸了摸收音机,发现是热的;他问李白:"你刚才干什么了?""睡不着,听听广播。"李白沉稳作答。"现在是夜里两点,都戒严了,哪还有什么广播?再搜。"特务发现了破绽,李白暴露了。

李白被捕后,先是被关押在四川北路的稽查大队,后又被羁押到警察局南市蓬莱路监狱。面对敌人的酷刑、用妻儿来诱供的种种手段,李白始终保持了一位共产党人的气节。

1949年5月7日,上海解放前夕,李白等人被秘密杀害于浦东戚家庙。

李白烈士没有看到胜利,没能为新中国欢呼。让我们试着走进英雄的内心:"我盼着自己也有一个孩子……到那个时候,我用这双发了无数情报的手抱抱孩子——这是新中国的孩子!每当想到这些,我都忍不住笑出声来……"

"胖刘"经商专做蚀本生意
——刘长胜和"荣泰烟号"的故事

1941年元旦,赫德路(今常德路)65号新开了一家烟杂店,美其名曰"荣泰烟号",由小股东冯邦荣当掌柜,大股东刘浩然作后台老板。刘浩然人高马大,分外魁梧,人称"胖刘",一看就是豪爽山东人。

"胖刘"非但心宽体胖、财大气粗,而且纵横政商两界,通吃黑白两道。当年,在上海经商,做买卖,新开"豆腐店",很难不遭地痞流氓、乌龟王八敲竹杠。眼见得"荣泰烟号"装修进货、开张在即,旁边弄堂里一个刘姓小流氓,跃跃欲试,一心以"中保人"的身份来"讨开销"。冯邦荣见势不妙,

荣泰烟号

让"胖刘"拿主意,"胖刘"不慌不忙,带上冯邦荣去拜老头子,直接面见赫德路一带的大流氓刘玉振。刘玉振爱理不理,想给"胖刘"一个下马威。孰料"胖刘"不卑不亢,反客为主,以柔克刚地正告刘玉振:"我们是混饭吃的,只要你老大一句话,关照一下。"

"胖刘"的大模样镇住了刘玉振。刘玉振旋即放下身段,再不端着,原本想以"中保人"身份敲竹杠的刘姓小流氓也不敢再捣乱,"荣泰烟号"也就顺利开张,生意越做越大。

不过,"荣泰烟号"越是和气生财,买卖兴隆,"胖刘"却不喜反忧,越是愁云满面。

这又是为什么?

哪有生意人不想多赚钱?

偏偏"胖刘"却不。人家是千做万做,蚀本生意不做;他是吃亏是福,难得糊涂,三天打鱼,两天晒网。人家是三六九,抓现钞;他是姜太公钓鱼,愿者上钩,从不坑蒙拐骗,损人利己。他要的不是财源滚滚,而是惨淡经营。他要的不是门庭若市,而是门可罗雀。

原来醉翁之意不在酒。无论"胖刘",还是冯邦荣,都不是正经生意人。他们是职业革命家,我们党的地下工作者。"荣泰烟号"之于他们,只是一块掩人耳目的招牌。

以"荣泰烟号"的招牌掩人耳目的"胖刘",本名刘长胜,时任中共江苏省委副书记。刘长胜搞"荣泰烟号"的本意是建一个"联络站",搞情报。所以,"荣泰烟号"的每一件商品,每一件商品的摆放,都有讲究,有特定寓意。刘长胜就是以不同寓意的排列组合来向他的同志暗中传递千差万别的不同信息。事实上,党的地下工作者来到"荣泰烟号",并不一定要跟刘长胜直面对话,甚至并不需要见上刘长胜本人。他们只要瞅一眼货架,看看当日货架上摆了些什么,看看那些货架上的商品究竟如何摆放,他们就清楚知道他们的领导又有哪些新指示;为了完成他们领导所布置的新任务,他们又该第一做啥,第二做啥,第三做啥。

也正因为这样,组织上将"在邮局因参与领导罢工,被局方开除"的冯邦荣调给刘长胜打下手,出面经办"荣泰烟号",有一个明确原则,那就是绝不跟以前的同志发生横向关系。但结果正相反,反招来诸多"原来已隔断关

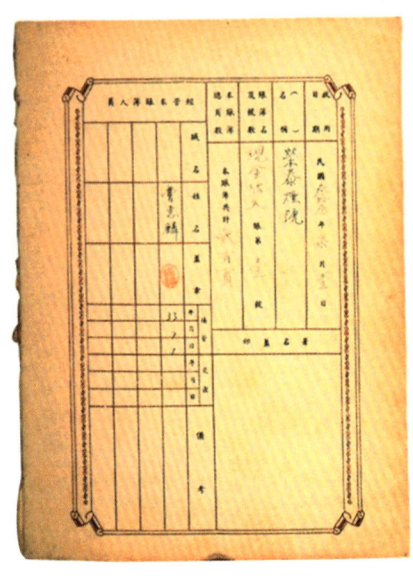

荣泰烟号店章、账簿

系"的邮局系统"老同志"。而这正是刘长胜最怕看到的。他的不喜反忧，他的愁云满面，就源于树大招风，木秀于林。

  我接受组织之命开这爿店，和一些老同志不发生横的关系，这一点在我的思想上是明确的，行动上也是谨慎的。但有些事却防不胜防，如邮局有些老同志原来已隔断关系，但不料"荣泰烟号"就在他们的投递段上，天天送信要见几次面，见面时不能不交谈。这些同志并不知道这爿店是组织上搞的，但我再次开烟纸店的消息却由此传开了。于是，有些同志为了解决生活困难，来我店批购几条香烟去跑单帮，或摆香烟摊。当时，我只想到同志之间在生活上互相帮助是应该的，却没有注意到长胜同志搞这爿店还有一个意图，即想把它作为一个联络站。因此，当长胜同志在华中局城工部听到一些到天长县参加整风的同志谈起在上海和我有交往的情况时，显得很严肃和忧虑。从此以后，郑玉颜同志来店的次数减少了。这说明长胜同志具有丰富的白区工作经验，他是多么警惕和重视秘密工作的原则啊！[1]

---

[1] 冯邦荣：《刘长胜同志和"荣泰烟号"》原载《上海党史资料汇编》第五编，上海书店出版社2018年11月第一版，第245页。

冯邦荣所说的郑玉颜是刘长胜夫人。郑玉颜是在1942年秋刘长胜撤赴淮南后负责联系"荣泰烟号"的。当时,刘长胜再三叮嘱冯邦荣:"今后你的组织关系由郑玉颜同志负责,我不来了。你要谨言慎行,多加小心。"没想到刘长胜一"不来","荣泰烟号"竟变得愈加热闹,甚至冯邦荣跟更多人"有交往的情况"都传到了华中局城工部,这也太危险了,刘长胜不能不采取断然措施,有意"减少"郑玉颜的"来店的次数"。事实证明他的"严肃和忧虑"完全对。1945年1月,邮电系统的地下党组织被破坏,案情很快牵涉到冯邦荣,冯邦荣于同年8月9日被日本宪兵队逮捕。这就不能不让人联想到小说《红岩》里的许云峰,一发觉"伪装为书店的联络站",一个"党的秘密机关",在"扩大"门面,招新"店员",经销进步书籍,根本不"照规定的方案办",就马上下令停办、撤人。这就是白区工作。这就是地下斗争。白区工作的第一原则就是隐蔽、保密,不能有一丁点儿的"不正常的现象"。地下斗争的最高诫令就是"越灰越好",越低调越好,越"不让外人接近"越好,越远离"来历不明的人"越好。

深入敌腹逞英豪
——刘长胜的地下斗争岁月

刘长胜

1940年春，刘长胜从延安回到上海。对于上海这座城市，他显得并不陌生。早在1937年9月，抗战全面爆发后，刘长胜受党中央委派，来到上海，协助先期到达的刘晓，恢复和重建上海地下党组织，开展工人运动，从此开始了他长达十二年的地下斗争岁月。当年11月，中央批准在上海建立中共江苏省委，刘晓任书记，刘长胜任省委委员兼工人运动委员会书记，后为省委副书记。在上海，刘长胜积极贯彻党的抗日民族统一战线政策和隐蔽精干的白区工作方针，放手发动群众，壮大党的力量，得到党中央和毛泽东的充分肯定和赞扬。

然而，此番来沪，形势更加凶险。第二次世界大战激战正酣，上海租界外围的日军趁机向租界渗透，英、法、美则采取绥靖政策步步退让。号称"严守中立"的租界工部局根据旨意，加紧对抗日活动的镇压，甚至派出巡捕作向导，带领日本宪兵队进入租界抓人。一时间，汉奸特务成群结队，恐怖事件层出不穷。

在日益恶化的环境下，为了安全地开展工作，根据党组织的安排，刘长胜化名刘浩然，在常德路65号开了一家荣泰烟号作联络站。伙计是原来在邮局工作的地下党员冯邦荣。筹备这家店足足花了近半年时间。在选址时，刘长胜要求冯邦荣不能用亲戚朋友介绍的房子，只能在报上"召盘""召顶"的广告中找，这样万一暴露也不会被敌人查出底细或波及他人。经过刘长胜亲自出面，与房屋主人讨价还价，最终才把房子定下来。

1941年1月1日，荣泰烟号在爆竹声中开张营业。冯邦荣没有做过生意，刘长胜就同他研究怎样领"市面"，当"掌柜"。过了一段时间后，生意居然兴隆起来。刘长胜身材魁梧，体型较胖，为人和气，常爱讲讲笑话，来往客人、左邻右舍称他为"胖刘老板"。这个身份刘长胜用了很长一段时间。直到他在1945年中共七大上当选为中央候补委员时，当时的公开身份还是荣泰烟号老板。

1947年2月，国民党发动全面内战后，为了进一步搜刮军费，竟然宣布把生活费指数冻结在一月份的数字上，并重申前令，严禁罢工、怠工，违者格杀勿论。一面是生活费指数冻结，职工收入停滞不前，一面却是"物价突栏而出，再效野马奔腾"。不仅是普通工人，就连捧着"金饭碗"的公务员、银行职员等也大呼吃不消，从而激起了全市人民的一致反对。

根据党中央的电示精神，时任中共中央上海分局副书记的刘长胜亲自领导了解冻生活费指数的斗争。他认为，抓住生活费指数斗争不放，可以形成全市各行各业互相呼应、互相推动、共同斗争的大团结局面，进一步提高工人群众的政治觉悟。于是，在各级党组织的发动下，各业职工纷纷推派代表，向国民党上海市政府、社会局请愿。这些活动目标一致，分散进行，此起彼伏，绵连不断，影响遍及全市，并在5月达到了高潮。"大票满天飞，工人饿肚皮！""物价天天涨，工人饿肚肠！""物价不抑平，工人没得命！"的口号响彻上海的大街小巷。

在社会各界的强大压力下，国民党政府决定有条件地解冻生活费指数，斗争取得重大胜利。此后，针对部分工人要求继续争取无条件解冻生活费指数的要求，刘长胜等清醒地认识到，如果继续坚持无条件解冻，将使斗争无限期拖延下去，对职工不利，也会造成不必要的损失，因而说服群众适时结束了这场斗争。

解放战争时期，在国民党特务开列的黑名单中，作为中共上海党组织的核心领导之一的刘长胜常常"名列榜首"。身处险恶的环境中，刘长胜凭借自己的机智和勇敢，每每化险为夷。有一次，他半路遇到敌人"抄靶子"，想躲避已来不及，便急中生智把携带的文件塞进雨伞里，拿着伞

刘长胜故居暨中共上海地下组织斗争史陈列馆今照

把双手举起来。敌人只注意搜身而忽略了雨伞。刘长胜就这样有惊无险地闯了过去。

1946年9月,刘长胜、郑玉颜夫妇入住愚园路81号。这是一幢砖木结构坐南朝北沿马路的三层新式住宅建筑。他们家住二楼,中共上海市委书记张承宗一家住三楼。中央上海局书记刘晓经常来此讨论开会。每当联络时,郑玉颜都在屋外放哨,一发现动静,刘长胜他们便借着搓麻将的名义,将麻将搓得哗哗响。久而久之,周围人都以为这位面相和善的老板最爱搓麻将,虽然人来客往,却从未引起怀疑。以至于上海解放后,报上登出上海市委领导刘长胜的名字,邻居老太惊呼:"伊就是阿拉格麻将搭子'刘胖'?"

1949年年初,人民解放军取得三大战役的胜利,百万雄师饮马长江,上海解放指日可待。此时的上海街头,凄厉的警报声日夜不绝,大批共产党员和进步群众惨遭迫害和屠杀。上海警察局长毛森悬赏3 000银圆,声称要取

深入敌腹逞英豪

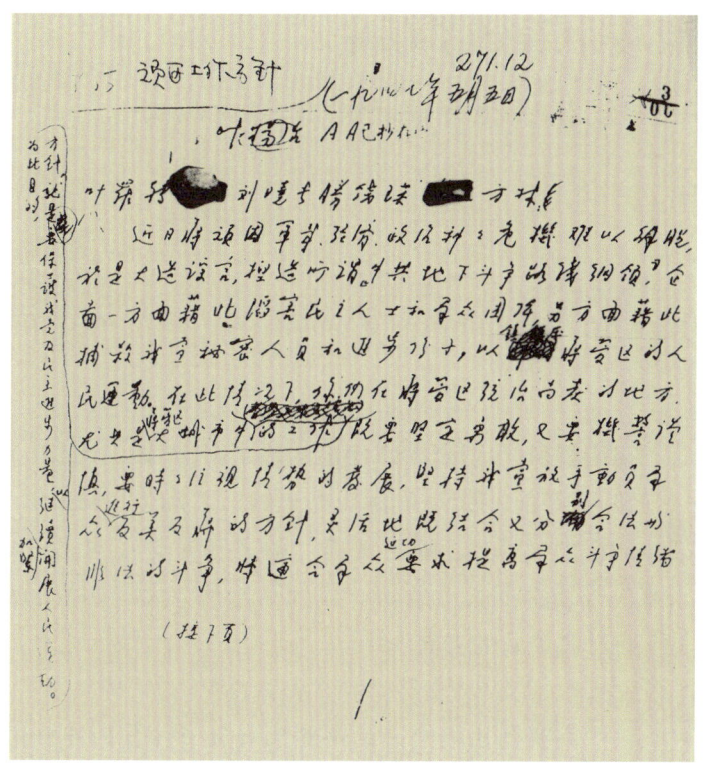

周恩来代中央起草给上海刘晓、刘长胜、香港方方的指示电手稿

刘长胜的项上人头。即便如此,刘长胜依然从容不迫。他适时地搬到了与中共上海党组织有联系的国民党少将参议许彦飞家里,让许穿上军装,把一张蒋介石的戎装照片挂在会客室里,照片上款是"彦飞同志",下款是"蒋中正赠",以此吓唬那些"查户口"的警察特务。刘长胜自己也脱下长袍,换上西装,在此一直安全地住到上海解放。

黑夜中看到了曙光

——钱其琛和大同附中二院的故事

掐指算来，这是整 80 年前的事了。

整 80 年前，那一个瓦胡岛上的三"虎（TIGER）"偷袭，揭开了太平洋战争的惨烈大幕，上海"孤岛"随之"沉没"，年仅 14 岁的钱其琛，新中国未来的外交部部长，急切"找到"比他"大三四岁的高班同学"，一心"商量"自己"今后的去向"。

> 我找到比较熟悉的年龄比我大三四岁的高班同学王储传（现名王业康）商量今后的去向。他问我愿意不愿意去抗日根据地。我毫不犹豫地答应了，并说这是我一直向往的，我不能留在上海当亡国奴。他说可以打听一下，有没有熟人可以帮忙。几天过去了，给我的答复令人失望。大意是不管什么地方都能抗日，也都能革命，不一定非要到抗日根据地去。他告诉我大同大学附中二院当时开设高中部，要我考进去加强进步力量，这就是革命工作。[1]

钱其琛，1928 年生，江苏嘉定（今上海嘉定）人，1939 年随母南下，从天津来到上海，于 1942 年 7 月考入上海大同大学附中二院。

上海大同大学是辛亥革命后的中国第一所综合性私立大学，在国内首倡男女同校同班，率先采用学分制与选科制，拥有近代中国最早的物理实验室，聘请中

---

[1] 钱其琛：《一点回忆——寄给青少年朋友们》，原载《火红的青春——上海解放前中学学生运动史诗选编》，上海外语教育出版社 1994 年 11 月第一版，第 91 页。

黑夜中看到了曙光

位于新闸路的大同大学旧影

国首位留美数学博士任教,由清华学堂(清华大学前身)第一任教务长胡敦复及其立达学社同仁集资创建于1912年,并于1928年创办附中,于1939年分设附中一院(即初中部)和二院(即高中部),亦而今的大同中学和五四中学。

上海大同大学及大同大学附中二院位于新闸路1370号,系1939年9月落成的新校舍。1942年10月3日,钱其琛就是在大同大学附中二院求学期间光荣入党,在一张"白纸"上用"米汤"端正"写了入党申请书"——

> 1942年10月3日,在一间小小的亭子间里,我在一位陌生人的带领下,履行了入党宣誓手续。这位陌生人,就是上级党组织派来领导我的人。当时我很感谢作为我的引路人和入党介绍人的王储传对我的帮助,于是向这位上级领导人打听王的近况。不料他却回答说,他不认识王,你也应断绝和王的联系,即使在马路上遇见王,也不要打招呼。因为现在是最严酷的白色恐怖,地下党的活动只能是单线联系,不允许有横的关系。[1]

"上级领导人"的耳提面命让钱其琛"受到很大震动"。他的思想"突然进入了一个全新的境界"。他"感到自己长大了"。他"一眼看出去似乎一切都

---

[1] 钱其琛:《一点回忆——寄给青少年朋友们》,原载《火红的青春——上海解放前中学学生运动史诗选编》,上海外语教育出版社,1994年11月第一版,第92页。

大同大学附中一二院学生游行

变了样,一切都重新开始了。世界完全不同了。在昏暗中看到了晴空,黑夜中看到了曙光"。他"感到自己充满了力量和勇气"。他"懂得了人生的意义,认识到了肩负的责任"。从此,他"如饥似渴地读书学习,吸收知识"。当时,党的工作方针是"隐蔽精干,长期埋伏,积蓄力量,以待时机",钱其琛就"做扎实细致深入的群众工作,广泛交朋友"。他"一点一滴地工作,一个同学一个同学地交朋友,一直做到一些汉奸大员的子女中间去,甚至利用他们的家作为团结同学开展活动的地点"。

我原来高中一年级入学时,全校只有我一个党员,那时已发展到几十个党员。为了迎接抗战胜利,开展了"天亮运动"。1945年元旦和春节广泛散发了传递抗战即将胜利信息的贺年卡和贺年信,向敌伪人员寄发了策反信件,使日伪大感恐慌。还有计划地调查了敌伪各据点和重要官员的住址,绘制了地图,准备里应外合配合新四军解放上海。[1]

钱其琛撤离大同大学附中二院是在抗战胜利后的1945年夏,时年17岁,刚好中学毕业。那以后,钱其琛"就转到中学党组织系统工作,直至上海解放"。上海解放后的钱其琛长期在北京工作,工作在外交领域,但始终不曾忘记自己青少年时期的大同附中生活,直至晚年,他重回母校,重回新闸路上的1370号,依旧动情说道:"青少年时期3年不平凡的生活使我终生难忘。因为这3年对自己的锻炼成长关系很大,不仅是树立自己的人生观和确定自

---

[1] 钱其琛:《一点回忆——寄给青少年朋友们》,原载《火红的青春——上海解放前中学学生运动史诗选编》,上海外语教育出版社,1994年11月第一版,第92—93页。

上海市五四中学,前身为大同大学大学部和附中二院

己的政治方向,而且改变了自己的生活方式,影响到自己的习惯、爱好,甚至性格的形成。对在这3年中引导我前进,帮助过我的一些老领导、老战友,一直怀着感激之情。现在时代完全不同了。振兴中华、建设祖国的重任将转到新一代的肩上。我衷心希望现在的青少年朋友们努力奋进,不辜负青春年华。古人云'少小不努力,老大徒伤悲',说的是读书和学习。又云:'莫等闲、白了少年头,空悲切',说的是事业和抱负。其实,人生的道路也是这样。"

向前走！希望就在前头
——蒋文焕和晓钟剧团的故事

蒋文焕

　　1942年的一天，上海市新闸路750弄6号内，响起了慷慨激昂的音乐，四个年轻人手挽着手，肩并着肩，在舞台上大声地喊着口号："向前走！希望就在前头！向前走！希望就在我们！"

　　台下爆发出雷鸣般的掌声和喝彩声，观众们纷纷起身鼓掌，不少人脸上还挂着激动的泪水。

　　这是晓钟剧团的首场演出，演出的《十字街头》改编自沈西苓的同名电影。为了更好地展现四个主要人物的生活遭遇和命运，剧团特意请乔奇任导演，范正国负责音乐，而演员也都是剧团骨干，其中就包括张雪湖（后来的全总干部）、严红（青联原主任）、陈良（上海音乐学院原院长）、蒋锡礽（后来的儿童艺术剧院副院长）、江山（后来的《解放军报》编辑）等。

　　晓钟剧团是在日寇和汪伪的黑暗统治下应运而生的，当时上海有许多以营利为目的的业余剧团，演出的都是些粉饰太平的剧目。时任上海中学中共地下党支部书记的蒋文焕，便因势利导，在二哥蒋君硕创办的私立学校——维德小学内，组建了晓钟剧团，旨在以文艺演出为武器，打击敌人，唤起群众，并发展年轻党员。

　　"晓钟剧团"演出的都是进步戏剧，而敌人又特别注意文化艺术战线的动向，对演出的剧目审查很严格，每演出一出新戏，都要送"特高科"

审查。那么进步戏剧如何能通过敌人的审查呢？又是如何对付敌人的审查呢？又是如何对付敌人的突然上门观看演出呢？蒋文焕等地下党同志，机智勇敢地利用多种方式和敌人周旋，并取得成功：其一，送"特高科"审查的剧本，是从市面上买来的，这类剧本当然会被通过。其二，维德小学当时还办了个英语补习夜校，学校学生中，有些是包打听（伪警察），剧团就通过他们向敌伪当局打交道，通路子，以顺利通过审查。其三，在排练或演出时，安排人员在外边望风，倘若发现敌情，马上就改变剧情和台词，以瞒过敌人，等敌人走后，仍按进步戏剧演出。[1]

晓钟剧团旧址

除了《十字街头》，晓钟剧团又先后演出了剧团自己创作的《三人行》《恋人行》《909少先队》《地下少先队》《教师沧桑录》等。这些剧目不仅在维德小学内演出，而且还走出校园，走向社会，在兰心大戏院（今上海艺术剧场）、卡尔登影剧院（今长江剧场）、金城剧场（今黄浦剧

电影《十字街头》剧照

---

[1] 蒋君硕：《鲜为人知的"晓钟剧团"》，原载《上海党史资料汇编》第三编下，上海书店出版社2018年11月第一版，第1066页。

场）上演，场场爆满，深受观众欢迎。

许多热情的观众，纷纷给剧团来信，表示对进步戏剧的肯定，有的来信还激烈表示对反动当局的不满。维德小学的学生，观看了"晓钟剧团"的戏剧后，就在自己作文中加以引用，并流露出对反动统治的不满和对新生活的向往。后来伪教育局"督办"发现了这类作文，就传讯校长，幸被校长巧言相对，搪塞过去。[1]

随着晓钟剧团越来越被大家熟知，也就有越来越多的青年自发加入晓钟剧团里来。他们意气风发、激情四射。他们在台上高歌，在人群中振臂高呼。他们不再迷惘，他们坚信"只要团结起来吧！为了新中国的明天！前进"！

在1942年至1946年那一段最艰苦、最黑暗的日子里，晓钟剧团的每一个成员，怀着赤诚的心，将剧团当作没有硝烟的战场，用文艺演出作为武器，为争取民族解放斗争的胜利，为反抗日伪和国民党反动统治作出了宝贵贡献。

1946年，国民党反动派在上海对中共党组织和进步人士进行疯狂抓捕；为了保护同志，中共上海党组织安排蒋文焕担任其他工作，主要骨干张雷湖也去了延安。他们一走，晓钟剧团也就完成了自己的历史使命。

晓钟剧团解散了，在历史滚滚的洪流中逐渐被人忘却。但它有力敲响的拂晓钟声，荡开了黑暗的浓雾，永远回响在一代进步青年的心中。

晓钟晓钟，天色欲晓，警钟长鸣。这钟声，敲在了每个人心上，那是青年们为之抛头颅、洒热血的钟声啊！

---

[1] 蒋君硕：《鲜为人知的"晓钟剧团"》，原载《上海党史资料汇编》第三编下，上海书店出版社2018年11月第一版，第1066—1067页。

"有路道"的一家子
——方行夫妇和密台的故事

抗战胜利后不久，静安区北京西路1400弄25号住进一家三口，出面借房子的先生西装革履、气宇轩昂，姓方名鹤亭，自称进化药厂股份有限公司经理。乃妻王女士，谨言慎行，温文尔雅，看上去就很有气质，二房东自然一百个放心，将房子爽快转租给他们。不久，又来了一位郑小姐，单身，知性，乖巧。王女士对二房东说，郑小姐是她的表妹，来沪求学，一起住，也可多个照应。二房东不疑有他，又是来者不拒。他做梦也不曾想到，自己开门迎进的三人都是共产党员，正是当局三令五申要抓的。

原来，鹤亭先生本名方行，抗战期间在沪江大学社会科学讲习所学习，并担任同学会主席。后以《学习》杂志记者身份去苏北抗日根据地筹办江淮大学，与王辛南结为夫妇。

方行王辛南夫妇合影

1942年，爸爸第二次去苏北根据地，任务是筹办江淮大学。离开上海时把仅有的家当全部处理掉，没打算再回来。妈妈王辛南出生在上海，自小在教会学校读书，长大后在那里做教员，后来从沪江大学毕业后在上海女青年会任职。这次她和爸爸一起去根据地，也是下了很大决心的。没想到不到一年，组织上就要求他们利用在上海的身份与社会关系，做中共地下机关和电台的掩护工作。就这样，他和妈妈又被派回了上海。[1]

方行、王辛南夫妇返沪后，根据党的组织要严守"精干隐蔽，平行组织，单线领导，公开与秘密分开"的精神，便花钱顶下（买断使用权）愚园路愚谷邨121号开办进化药厂。

药厂全称为进化药厂股份有限公司，董事长陈恒澧（当时的大赉被单厂总经理），总经理戴振华（戴利国之父），经理方鹤亭（当时爸爸化名方鹤亭，后来很长时间内刘晓等写信给爸爸还以"鹤亭兄"称呼），副经理贾进者，襄理戴利国，厂长金荣光，副厂长王辛南，会计邱子平（共产党员），共有职工二三十人。我妈妈请来沪江大学名教授做药厂的顾问。[2]

方行之所以看中愚园路愚谷邨121号，完全是因为愚谷邨是一条南北向的新式里弄，北通愚园路，南通静安寺路（今南京西路）；而121号处于支弄弄底，围墙外就是迪化路（今乌鲁木齐北路），一楼又有独立的门，不经过弄堂就可进出，这样加上前后门，共有三个通道，非常便利。

再说药厂开张后，日夜加班，生产的都是新四军急需的药，或各种疫苗，或专治破伤风，由张执一派人来取，连同其他物资一起，通过特殊安排，径直运往苏北抗日根据地。

这时，我们一家大小住在后楼后厢房和三楼前楼。虽然经济上非常困难，但是为了在人前维持排场，家里雇了佣人和厨师，以各种名义常常请客。来客中还有个汉奸局长的太太，是我爸爸同学的姐姐。因此，邻居都知道这家人家在社会上"有路道"，包括一个住在同一弄堂的"76号"特务也对药厂从不怀疑。[3]

1945年8月，全民族抗战最后胜利，张执一来到上海领导武装起义，由

---

[1] 方虹：《我的父母奉命掩护中共上海局》，原载于《新民晚报》2017年2月6日。
[2] 方虹：《我的父母奉命掩护中共上海局》，原载于《新民晚报》2017年2月6日。
[3] 方虹：《我的父母奉命掩护中共上海局》，原载于《新民晚报》2017年2月6日。

"有路道"的一家子

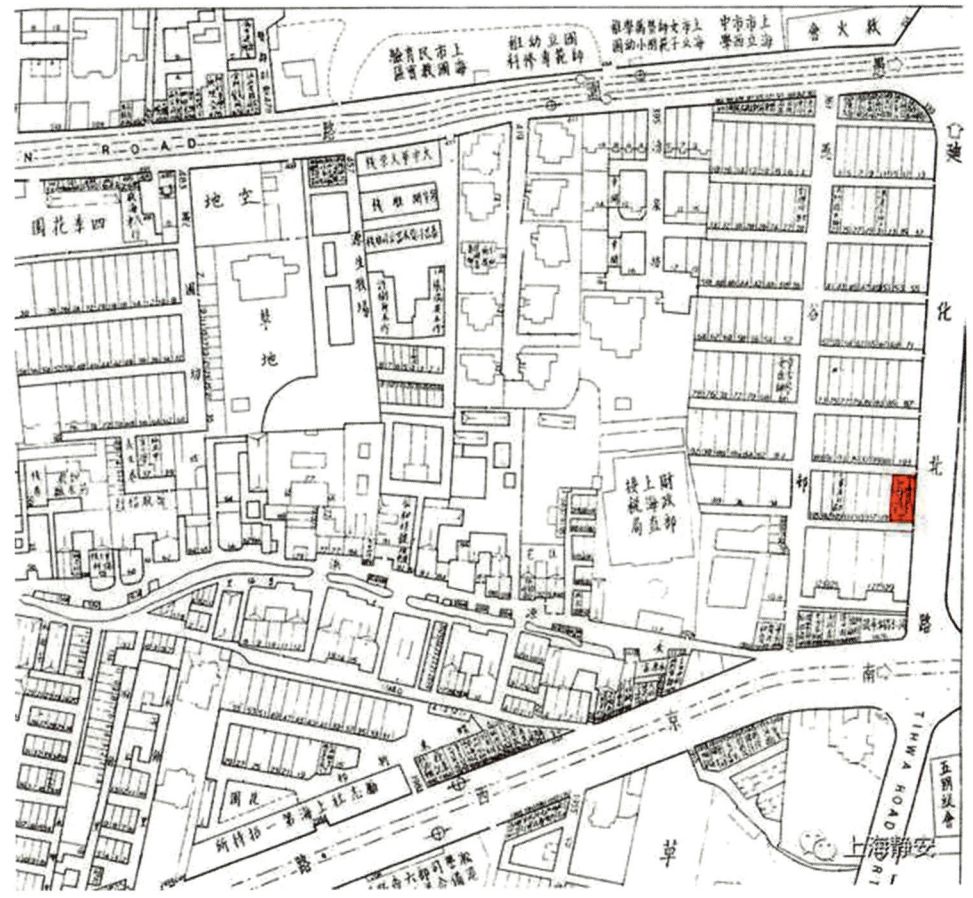

进化药厂所在愚谷村方位图

方行、王辛南夫妇掩护。除了改变装束、购置衣物外,王辛南还特意为张执一夫人王曦布置新居,准备日常生活用品,认真教她上海人的衣着举止。

后来,组织上要设秘密电台,方行、王辛南夫妇就又在北京西路1400弄25号租下一幢单开间三层楼房,让机要员郑惠英也以王辛南的"表妹"名义一并住入。郑惠英一入住,王曦便送来一台美制军用发报机,并跟住在进化药厂的机要员朱志良一起成为郑惠英的联系人。

1946年夏,这部电台又被转移到了新闸路来安坊(今1576弄)5号江闻道家中。江闻道家是一幢二层楼房,一楼住着地下党员周绮霖和她母亲,二楼住着江闻道、沈德钧夫妇,以便掩护报务员郑惠英工作。

1947年9月，郑惠英搬走，周绮霖也暂时离沪，江闻道、沈德钧夫妇留守来安坊，其住所就成为中央上海局的机关之一。刘晓、刘长胜、刘少文每隔一段时间相约在此碰头。张执一、沙文汉、张承宗有时也会前来讨论工作。所以，许多年后，说起往事，方行、王辛南的后人不无感慨。包括他们的父母，那些"曾经出入于此的人"都已经离开了这个世界，但那一段历史，那一段值得久远"纪念"的"历史"却难以磨灭。因为遗忘就是亵渎，因为遗忘就是背叛。

新闻战士的沪上最后居所
——邹韬奋在沁园村

位于新闸路 1124 弄的沁园村是建于 1932 年的新式里弄,弄堂里有楼房 50 余幢,其中 9 号楼因曾是影星阮玲玉的故居而广为人知。但很少人知道,沁园村 22 号是邹韬奋生命中的最后一处居所。沁园村 22 号是一幢独门独院的房子,邹韬奋并不是这所房子的主人,当时他居住在这里时也不叫"邹韬奋"而是化名"李晋卿"。

邹韬奋,1895 年出生于福建省永安县,取名恩润。"韬奋"是他后来办《生活周刊》时用的一个笔名。他曾这样解释:"韬是韬光养晦的韬,奋是奋斗的奋。"[1] 他先后就读于福州工业大学、上海圣约翰大学等。1922 年,在黄炎培等创办的中华职业教育社任编辑股主任,从此开始了他所热爱的新闻出版工作生涯。1926 年,接任《生活》周刊主编。在主编《生活》周刊期间,他坚持言论自由和精神独立,不畏强权,力主正义舆论,抨击黑暗势力,使《生活》周刊真正成为"民众的喉舌",创造了《生活》周刊发行量达到 15.5 万份的民国杂志发行的最高纪录。后来他主办的《大众生活》,销量高达 20 万份,再次开创了中国杂志发行的新纪录。在识字率只有 30% 左右的民国时期,这是一个出版史上的奇迹,可谓一纸风行。

邹韬奋为什么要化名"李晋卿"居住在沁园村 22 号呢?这还要从 1943 年年初邹韬奋耳疾加剧说起。1943 年年初,邹韬奋准备考察苏北抗日根据地

邹韬奋

---

[1] 毕云程:《邹韬奋先生五周年祭》,收录于邹嘉骊编《忆韬奋》,学林出版社 1985 年版,第 194 页。

后去革命圣地延安。亲历苏北军民英勇作战粉碎了敌人的扫荡，他备受鼓舞。当新华社特派记者访问他对根据地的印象如何时，他说："我到根据地来是我平生最兴奋的事情，在这里我有两个最深刻的印象，一是共产党在抗日民族统一战线中的忠实而充分地照顾各阶级的利益，使全根据地的人民团结起来坚持抗战；二是民主政治的实现，根据地内人民普遍参加政治生活，热烈拥护政府的情形，使我十余年来为民主政治而奔走的信心更加坚定了。"[1]虽然他希望早日到延安参加整风学习，但耳病使他的头疼一天比一天厉害，日不能安生，夜不能安眠。由于根据地没有治疗条件，陈毅做出了"速派同志重新护送韬奋回上海治病"的决定。于是，邹韬奋被陈其襄、张锡荣、张又新等人秘密护送回上海。经曾耀仲等医生会诊，一致认为必须手术治疗。

在白色恐怖的笼罩下，他经常受到国民党特务和敌伪的盯梢和通缉。故邹韬奋入院手术，必须在高度保密下进行。地下党派张锡荣千方百计在杭州弄到一张假居住证，证件上的姓名是"李晋卿"，身份为经营百货的商人。邹韬奋化名住进中国红十字第一医院（现华山医院）的特等病房，请著名耳鼻喉科专家穆瑞芬医师主持手术。在沪治疗时间长了，难免有风吹草动。当时在《申报》工作的文化汉奸陈彬和就向日本人透露邹韬奋可能在上海，日军谍报机关得知后派出特务四处打探。11月间，照料他的曾耀仲医生被三番两次传讯，医生护士也被盘问。他不得不连续转换医院，先是从格罗疗养院搬到海格路与

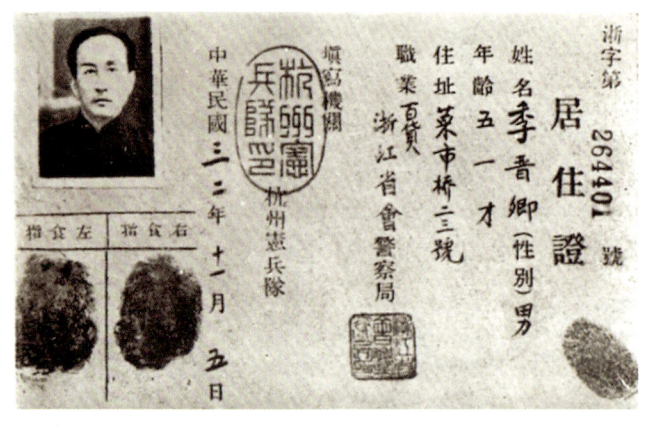

邹韬奋用假名办的居住证，在"李"字上又加了一撇，改成"季晋卿"

---

[1] 袁信之：《韬奋同志在苏北片段》，收录于邹嘉骊编《忆韬奋》，学林出版社1985年版，第246页。

新闻战士的沪上最后居所

善钟路口的瞿直甫医院（原华山路第五小学），不久又从瞿直甫医院搬到静安寺附近的德济医院（原延安西路地段医院，和平路15号）。

随着敌人对医院的侦查日益加紧，如果继续住在医院，很有可能发生意外。为此，他们决定离开医院，找到原生活书店同事毕青。毕青是一名共产党员，他的哥哥在新闸路有一幢独门独院的房子；弟弟是华中局城工部地下交通员。毕青说服了他的亲属，挤出一个亭子间让邹韬奋隐居。邹韬奋在毕青家住了一个多月，病情继续恶化，耳朵不断地流出脓血，吞咽食物也十分困难，剧烈疼

邹韬奋和夫人沈粹缜

痛的次数急剧增加。原来每天注射一支"杜冷丁"用来止痛，后来发展到每天要打两三支。邹韬奋夫人沈粹缜看在眼里，痛在心中，为了减轻他的痛苦，她自己学会了打针，亲自为他注射。一天夜里，邹韬奋昏厥醒来后，自知病情严重，第二天即找徐伯昕嘱咐后事，并再次表示请中国共产党审查他的一生，如果合格，请追认入党。[1] 邹韬奋先生在沁园村住了一个多月，因为病情更加严重，又被转移到了现在岳阳路190号的原上海医院。

7月24日，他带着对祖国、对人民的无限眷恋和深情离开了，年仅49岁。弥留之际，邹韬奋口授遗嘱，郑重申请："请中国共产党中央严格审查我一生奋斗历史。如若合格，请追认入党。"表达了他一生不懈的政治追求和诚挚愿望。遗嘱转到延安后，9月28日，中国共产党中央委员会电唁邹韬奋家属："韬奋先生二十余年为救国运动、为民主政治、为文化事业，奋斗不息，虽坐监流亡，决不屈于强暴，决不改变主张，直至最后一息，犹殷殷以祖国人民为念，其精神将长在人间，其著作将永垂不朽。先生遗嘱，要求追认入党，骨灰移葬延安，我们谨以严肃而沉痛的心情，接受先生临终的请求，并引此为吾党的光荣。"

---

[1] 沈谦芳：《邹韬奋传》，三联书店2016年版，第456页。

医学化验所的斗争往事
——中央上海局和上海市委秘密活动点之一

上海愚园路愚谷邨 121 号（今南京西路 1892 弄 121 号），曾是中共上海市委和中央上海局的秘密活动地点之一，对外名义是中华医药化验所。这是一所双幢三层洋楼，北通愚园路，南连静安寺路，东临迪化路，三面均有门进出，来往方便。该处机关由方行、王辛南夫妇二人驻守，且做过电台机要员的住所。

在此策划上海地下军武装起义

愚园路愚谷邨旧照

1944 年秋，中共上海地下党组织为贯彻落实《中央关于城市工作指示》，积极筹建地下军，为发动武装起义、解放上海做准备。中央华中局指定方行、王辛南夫妇募股在愚谷邨 121 号筹建进化药厂，以准备上海武装起义时机成熟时，作为指挥人员先行潜入的掩护点。

1945 年 8 月，中国抗战胜利前夜，中共中央和华中局决定在上海举行武装起义，准备里应外合，配合新四军解放上海。8 月 10 日，华中局决定成立上海市委，刘长胜为书记，委员有陈伟达和陈祥生。11 日，张执一、张承宗从新四军根据地回沪，迅速布置有关工作。19日中央华中局致电上海市委下达起义命令，同时派刘长胜从根据地赶回上海，领导武装起义工作。刘长胜、张承宗、张执一等回沪后，曾在此居住，秘密策划发动上海地下军起义。

抗战胜利后，由于蒋、汪合流形势剧变，8月21日中共中央根据形势变化，一天内连发三次电报，紧急通知停止上海地下军的武装起义，"保存我们在工人中及其他人民群众中的组织基础，以便将来进行民主运动"。

由于没能及时收到电报，8月23日晨，上海市委按照原先的计划，选定地处沪西工人区、为日本军工提供生产原料的信义机器厂，作为发动起义的起点。沪西工人、地下军60余人，携带武器，编成3个突击队，带领各业工人2 000余人，冲进信义机器厂。大批工人闻讯而来，最多时达六七千人。下午，正当热情高涨的工人等待下一步行动时，刘长胜收到中央电报指示，赶紧派人到信义机器厂终止武装起义，迅速将队伍有序撤走。起义中止后，上海市委迅速转入领导组织各种团体，开展要求复工、清算日伪等斗争。

在此策划领导反内战示威运动

1946年4月，刘晓从延安返回上海后，直接领导上海市委工作，刘长胜协助。1946年四五月间，全面内战危机空前严重，上海市委发动群众进行反内战、争和平斗争。

6月，刘晓、刘长胜，以及设于周公馆内的中央南京局所属的上海工作委员会副书记刘少文，在此处开会，策划领导反内战示威运动。刘少文传达了中央关于尽可能推迟全面内战爆发的指示，会议决定以欢送和平请愿代表团的名义，举行全市性的反内战示威大游行。

6月23日，以马叙伦为团长的上海人民和平请愿团11人到南京请愿，要求停止内战，实现和平民主。130个大中学校的学生和其他各界群众5万多人，到上海北站欢送。

下午6点，上海请愿团在南京下关火车站遭到国民党特务围攻，马叙伦、阎宝航、雷洁琼及学生代表陈震中等被打伤。周恩来当晚赶赴医院慰问受伤

1955年5月，刘长胜在莫斯科参加世界工会联合会执行局会议期间与刘晓的合影。（右为刘长胜）

代表。下关惨案激起海内外震惊，全国各界纷纷发出抗暴呼声，揭露了国民党假和平、真内战的阴谋。

以中华医药化验所为掩护领导爱国民主运动

1946年夏，美货涌入市场，民族工业纷纷倒闭，进化药厂停业。9月，根据工作需要，由王辛南负责，在已停业的进化药厂基础上开设中华医药化验所，作为上海党组织负责人碰头和掩护机要工作人员的秘密场所。

中华医药化验所聘请上海儿科专家林俊卿为主任，另聘请化验员2人。党的电台机要员朱志良在化验所任会计作为职业掩护，每天来此上班，大约持续一年时间。由于化验所每天送化验标本者和医生来来往往，在此开会不易引起外人注意。

国共和谈破裂后,1947年初中共中央南京局及其所属的上海工委随之结束,有关人员返回延安。为全面领导国统区的工作,1947年1月16日,中央决定成立上海分局,5月6日又决定将上海分局改为上海局,由刘晓、刘长胜、钱瑛、张明(刘少文)4人组成,领导西南各省、长江流域、京沪地区,以及平津部分党组织。刘长胜除协助刘晓总管上海局全面工作外,重点领导上海市委工作,负责上海党组织的建设和群众运动。

中央上海局成立后,该处仍是秘密活动地之一。刘晓、刘长胜、刘少文、钱瑛常在这里开会,上海市委领导张承宗和南京市委书记陈修良,沙文汉、谢寿天、林枫、徐雪寒等也曾在这里开会、碰头或找人谈话。

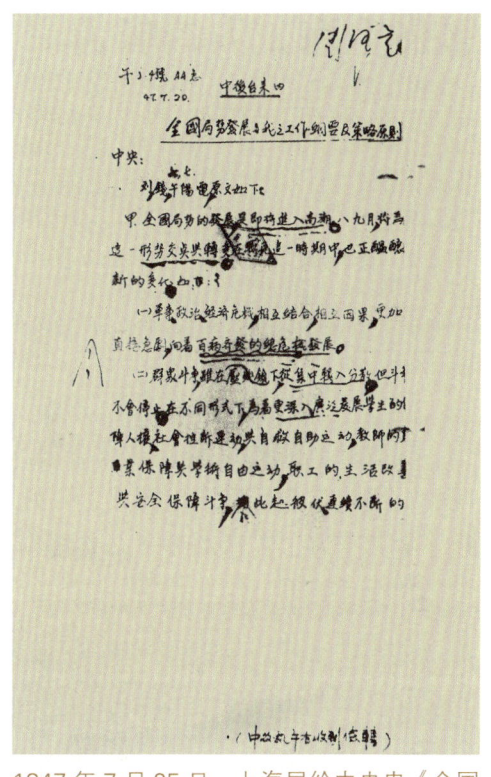

1947年7月25日,上海局给中央电《全国局势发展与我之工作纲要及策略原则》

1947年5月,在中央上海局和上海市委领导下,上海以及其他国统区的大城市掀起了声势浩大的反饥饿、反内战、反迫害爱国民主运动。整个5月,上海职工先后参加反饥饿斗争达50万人,参加反饥饿、反内战斗争的大中学校73所、学生5万多人。在国民党统治区形成配合人民解放军战场的第二条战线,为解放军从战略防御转向战略反攻,为渡江战役、解放上海打下坚实的基础。

1948年年底,中央上海局的领导先后到了香港,在化验所作掩护的朱志良等被调至解放区。在此驻守机关的方行根据指示,停办中华医药化验所,及时处理了化验所的设备仪器和雇佣人员,该处机关随即撤销。

誓做上海工人的喉舌

——《生活知识》周刊的故事

抗战胜利后的上海,并没有还人民一个和平、民主和安定的环境,相反的,民族工业受到严重摧残,百姓居无定所,愈益生活在水深火热中。于是,中共上海工人运动委员会直接领导下的工人刊物——《生活知识》周刊应运而生,在"反饥饿、反内战、反迫害"的斗争中,英勇站在了刺刀见红的前沿。

《生活知识》周刊

《生活知识》周刊顾名思义,好像是对职工进行有关生活知识的教育,其所以这样命名主要是避免引起国民党的注意。原来打算叫《职工生活知识》周刊,在正式出版时,又把"职工"给删去了,而定名为《生活知识》周刊。她实际上是党的上海工人运动委员会直接领导下的、指导上海工人运动的刊物。刊物一经出版,工人们订阅,社会各阶层也订阅,虽在国民党种种阻扰、限制下，发行量还是逐步增加，不但在上海一地发行，而且国民党统治的各大城市都有代销点。[1]

《生活知识》周刊于 1945 年 11 月 12 日创刊，1946 年 8 月 31 日停刊，共出版了 39 期，编辑部几易其址，从哈同大楼到马浪路（今马当路），再到新闸路鸿祥里 52 号楼上，几乎每一期都是在掩人耳目的普通居家中完成，不显山，不露水，主动方便，易于隐蔽。

一九四六年初，上海电力公司举行震动全市的九日八夜大罢工，国民党军、警、宪、特纷纷出动，对电厂严密监视。我们通过统战关系，搞到了一张伪淞沪警备司令部的"特别通行证"，就前往采访，获得了罢工斗争的第一手材料，使刊物的报道最详尽、最全面，评论也写得尖锐有力。[2]

后来，敌人欺骗、驱使一些不明真相的家庭妇女，一边叫嚷"要丈夫回家过年"，一边冲进上海电力公司，后面跟入大批武装警察，乘机大打出手，打伤十多名工人，逮捕 19 名工人代表，悍然制造了"索夫团"事件；中共上海党组织便转给《生活知识》一封三星牙膏厂的女工来信，详尽披露自己受工贼、特务哄骗，懵懂参与"索夫团"事件的前因后果，并以沉痛心情向上电工友致歉。后来，此信便以《"索夫团"真相——向电力公司工友致歉》为题，全文发表在《生活知识》上，引起全社会轰动，使上海人民进一步看清了反动当局的丑恶嘴脸。

那之后，国民党用特务手段加紧对这个刊物进行迫害，公开没收和撕毁我们的刊物，利用工贼威胁订阅《生活知识》的工人，还派遣特务阴谋抓我们的编辑和发行人。1946 年国民党上海成都路警察局就曾派特务来抓我。特务事先到《生活知识》出版社侦察过。那时《生活知识》

---

[1] 毛齐华：《回忆〈生活知识〉周刊》，原载《上海党史资料汇编》第四编下，上海书店出版社 2018 年 11 月第一版，第 526 页。
[2] 朱守恒、李信：《上海工人的喉舌——〈生活知识〉》，原载《上海党史资料汇编》第四编下，上海书店出版社 2018 年 11 月第一版，第 538 页。

的办公室就设在我的寓所新闸路鸿祥里52号楼上。特务在准备抓我的前一天晚上还到我寓所四周侦察，见到楼上的灯亮着，就准备在第二天晚上来抓人。[1]

险象环生，组织上决定主动停刊，在第39期"休刊号"上刊登了一篇休刊词，题为《再会吧，工友们》，其中特别强调："我们要认清《生活知识》为什么要停刊？她是主张和平民主的，现在反民主和平的势力一天天抬头，政治局势一天天恶化，她当然不能再存在下去。现在全国人民正在为和平民主艰苦地奋斗，只要和平能实现，《生活知识》总有和各位重见的一天。"

长风破浪会有时，直挂云帆济沧海。在《生活知识》周刊停刊后不到3年时间，上海这一中国共产党的诞生地便就迎来了解放，上海工人阶级又一份自己的报纸——《劳动报》也在1949年7月1日与上海工人群众见面了。

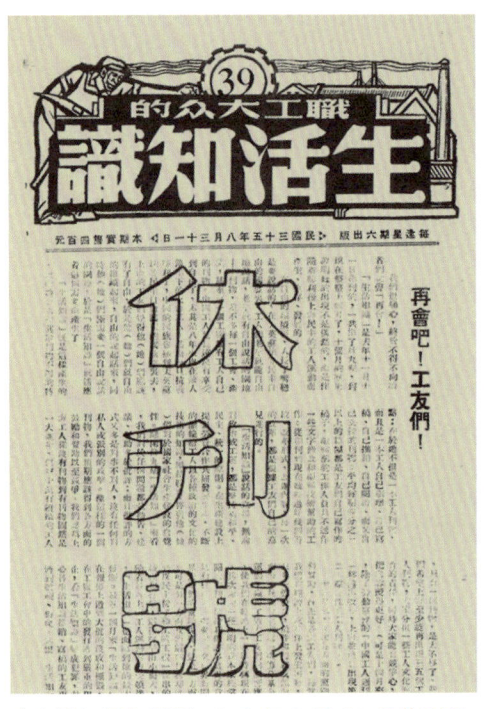

《生活知识》周刊1946年8月31日休刊号

---

[1] 陆象贤：《〈生活知识〉二三事》，原载《上海党史资料汇编》第四编下，上海书店出版社2018年11月第一版，第532页。

火红的青春
——战时的华东模范中学

1945年夏，之江大学进步学生姚晶等与滨海中学部分青年教师共同开办了一所中学，取名华东模范中学。学校起步伊始，中共上海党组织就成为学校的领导核心，把学校建设成一座"民主堡垒"。

姚晶

华东模范中学校园内景

艰苦创办

办学之初是极其困难，主要没有钱。于是大家想办法，有把保值储蓄单去抵押贷款；有把家中的地卖了；也有的直接向银行借钱，并通过当时教育局主管中等教育一位比较开明的负责人支持，使学校立案，取得合法地位。虽然办起来。但办学经费始终紧张，办学环境艰苦。学校有意识地组织开展各种捐资助学活动。每当学校寒暑假，同学们要到马路上、商店里等地方去募捐，有的家长在食品厂工作，批发给他们番茄沙司、水果罐头，拿到里弄里推销……虽然被人们看不起，遭白眼，吐口水，但还是忍耐坚持。老师也都是半尽义务，工资很低，从而维持学校开办下去。由于华东模范中学经济清寒的同学比例占到50%—60%，失学关系到每个人的切身利益。在市学联领导下，学生党支部通过学生会发动助学运动，提出了"团结起来，克服学校解决危机和同学失学危机"口号。此外还把尊师助学作为经常任务，大家走向街头，义卖助学章、尊师章，并向社会募捐，争取家长和社会的同情、支持。有的拉着二胡沿街义唱，路人纷纷慷慨解囊；有的到剧院举行义演募捐，助学运动取得丰硕成果，光1946年助学就解决学校一个半学期的经费，还筹集到新校舍的租金。同学们说，学校的助学运动，使自己兴奋难忘，大家都要伸出援助之手，必须献出自己所有力量。老师们也说，如果没有学生的助学运动，就没有华东模范中学的存在。尤其难能可贵的是，当华模、复夏两所学校合并缺钱租扩大的校舍时，中共上海党组织就想到在震旦教书的胡文巧老师，把她调来担任副校长兼管总务。她上任后，把父亲给她的100两黄金拿出来，一部分作为租房费用，余下的作为学校日常开销。胡文巧当时还担任上海中等教育研究会的西区主席，她用华模副校长身份做西区教师的联络工作，直到上海解放。

斗争考验

1945年年底，中共党组织派之江大学教育系党员左淑东等来校工作，并任教导主任。由于华东模范中学是进步力量的汇集地，保护参与地下斗争的师生免受反动派的迫害,所以她是当年上海"中学的民主堡垒"之一。1946年学生中建立党支部,前后共七届,先后有学生党员33人。学校有健全的学生会和忠实可靠的积极分子队伍,成立了"抗暴小组""学联小组"等外围组织。以这些党员和积极分子作骨干,带领团结广大同学英勇地投入反蒋反美斗争。中共上海党组织给学校的主要任务就是:争取一切合法条件,把学校保存并发展下去;团结教师,做好学校教学工作,同时掩护进步学生;教师支部要策略地支持学生支部蓬勃地开展学生运动。每当参加市里大型集会活动,时间晚了,回家没有交通,学生骨干就带领低年级同学从交大或远在东北角的同济、复旦,徒步送回家去。同时还提高警惕,保卫红色堡垒和党员的安全。每当校内有活动时,自觉地充当"哨兵",或者跑到校门外打弹子;或者爬到学校阁楼上,紧张地眺望学校弄堂外的情况,发现有可疑的人,就抓一把小小玻璃球投入屋檐下排水的漏斗里,哗哗地落下,向大家发出警报声,校内的活动就暂时停下来。

当时前方消灭国民党反动派是第一条战线,而国民党统治区,叫国统区,是第二条战线。作为在上海的第二条战线上的一支小分队,华模师生始终站在斗争前列。他们抓住一些事件,组织游行示威,弄得敌人不安宁。1945年12月,马歇尔到上海,国民党御用工具学生总会出来欢迎,中共上海党组织学生举行示威游行,华模师生参加了示威。1946年"六·二三"反内战示威游行,华模师生是一支活跃的队伍。1947年5月学潮以后,上级要求学校支部提高发动率,他们每次都有三十几名同学参加运动,百分比在当时中学中是较高的,受到表扬。在反美扶日大示威中,由于有的大学队伍受国民党的阻挠未能到现场,华模学生站在队伍前列。反动当局调集大批军警把队伍团团围住,然后分切割,企图打散队伍,使示威游行无法进行。面对敌人装甲车驶来和手执步枪、刺刀的警察,同学们毫无惧色,唱起革命歌曲,勇敢高呼口号。红色囚车开来,警察要抓捕学生,同学们横眉冷对,秩序井然。队伍被冲散了又聚零为整,重新集合,按原计划游行。与此同时,还深入工厂支援工人罢工,参加工人的活动,揭露国民党的反动面目,使得老百姓认识形势,孤立敌人。由于斗争需要,华模多次输送骨干到他校,打开了一些国民党统治较严学校的斗争新局面。

1946年6月23日反内战运动中,欢送上海人民呼吁和平入京请愿代表团大会场景

教 育 创 新

学校办学思想明确,不仅要掌握文化科学知识,还要学习革命真理,在革命运动中锻炼成长。华模的老师大多数是青年教师,地下党员占80%,他们政治上坚定,思想活跃,不因循守旧,对学生关心爱护,师生之间感情亲密无间。在教育思想上敢于创新,把文化教育和世界观教育相结合,把对学生严格要求和传播民主管理相结合。强调教活书,读话书,注重调动学生的积极性和独立思考能力。在教学上以正课学习为主,辅之以集体学习和小先生制。在教材的选用上,数学为适应学生实际需要自己编写;英语选用相关的补充教材,教学生会话;语文除古文外,增加世界名著的阅读,还教语法、修辞……即使公民课按规定用《中国之命运》作教材,就讲中国的命运究竟如何?谁来决定它的命运?并通过了解"社会发展史"和"政治经济学",引导学生关心国家大事,教他们懂得什么是民主自由,什么是压迫独裁,懂得

中国贫穷落后的根源在于国民党的反动统治。

丰富多彩的教育文化生活是华模师生难忘的。为了增长同学们才干，传播革命思想，学校经常组织读书会、讨论会，阅读进步书刊，画板报，出壁报，平时唱革命歌曲，跳集体舞，编演政治短剧，平时周末联欢，融洽师生感情，许多同学都把华模比作自己的家。

南下服务

1949年上海解放了，华模中学绝大部分学生按国家需要奔赴各地参加革命。影响最大的是踊跃参加西南服务团，配合中国人民解放军第二野战军成立的西南服务团，号召上海革命知识青年参加，华模全校同学热烈响应，从初一到高三学生个个争相报名。他们克服各种困难，不留恋大城市舒适的环境、安逸的生活，毅然选择了艰苦困难，义无反顾地踏上解放大西南的征途。当时有66位同学参加西南服务团，年龄最小的仅15岁，在人数和比例上都占全市之首。此外另有一部分同学报名参加了南下服务团，到福建前线参了军。最后剩下的同学，有的转学其他学校，有的进入军事干校，有的参加了抗美援朝。华模中学也由此完成了历史使命。

1983年据老校友的要求，静安区政府决定以培英中学为基础，恢复华东模范中学。

我们的背景就是全市妇女

——上海妇女庆祝"三八"节的故事

抗战胜利后,上海的知识女性普遍渴望和平民主新生活,中共上海地下学委便不失时机,统一组织庆祝"三八"国际劳动妇女节活动,从圣约翰、东吴、之江、中国新闻专科等学校抽调了一批党员骨干建立党团,于1946年3月初,在戈登路(今江宁路)女青年会召开女学生代表会议,吸收沪江、复旦、交大、大夏、大同等大学及南洋女中、新本女中、爱国女中、允中女中、启秀女中、务本女中、爱群女中、上海女师、省吾中学、南洋模范、华东模范等中学代表参加。会上,大家进行了热烈讨论,纷纷表示:"今年的'三八'是抗战胜利后的第一个国际劳动妇女节,作为女学生,我们必须以最大的欢欣来迎接它!"于是,全市女学生"三八节筹备会"随之成立,各校代表都回去广泛发动女同学参加庆祝会筹备活动。许多学校在中共上海地下学委各校支部领导下成立女生团契,力量强的学校则成立女同学会。

对向来闭门不出、不问校外事的教会学校,如圣玛利亚、晏摩氏、俾文等女中,我们注意做开导工作,筹备会专门派了女同学前去宣传。这些学校的女同学纷纷表示要来参加这次三八节纪念活动。[1]

为了动员更多人参加全市纪念活动,全市女学生"三八节筹备会"还组织了一次规模较大的文艺活动,于3月4日下午在胶州路民众实验学校(今静安区业余大学)举行文艺大会,有70多个学校的2 000多名女学生参加,

---

[1] 包仁宝:《三八节大游行前后》,原载《上海党史资料汇编》第四编下,上海书店出版社2018年11月第一版,第573页。

我们的背景就是全市妇女

场子里挤得满满的，听罗书章、胡子婴到登台演讲。罗、胡的演讲都强调了女学生参加妇女解放运动的重大意义，博得全场一阵阵热烈掌声。

三八节清晨，在沪西兆丰公园（即现在中山公园）大草坪上，棉纺、丝织、印染、橡胶、卷烟、制革等产业各工厂女工，圣约翰、东吴、之江、沪江、大同、大夏、光华等大学，务本、新本、启秀、南洋、爱群、上海等女中及省吾、华模等中学、中德等助产学校的女学生们，中教、小教、社教、电讯、银行、海关、保险、市轮渡等女教师和女职员们，以及生活互助社家庭妇女等二万余人，冒着初春的寒风，从四面八方汇集到会场。[1]

上海市立实验民众学校（今静安区业余大学）校门

游行开始了。人们群情激奋，排成浩浩荡荡的队伍，高举"上海妇女联谊会"的旗帜，从愚园路到静安寺，一直走到南京东路外滩，沿途不断高呼："打倒国民党特务！""妇女们团结起来！""要有言论、结社、出版、集会自由！""中国人不打中国人！""妇女大团结万岁！"等口号。口号声此起彼伏，响彻云霄。国民党军警三番五次妄图冲散队伍，尤其是游行队伍行进到愚园路迪化路（今乌鲁木齐北路）时，国民党特务恶劣地向游行队伍掷石块、放鞭炮。但姐妹们毫无惧色，大家只是将手挽得更紧，纠察队和站在两旁的男学生和男职工手挽手筑成了一条防线，彻底粉碎了国民党特务的破坏阴谋。

---

[1] 包仁宝：《三八节大游行前后》，原载《上海党史资料汇编》第四编下，上海书店出版社 2018 年 11 月第一版，第 575 页。

妇女争取民主运动

经过这次三八节斗争，国民党反动派假和平、真内战的阴谋被揭露了，广大女学生的觉悟提高了。例如新本女中，三月八日清晨，女学生们正在操场整队，准备向兆丰公园出发，校方训育主任张□□（一个特务）企图把女同学们拉到大光明电影院去开会，但拉来拉去也拉不到几个人。无奈之际张□□跳上操场讲台，他叫道："你们不要相信学生会徐美玉（学生自治会主席），也不要到兆丰公园去。那个会是有政治背景的。"他的话还未说完，一位女同学已跳上讲台，她激动地说："我们要求男女平等，要求妇女解放，有什么不对！要说背景，我们的背景就是全市千百万妇女。而你的背景又是什么？你的脸上早已贴上了国民党特务标记！"此言一出，群情大哗。大家纷纷说："学生会就是好！我们就是要跟学生会跑。"张□□眼看阻拦不成，就想去关校门。这下更激怒了同学们。学生会女同学立刻带领大家冲了出去。[1]

新本女中的斗争是一个缩影，从一个侧面生动反映了此次三八节集会和游行之于上海妇女运动的推拥和激励。正是通过此次三八节集会和游行，上海妇女运动上了一个新台阶。随着更多亲身参加此次三八节集会和游行的积极分子强烈要求加入中国共产党，让人欣喜看到她们的觉悟，她们的进步，有力推动了中国劳动妇女的翻身解放、中国最广大人民群众翻身解放的早日到来！

---

[1] 包仁宝：《三八节大游行前后》，原载《上海党史资料汇编》第四编下，上海书店出版社 2018 年 11 月第一版，第 576—577 页。

让正义之声播撒每一角落
——钟氏兄弟和中联广播电台的故事

1946 年 3 月，中联广播电台问世，呼号 XGCA，频率 1 140 千赫，这是在国民党统治区内，由中国共产党领导的唯一的、公开的广播电台，活跃在这一广播电台背后的有中共党员钟沛璋和钟信耀。

一九四六年初，正在大学读书的中共地下党员钟信耀（现名陈古海），和他两位爱好无线电的同学赵铮和缪德培，商议要办一个广播电台，并报告了党组织。学委决定由钟沛璋来负责筹办和领导这个电台。当时钟沛璋是中共上海地下党学委男中区委委员，在领导一部分中学支部的同时，还领导中联广播电台的工作。[1]

为了创办中联广播电台，组织上一下子调来了 3 名党员，他们是在铁路局工作的沈正光，毕业于沪江大学、曾在基督教青年会工作的张明华，电信

1953 年，钟沛璋时任《中国青年报》副总编辑，照片中左三为钟沛璋

---

[1] 钟沛璋、陈古海:《红色的电波——中共上海地下党办中联广播电台始末》，原载于《上海党史资料汇编》第四编下，上海书店出版社 2018 年 11 月第一版，第 568 页。

局话务员出身的陈文琴（陈敏），年龄都在二十岁左右，具体分工为：钟沛璋任广播部主任，沈正光任广告部主任，钟信耀任工务部主任，赵铮和缪德培任工程师，张明华和陈文琴任播音员。

> 当时筹集办电台的资金不多，电台就设在新大沽路钟的家里。钟家的房子是沿马路的，楼下改成办公室和播音室，楼上则是机器房和住房，发射天线就架在房顶上。为了早晚广播工作需要，张明华和陈文琴就住在电台，也就是钟家。[1]

钟沛璋、钟信耀家的确切地址是新大沽路411弄4号。他们家的楼下做了播音室和办公室，发射机只能放钟信耀的卧室。钟信耀是钟沛璋的胞弟。发射机是赵铮、缪培德和赵文清等人自己动手设计安装的。电台用以伴奏的一家旧钢琴则是向琴行租来的。试播工作失败了好几回。一天，当钟信耀、赵铮、缪培德等人上街，在南京路的一栋大楼里，突然收听到中联广播电台的试验播音，无不兴奋得当场跳起来。

然而，比调试更难的是资金问题和营业执照问题。钟沛璋首先说服父亲投资。父亲钟惠勤是西药商行老板。他给儿子说动心了，就又约请南京路一家鞋帽店老板王馥荪一起来办。王馥荪认识很多头面人物，其中包括"中统"特务陈高镛。陈高镛见钱眼开，答应借用"上海市文化运动促进会"名义。

> 陈高镛之所以同意主办，是想通过办电台捞点钱，他没有想到我们有共产党的政治背景，但还是派了三青团骨干张□兄弟俩来监视我们的活动。[2]

就这样，中联广播电台在"中统"特务的虎视眈眈下正式开播。正式开

---

[1] 钟沛璋、陈古海：《红色的电波——中共上海地下党办中联广播电台始末》，原载于《上海党史资料汇编》第四编下，上海书店出版社2018年11月第一版，第569页。
[2] 钟沛璋、陈古海：《红色的电波——中共上海地下党办中联广播电台始末》，原载于《上海党史资料汇编》第四编下，上海书店出版社2018年11月第一版，第569页。

播那天，台里请来了梅兰芳、言慧珠、童芷苓等名角揭幕、剪彩，还请了朱美玲、哈蓓蓓等名嘴客串，点播的电话从早到夜应接不暇。

> 广播电台办起来，首先得要人们爱听。我们就搞了许多上海群众喜闻乐见的节目，如越剧、沪剧、评弹、滑稽等。特别是广播电台开幕那天，请了许多著名演员和名人到场，报上登出大幅广告，曾轰动一时。我们还另外搞了一些文化性、知识性的节目和少年儿童节目。张明华的口才很好，给孩子讲故事，自编自讲，很吸引人。陈文琴主持音乐点唱，也很受欢迎。这样，我们在短时间内创办起来的广播电台，节目内容堪称丰富多彩，而且具有文化性的特色。[1]

除了喜闻乐见的大众节目外，中联广播电台党支部研究得最多的，还是怎样配合正在兴起的学生运动做好宣传工作。当时，中共上海党组织发起了敬师运动，上街为教师募捐，反动当局拼命破坏；中联广播电台就邀请教育界人士来演讲，演出学生节目，搞得十分热烈，影响很大。

后来，上海的学生运动转入反内战斗争，中联广播电台记者又深入一线，现场采访赴宁上访的上海人民和平请愿团，引起陈高镛的警觉。

> 第二天，张□就早早窜来电台监视，防止我们播出反内战大示威的消息。我们也早有准备。他一来，沈正光就拉住他，跟他东南西北地闲聊，使他无法监听，等他发觉上当时，张明华和陈敏早已把消息播出去了。这类事情随时都会发生，中联广播电台也就日益成为国民党注意的目标。国民党以报纸要报道广播小姐为由，向我们索要张明华和陈敏的照片，被我们巧妙地搪塞过去。但一次钟沛璋与钟信耀去联系节目时，遭到了流氓的毒打，钟沛璋受脑伤卧床躺了许多天。[2]

---

[1] 钟沛璋、陈古海：《红色的电波——中共上海地下党办中联广播电台始末》，原载于《上海党史资料汇编》第四编下，上海书店出版社 2018 年 11 月第一版，第 569 页。

[2] 钟沛璋、陈古海：《红色的电波——中共上海地下党办中联广播电台始末》，原载于《上海党史资料汇编》第四编下，上海书店出版社 2018 年 11 月第一版，第 571 页。

静安——首部党章诞生地的100个故事

中联广播电台曾采访报道上海人民和平请愿团

钟沛璋被打伤了，被迫卧床，但红色的电波依旧坚持着、继续着，把我们党的政治主张、把进步的理论思想、把振奋人心的正义之声，播撒到每一角落，播撒到每个热血国人的心中……

黑暗里求光明，黎明前献血花
——张困斋和"丰记米店"

1945年8月中国抗战取得胜利，刘长胜、张承宗等中共上海市委领导从新四军华中根据地回到上海，领导建立秘密联络点，设置秘密电台，为争取和平民主和上海解放进行各种斗争。

丰记米店的经理张困斋同时负责党的一个秘密电台

1946年，中共上海市委要建立一个有合法掩护的联络站，用作市委及学委的秘密联系点。负责当时上海学生运动方面工作的吴学谦，受张承宗委托，负责组建秘密联络点的工作。吴学谦利用党组织提供的资金，经过一个时期的筹备，在闸北开设了一家益丰米行，自任经理。同时，他在福煦路916号（近延安中路）开设一家丰记米店，自任股东，由张承宗的弟弟张困斋担任经理。有了这种合法的职业掩护，他们之间可以经常相互来往，传达上级指示，了解有关工作情况。

当时吴学谦还不知道张困斋除了担任这个任务外，还负责上海的一个秘密电台。这个电台，担负着上海与中央及华中局的通报联络工作，设在报务员秦鸿钧的家中。

张困斋，浙江镇海人，1913年出生。1934年加入左翼社联，1935年参加中国民

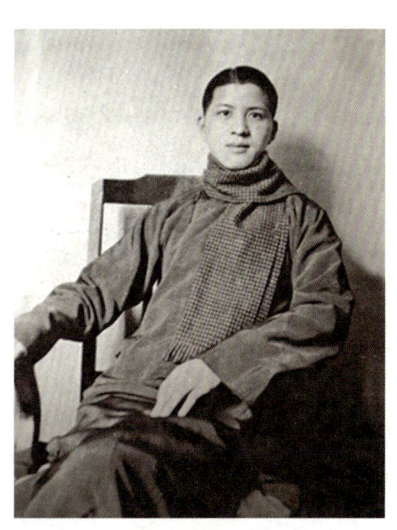

张困斋

族抗日武装自卫会，一二·九运动后参加上海职业界救国会。1936年，参与组织党的外围组织银钱业余联谊会，贯彻执行党的抗日民族统一战线。1937全面抗战爆发后，他参加战时服务团，进行宣传抗日、募捐财物、救护伤员难民等工作。同年加入中国共产党。1938年，他调到江南抗日游击队工作，负责编印《江南》刊物。一年后他回上海从事党的地下交通工作，对汪伪政府的经济问题曾进行调查研究，写过有关粮食问题专题报告。他正直无私，青年有为，1946年冬被调到中央上海局机要部门，领导设在秦鸿钧家的秘密电台，受刘长胜和张承宗直接领导。

丰记米店对面是国民党特务的办事机构

作为上海市委兼学委的秘密联络点之一，丰记米号的工作人员，都经过严格挑选。米店跑街由赵茅兴担任，他在全面抗战初期就是共产党员，在法国电车公司和永安公司做过职员，曾在解放区长期做党的政治交通。老师傅刘志荣做米店勤工，负责背米、送米等杂务。刘志荣曾因参加反帝爱国运动被捕入狱，全面抗战后才出狱，也是个久经考验的共产党员。由于他们与周围群众关系很好，米店生意不错。刘长胜、张承宗有时也到丰记米号开会。

米店左边是文具店，右面有一家酱油店。米店对面的房子，原来是国民党26军的办事机构。1946年下半年，国民党中统特务的机构搬进这个办事机构，大门开在亚尔培路（今陕西南路）2号。中统机关的人有时也到米店买米，刘志荣就利用给他们送米的机会，与他们搭话，了解一些情况。

过了一段时间，为安全起见，赵茂兴被到另一个地方做机要工作，社会职业由张困斋介绍到中信信托公司当记账员。刘志荣、张困斋坚守这个米店，他们2人警惕性很强。张困斋常穿一套深藏青的中山装，没人知道他的底细。这样，直到1949年上海解放前夕，米店一直相安无事。

上海解放前20天张困斋被捕牺牲

1949年3月，为里应外合配合解放军进攻上海，上海市委紧锣密鼓地进

黑暗里求光明,黎明前献血花

行各项准备工作。3月20日,传来不幸的紧急情报,此前深夜国民党在打浦桥新新里破获中共电台,报务员秦鸿钧和张困斋被捕。这天早晨,丰记米店遭查封。

刘志荣一大早来到米店,看到店门已开,账台上坐着一个不认识的人,立刻觉得不对头。根据以前约定的暗号,他迅速把老虎车倒放在门边墙头上,警告店内已出事,不要进去。然后飞快跑到有关同志家,通风报信,告诉千万不要去米店。通知完毕,他还不放心,拿了一只菜篮子,若无其事进入米店查看情况。店内特务问他做啥,他说是去卖菜,被抓入虹口国民党警备司令稽查大队。他在牢房倍受磨难,但坚持说是自己是送米的老师傅,被关几天后,交保释放。

吴学谦回忆张困斋被捕当天情形:当时上海市委正在他的住地开会,近中午时有电话告知,张困斋被捕了,米店已被监视,市委会议当即停止。当晚张承宗心情沉重地告诉他,张困斋是去联系秦鸿钧时被捕的,组织正想法营救。当晚他们忧心如焚,难以入睡,谈张困斋的为人,谈上海越是接近解放、敌人就越疯狂挣扎的斗争形势,分析这次事件凶多吉少,敌人绝不会轻易放过。吴学谦回想到张困斋虽然话不多,但对自己所从事的工作极其负责的情形。

张困斋被关进国民党牢房后,受到各种残酷刑罚,但为了保护同志,他矢口否认自己是共产党员,敌人未能在他身上捞到任何东西。党组织通过各种社会关系设法营救,没能成功。

国民党政府临死挣扎,手段狠毒。5月7日晚,在上海即将迎来解放的黎明前夕,军统特务头子毛森根据蒋介石"坚不吐实,处以极刑"的命令,将张

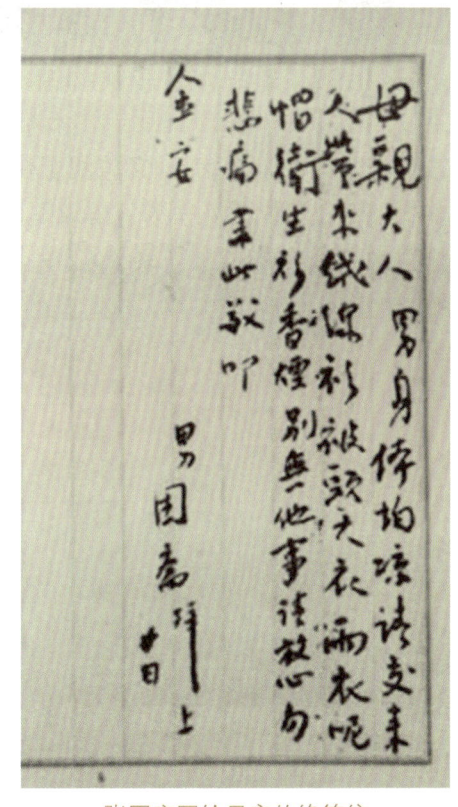

张困斋写给母亲的绝笔信

1949年8月，李白、张困斋、秦鸿钧三烈士追悼大会举行

困斋与李白、秦鸿钧等12位烈士秘密押至浦东戚家庙杀害，就地掩埋。就义前，他们正告国民党军警：解放军即将进入上海，你们的末日到了。20天后，5月27日上海解放，迎来了光明。

要与魔鬼打交道，总要有点魔鬼手段

——卢绪章、杨延修和广大华行的故事

20世纪80年代，珠影拍过一部红极一时的谍战片，片名就叫《与魔鬼打交道的人》。有人说该片的男主于海涛，化名张公甫的中共地下党员，活跃于上海商界的荣昌公司总经理，有生活原型，原型就是已故中华人民共和国对外贸易部常务副部长卢绪章（植之）。也有人说张公甫的生活原型另有其人，其人便是杨延修（连生、再之），上海解放后首任市第二商业局局长兼党组书记。其实，这两种说法都成立，因为卢、杨二人，都是同一个广大华行的创始人、主事者。只要这一个广大华行确是荣昌公司的生活原型，那么，1946年4月里的一天，我们随杨延修步入而今静安西区，愚园路中实新村（579弄）44号，卢绪章上海寓所，就会吃惊发现所有那些"与魔鬼打交道的人"，不仅都是共产党人，而且深藏不露，个个都是中共隐蔽战线上的无名英雄。

1946年4月，中共广大华行支部在上海愚园路中实新村44号卢绪章家里召开支部会议，刘少文前来主持，这次会议对广大

电影《与魔鬼打交道的人》海报

华行支部正式进行了改组。由卢绪章任书记,吴雪之任副书记,杨延修、张平、程恩树为支部委员,成员有舒自清、李在耘、张先成、朱祖贤。[1]

广大华行,初创于"一·二八"淞沪抗战期间,由卢绪章、杨延修、田鸣皋、张平、郑栋林五人合伙设立,是一家空壳小商行,以函购邮寄方式主营西药,一不挂牌,二无存货,三无在编员工,四无人正经上班。

广大华行的真正发展是在卢绪章、杨延修、张平等人正式加入中国共产党后。

卢绪章、杨延修、张平等人的先后入党是在1937年后。首先是1937年10月,卢绪章由杨浩庐(时任江南抗日义勇军东路司令部副司令兼政治部主任)介绍入党;再是1938年7月,卢绪章发展张平入党;8月、9月间,发展杨延修入党。广大华行从此成为中共地下党组织进行革命活动的一个据点。

1940年6月,广大华行改组为股份有限公司,由杨延修、田鸣皋、张平、郑栋林、卢绪章五人任董事,设总管理处在上海。同年7月,卢绪章离沪赴渝,随刘晓(时任中共江苏省委书记)去红岩村见周恩来。周恩来要求

1949年,杨延修在江苏丹阳集训

---

[1] 王元周:《卢绪章传》,中国对外经济贸易出版社1999年5月第一版,第150页。

要与魔鬼打交道，总要有点魔鬼手段

1939年，广大华行部分员工合影，前排右一为杨延修，右四为卢绪章

卢绪章、杨延修等人一定不与左派人士来往，不对任何人暴露自己的政治身份，包括对自己的妻子。周恩来强调指出，广大华行的同志一定要进一步深入社会，多交朋友，广交朋友，交各方面的朋友，包括同国民党党、政、军、警、宪、特方面的人交朋友，可以参加一些社会上层公开性的社团活动来提高广大华行和党员个人的社会地位，利用一切可以利用的社会关系做掩护，使广大华行这一机构能够长期保存下去，完成党组织交给的各项任务。总之，当资本家就要像一个资本家的样，在商言商，做好生意。

周恩来的谆谆教诲给广大华行指明了努力方向。从此，卢绪章、杨延修等人以身作则，带头做起，愈益自我封闭、自我放逐，疏远同道知己、故旧老友。他们原本是孟尝君式人物，习惯于"招致天下任侠"，从来是"不恤智愚，不择臧否"；现在却变得势利、低俗，整天混迹于国民党上层，甚至跟军委会侍从室上校专员、第二十五集团军少将参议施公猛、军委会防毒处少将处长杨昌龄打得火热，如胶似漆；甚至利用军统和中央银行的关系大量贷款，转手高息放出；甚至依靠宋美龄的航委会飞机倒卖黄金、美钞；甚至通过孙科太子系与苏联做生意，获取高额利润；而"左派人士"，就连李公朴、沙千里、沈钧儒，都一概敬而远之，尽量保持距离，至少不主动回访。

抗战胜利后，广大华行重回上海，卢绪章又在中实新村44号家中以"资本家"的面目出现，以上海为中心全面发展，积极开展国内外贸易，尤其是同美国的进出口业务。

后来，刘晓（时任中共中央城市工作部副部长）来了，领导整个上海地下党。卢绪章将中实新村44号让给刘晓住，自己改住大西路（今延安西路）153号，原接收敌产，独栋花园洋房，但张师一点不知。所以，他上门拜访卢绪章，仍到中实新村44号。

张师是军统悍将，时任上海市警察总局副局长，给毛森当副手，跟卢绪章称兄道弟，过从甚密。

卢绪章搬到大西路花园洋房后，一天张师仍到中实新村44号找卢绪章。女佣将找"卢先生"误听成找"刘先生"，所以就拿了张师的警察总局副局长名片禀报刘晓。刘晓镇定自若地下楼接待了张师，并请他到楼上小会客室坐下，问有何见教。张师说他要找卢绪章总经理，他是不是不在家？刘晓说，这个房子是他向中国实业银行租来的，不认识那位卢总经理。事情也就这样过去了。[1]

这"事情"之所以有惊无险，能够"就这样过去"，最最关键的一点，还就是因为卢绪章、杨延修们常年"与魔鬼打交道"，早就防患于未然，做好了预案。刘晓对张师说"这个房子是他向中国实业银行租来的"，那就是卢、杨二人的预案之一。据《刘晓传》的作者说，卢绪章"把中实新村的房子让给刘晓"住，"名义上"还是刘晓"用八根金条把房子顶下来"的。整栋楼"三上三下"，刘晓住了"三层楼大房间"，从"延安派来的译电员就住在三楼亭子间"。[2]这叫什么？这就叫：以其人之道还治其人之身。这叫什么？这就叫：要与魔鬼打交道，总得有点魔鬼手段。

---

[1] 王元周：《卢绪章传》，中国对外经济贸易出版社1999年5月第一版，第153页。
[2] 仇学宝、于炳坤：《刘晓传》，上海文艺出版社1996年8月第一版，第201—202页。

不关你的事，你不要管
——刘少文和福民食品社的故事

在中共隐蔽战线上，有一位名叫刘少文的传奇人物。他原名刘国章，曾用名张明，1905年生，河南信阳人，1925年加入中国共产党，后留苏进莫斯科中山大学学习，1927年回国，历任苏共代表团翻译、中共中央秘书处翻译科科长、察哈尔抗日同盟军前敌委员会委员兼独立第十八师政治部主任、中革军委秘书兼中国工农红军总司令部政治教导员等。他参加过举世闻名的二万五千里长征，坚决反对张国焘的分裂活动。他主持过八路军驻上海办事处工作，在全面抗战爆发初期，

刘少文

在潘汉年撤退香港之后，在福煦路（今延安中路）多福里（今504弄）21号。

刘少文从潘汉年手中接管的情报机构，由中央特科留上海的少数人员组成，负责人为徐强。1939年春，中共中央调徐强去延安后，刘少文曾直接联系一些内部干部，后来将这部分工作交原中央特科负责干部吴成方管理。这些干部又分别联系一些干部和关系，把情报工作深入到日本驻上海特务机关之一的上海满铁事务所、汪精卫伪政权的财政经济组、特务机关，以及汪精卫伪上海市党部、日伪宣传机关，曾获得日本天皇御前会议记录、日本大本营会议决议案等极有价值的机密情报，对日军较大的军事调动和进攻计划，常可在一个月前获悉。此外，刘少文还派殷扬与忠义救国军阮清源部、国民党军统驻上海机构负责人联系，每两

周见面一次,交换情报。他获取的情报,凡属重要者均及时电报中共中央及中共中央长江局,并通报新四军和中共江苏省委。[1]

1945年8月,中国人民抗日战争取得最后胜利,国民党反动派不顾人民对于民主、独立、团结和统一的向往,悍然发动全面内战;刘少文又从重庆飞回上海,搭乘马歇尔的专机。

抗战胜利后的1946年初春,我们又到上海去做地下秘密工作。这次是我先行抵沪,接着少文同志以恩来同志秘书的身份,乘马歇尔的专机到达上海,从此他就留在上海。我与他是在廖梦醒同志的家中接上关系的。我们一起吃了午餐,记得鲁迅夫人许广平也同桌进餐。自此我俩又在上海合作到1948年。[2]

当年赵平是刘少文的重要助手之一,联系着一批情报人员并管理一部秘密电台,以开设"天兴粮食行"作掩护。

1948年6月5日,刘少文批准赵平去宁波采办杂粮货物,期限3天。孰料赵平违反纪律,擅自带其妻沙平同往,又私自跑回余姚家乡祭祖扫墓,以致一到那里就被捕,而刘少文一无所知。

少文同志按照约定时间到赵平在上海的住处去,没有人。再去,还是没有人。设法去红十字会医院找他的表妹打听,她也没有得到任何信息。过期不回,又没有信息,就得采取紧急措施了。[3]

6月30日(一说29日)晚上,天下着雨,刘少文吃过晚饭,穿上他从来未曾穿过出门的短布便衣,外加雨衣,带上一笔钱,前往福民食品社。

---

[1] 孙遂、王志麟、张爱民:《刘少文传》,原载《刘少文纪念文集》,中国人民解放军总参谋部情报部2008年11月第一版,第53—54页。
[2] 赵平:《缅怀良师益友刘少文同志》,原载《刘少文纪念文集》,中国人民解放军总参谋部情报部2008年11月第一版,第263页。
[3] 罗晓红:《一九四八年六月三十日的前前后后》,原载《上海党史资料汇编》第四编下,上海书店出版社2018年11月第一版,第619页。

不关你的事，你不要管

福民食品社开在威海卫路（今威海路）同孚路（今石门一路）西侧，坐北面南，为中共上海党组织的联络点。店主人郑才（褐荣）是广东人，他的同乡关系很多，有的在美国海军、陆军做事，甚至福民食品社的楼上还住着一个国民党的少校飞行员。这些人常乘军用吉普来来往往，弄得周围居民也摸不透福民食品社的底细。而刘晓和刘少文则认为这很有利于掩护。更何况 1931 年

"福民食品社"位于静安区威海路的旧址

刘晓从上海去苏区参加红军，1937 年刘晓、张毅夫妇从延安来上海重建党组织，都由熊志华精心护送。熊志华是福民食品社店员，周恩来亦熟悉，一直对他的忠诚和朴直赞誉有加。

刘少文到福民食品社去，是要熊志华和郑才两人走开暂避。这时，美国船上的海员老唐来了，刘少文和他在二楼谈着话。正当这时，国民党特务来了。原来赵平和沙平在余姚被捕后，解到杭州，沙平叛变了，供出了她所知道的人和地方。[1]

沙平一"供出了她所知道的人和地方"，便带敌人来上海抓人。正值刘少文一身"从来未曾穿过出门的短布便衣"，未引起敌人的注意。敌人问他是干什么的，他说是来谈生意的。敌人转身去三层阁抓捕郑才，刘少文趁机翻出后窗，逃脱险境。

这时候，二楼的刘少文同志手里还拿着老唐带来的信件，心想找盒

---

[1] 罗晓红：《一九四八年六月三十日的前前后后》，原载《上海党史资料汇编》第四编下，上海书店出版社 2018 年 11 月第一版，第 620 页。

火柴把它烧毁，可是找不着火柴，又想把它扔到窗户外面去。当他去到后窗跟前，灵机一动，纵身跳下去。这房子后面，用铁皮盖了一个小厨房，没有出路，所以国民党特务没有派人把守。当刘少文同志跳到铁皮屋顶上，声音很响，好在下雨，弄堂里没有人。他再从小屋顶跳到地面，急步走出弄堂口。看弄堂的出来拦截，刘少文同志很神气地向他说："不关你的事，你不要管。"看弄堂的也就不再追问了。刘少文同志走出弄堂，跳上一辆三轮车，右手向西一挥，车夫向前奔去。[1]

就这样，刘少文又一次虎口脱险，化险为夷。可是，在那些与狼共舞的日子里，这样的柳暗花明、绝处逢生，又何止一回两回、十回八回？所以，1987年4月10日，刘少文病逝北京，罗青长的评价就是8个字："默默无闻，功不可没。"

---

[1] 罗晓红：《一九四八年六月三十日的前前后后》，原载《上海党史资料汇编》第四编下，上海书店出版社2018年11月第一版，第620页。

谁是"吴文义"

——吴克坚和恒德里的故事

在中央档案馆和解放军档案馆的档案库里存有大量重要档案。在那些中央档案里，很大一部分有关解放战争。其中有一些电文，为中央军委或毛泽东拟稿，分别发给了中共中央华东局、第三野战军或粟裕（时任第三野战军副司令员兼第二副政治委员）、张震（时任第三野战军参谋长）等。譬如1949年5月5日的中央军委致陈（毅）、饶（漱石）、粟（裕）并告刘（伯承）、邓（小平）电，就是根据上海"吴文义"的几次报告，由毛泽东亲自拟定文稿，命令三野"先行占领吴淞、嘉兴两点，封锁吴淞口及乍浦海口，断绝上海敌人逃路，使上海物资不致大批从海上运走"。同一时期，譬如5月3日的中共中央华东局致上海党组织电，5月23日的上海党组织致中共中央电，也都不约而同，全都提到一个绝大多数人都感陌生的名字。这个名字就是"文义"或"吴文义"。

那么，谁是"文义"？

"吴文义"又是谁？

1986年3月23日、25日，我们先后两次去北京医院看望和走访了正患重病住院治疗的吴克坚同志。当时吴老虽已86岁高龄，身体又极端虚弱，但在吴老的爱人徐玉书的协助下，吴老还是热情地帮助我们回忆了许多重要情况。当我们提到"文义"是哪一位同志的化名时，他爽朗地说："当时我的化名

吴克坚

很多,吴文义就是我。""'文义'就是我的化名。"[1]

1946年夏,化名"文义"的吴克坚重返上海,那恰是国共和谈濒临破裂、全面内战一触即发之际。

吴克坚是中共隐蔽战线老战士。他的第一次来上海,是大革命失败,随中共中央由武汉回上海,在周恩来主持创立的中央特科里任秘书,专职"负责经费,管理开支",住慕尔鸣路(今茂名北路)兴庆里(今111弄)17号。那是一个"新建的党的地下电台所在地"。当时吴克坚"住在楼下",是"二房东",大家称他为"账房先生"。曾三"是报务员,住在小亭子间"。毛齐华、潘林珍夫妇是"三房客",住二层前楼,"房内衣橱里"放收发报机。每天晚上,曾三和毛齐华就在那一个"楼上"的"房间里进行收发电报工作"。[2]

曾几何时,吴克坚又到上海,仍住今静安区常德路恒德里(今633弄)148号,一幢一底一楼的石库门房子。

当时在中共中央上海局有关同志处领了黄金十条,到外滩一个写字间,租了沪西常德路恒德里148号一幢一底一楼的石库门房屋。房子当然空空洞洞,什么也没有;有的只是角角落落里的蜘蛛网,有的是灶披间里的老鼠洞和一层层的灰尘。关于房屋内的陈设问题,已经大致想好,一切围绕一个中等商人身份来设计。客堂间放了两张红木八仙桌,桌后一块长长的横木条,而横木条板两头,用比桌子较高的两只茶几搁着。壁上挂了一幅财神菩萨彩色画像,像前有一个香炉,一盏长明灯。客堂间两旁,左边挂了梅兰竹菊四幅画,右边挂着四幅字。字画底下,各放着四把红木椅子,中间各放着一只茶几,共四只茶几。[3]

至于楼上,放两张双人床,一张睡吴克坚夫妇,一张睡两个孩子。另有一个梳妆台,一张书桌,几把椅子。

---

[1] 上海警备区党史办公室:《关于"文义"和"竺声"两个化名的查证情况》,原载《上海党史研究》1987年第6期,第28页。
[2] 毛齐华:《风雨征程七十春——毛齐华回忆录》,当代中国出版社1997年6月第一版。
[3] 吴克坚:《吴克坚回忆录》,未刊稿。

谁是"吴文义"

因为夫人也将担任一部分工作,小孩又小,打算请一个保姆帮着买菜、烧饭,兼管小孩,这是必要的,无法节省的。所以,亭子间的一半留给阿姨住,另一半放马桶和一个浴盆。[1]

一切都安顿好了,吴克坚才把夫人和孩子接过来住。夫人一踏进客堂间,放眼四顾,失声惊呼:"我们资产阶级化了,这比起延安窑洞来,简直是另一个世界!"

吴克坚轻轻摇头,坚定说道:"你放心,资产阶级化不了我们。在现时条件下,为了掩护,我们必须这样。但我们不会,绝不会因此而有丝毫的动摇和妥协性。因为我们已初步改造,而且继续在改造自己的世界观。你说不是吗?"

《隐蔽战线传奇英雄吴克坚》

吴克坚说得完全对。隐蔽战线的第一大原则就是要善于伪装。唯有伪装才能保密。唯有保密,才能"深入而不突出,深入开展工作,不突出引起怀疑,表面上做到自然而然,不露马脚,实际上深思熟虑,勇敢打入敌人心脏"。[2]

吴克坚情报系统就是依靠"表面上做到自然而然,不露马脚,实际上深思熟虑,勇敢打入敌人心脏";依靠绝对意义上的"单线联系"和"垂直联系",非"万不得已",绝不横向"发展",打通"其他关系";在三年解放战争中,通过一张极其严密的情报网,覆盖整个京沪杭地区,在关键时刻拿到关键情报,从而得到由周恩来亲自签发的特电嘉奖,嘉奖吴克坚情报系统的全体同志:不避艰险,任劳任怨,坚守工作岗位,获得敌人各种重要情报,建立和保证了同中央的联络,直接配合了党的政治和军事斗争胜利!

---

[1] 吴克坚:《吴克坚回忆录》,未刊稿。
[2] 《吴克坚系统上海情报工作初步总结》,1955年5月22日,未刊稿。

孩子心底的铁皮房子
——第一儿童福利站和《新少年报》的故事

在上海市静安区胶州路 725 号有一座特别的铁皮房子,诞生于解放战争的纷飞炮火中,由宋庆龄亲自择址、建造,专门收容那些缺衣少食、流离失所的贫困孩子,给他们提供温饱,让他们接受教育。这就是中国福利会第一儿童福利站。这一福利站的命名,不仅来自宋庆龄,而且她还数次亲临指导,跟孩子们促膝长谈,事无巨细地关心他们的学习和生活。

中国福利会第一儿童福利站儿童合影

孩子心底的铁皮房子

"小先生"在教儿童们唱歌

中国福利会第一儿童福利站的首任站长马崇儒是中共党员,他积极推行陶行知的"小先生"活动,不但在第一儿童福利站里为失学儿童开设扫盲识字班,而且还深入沪西工人区和贫民窟增设临时识字班,充分动员周边学校中品学兼优的学生来担任小老师,利用课余时间,互帮互助。因为"小先生"大多也出身贫苦家庭,最大十七八岁,最小十二三岁,正是渴求知识的年龄;马崇儒又为他们申请补助学费,并开放图书馆、阅览室,让他们边工边读。

我生长在一个贫困的工人家庭,十岁时死去了父亲。在国民党统治的上海,受尽了欺凌。抗日战争胜利,由于我勤奋好学,考取了助学金,进了金科中学读书。当时在学校对面有一个儿童福利机构,它是宋庆龄创办的,全名是中国福利基金会第一儿童福利站。每天放学后,我就去该站图书馆看书,并参加了那里的读书会进步活动,后又当上了图书馆的业余服务员,做"小先生"教贫苦儿童识字读书。就在这时,我见到了一份当时地下党为青少年办的《新少年报》。这份报纸处处为青少年讲话,生动活泼，通俗易懂，深受青少年们的喜爱。由于我常给报纸投稿，很快就当上了《新少年报》的通信员、"小记者"，同报社建立了联系。[1]

1948年年底，《新少年报》出到100期，被反动当局派勒令停刊。但《新少年报》社根据上级党指示，反而加强活动，决定以第一儿童福利站为据点，开展地下少年队活动，先发展李森富、王作新、沈宝兴、周连娣等四位同学为第一批地下少先队队员。

李森富等四位同学入队后，更加积极地参加党领导下的革命斗争。他们在上海解放前夕，加紧翻印和散发传单，把揭露反动派垂死挣扎的报纸偷偷分发到胶州路附近的实验工校课桌内。他们还将解放军的《三项纪律八大注意》《告上海人民书》等用排笔蘸了油墨在蜡纸上复制，然后分发给大街小巷上的广大群众。他们还教人民大众高唱革命歌曲，共同迎接黎明的到来。

李森富等地下少先队员还配合第一儿童福利站的老师们组织孩子们学文化、学时事，阅读进步书刊，唱革命歌，演革命戏，开展各种有意义的活动。他们指导孩子们把《茶馆小调》等改编成活报剧进行演出，无情揭露反动当局迫害人民、扼杀民主自由的罪行，令观众印象深刻，感同身受。

1949年4月下旬，南京解放，李森富等地下少先队员又有了一项重要任务：暗中调查国民党军队的驻地和党政机关分布情况，他们这就悄然来到小沙渡路（今西康路）、新闸路拐角处。

第二天在小沙渡路、新闸路转角处，一个国民党军营附近空地上，有四个孩子正在打菱角（即抽陀螺）。中午，军营里吹起了集合的军号，忽然一个菱角穿过大门滚进了军营，几个孩子一窝蜂似地跟着菱角追了进去，岗哨大声喝道："小赤佬，快滚开！这里什么地方，怎么可以乱窜？"

"我们的菱角滚进去了，让我们去拿吧！"一个孩子对着岗哨，有意大声叫着。另一个孩子走上前来，拉住他的衣领，打了他一拳，叫道："都是你，快赔我菱角。"那个被打的孩子捂着脸叫唤着，眼睛却透过指

---

[1] 李森富：《我和地下少先队》，原载于《上海党史资料汇编》第四编上，上海书店出版社2018年11月第一版，第249页。

孩子心底的铁皮房子

缝,向四处张望着。

四个孩子在军营里吵闹着,八只眼睛放射出锐利的目光,看番号、察地形、记人数、点枪支……[1]

就这样,地下少先队员们,第一儿童福利站的"小先生们",更多团结在地下少先队、第一福利站周围的少年儿童们,利用各自方式,出现在一个又一个敌人的仓库前、兵营外,有做小买卖的,有打玻璃弹珠的,有嗑瓜子的,有聊天晒太阳的。看上去,无不嬉笑打闹,无拘无束。实际上个个长了心眼儿,暗暗记下那些仓库、兵营、岗哨、机关里的诸多秘密。

到了晚上,他们就聚集在一起,在自制的小地图上填上白天侦察到的敌情,注上人数、枪支数,为解放上海提供宝贵资料。

5月25日,上海解放了。由地下少先队员和第一儿童福利站同学组成的宣传鼓动队,怀着激动的心情,迎着朝阳,扭着秧歌,唱着"我们的队伍来了!""欢迎人民解放军"等革命歌曲,奔向街头,迎接人民解放军。我们把一杯杯开水送到他们手中,把红花佩戴在他们胸前。[2]

宋庆龄在教儿童们识字

---

[1] 李森富:《我和地下少先队》,原载于《上海党史资料汇编》第四编上,上海书店出版社2018年11月第一版,第252页。

[2] 李森富:《我和地下少先队》,原载于《上海党史资料汇编》第四编上,上海书店出版社2018年11月第一版,第253页。

上海的解放，给孩子们开拓了无限美好的未来，他们有的留在上海参加了工业建设，有的参加南下工作队，有的参加了人民解放军，奔向祖国四面八方，为解放全中国、保卫和建设新中国，继续贡献他们的力量。然而，无论何时何地，只要回想起胶州路725号，回想起那一栋特别的铁皮房子，他们心中，那一块最柔软的地方，就会有一股暖流泛起，幽幽氤氲，经久不散……

共产党员的骨头是铁硬的
——卢志英的故事

一九四七年三月二日。

早晨,满天乌云遮住了东方刚出来的太阳,像要下雨。

吃过早饭,妈给我背上书包,到学校去了。

中午回家时,看见四个穿西装的人,正和妈在讲话。原来他们是一群特务。他们奉命送来一张字条,说是我爸爸写的,叫我们一家三口到亚尔培路二号去一趟。

我们坐了一辆黑色的小汽车,到了亚尔培路二号(后来才知道这是一个特务机关),被带到一个阴森的客厅里。[1]

《和爸爸一起坐牢的日子》

---

[1] 卢大容:《和爸爸一起坐牢的日子》,少年儿童出版社1954年8月第一版,第1—2页。

卢大容的坐牢，和爸爸一起的坐牢，是在 1947 年的春夏之交。当时卢大容年仅 11 岁，上小学四年级。他在随他母亲"坐了一辆黑色的小汽车，到了亚尔培路二号"之前，甚至都不知道那是一个"特务机关"，中统（全称国民党中央执行委员会调查统计局）上海特派员办事处（一说情报站）。他只知道他们"一家三口"一被关进"一间比马路上的警亭大一点的小屋子"，他的生活中就再也没有"学校、教室、书桌、书包和铅笔匣子"。再也不能"和小朋友在一起玩'官兵捉强盗'、踢毽子和小皮球"。有的只是"乌黑的墙，地上一堆堆又黑又湿的棉花块，加上狗粪，又冷又臭"。

面对一个"整天见不到太阳的屋子"，只有"一个小窗子，用铁条隔着"；面对"每天两顿饭，每顿每人一碗，不知放了几年的霉糙米，菜是没有的，一顿给块手指头大的小黑盐，或两根萝卜干"；面对"大小便都在一个放酱油的小坛子里，坛口像玻璃杯一样大，要大便就不能同时小便"；卢大容的唯一愿望就是早日见到爸爸——

爸爸！你是多好啊！我最喜欢你啦！我小时候总是很少和你在一起，每次看见你，我是多么高兴啊！你早上天没亮就出去，深夜才回来，每次回来总先到床边看看我，看我的被子盖好没有，摸摸头，亲亲脸，然后再到书桌上去写东西。你写的什么呢？有时你看书，直到夜深。有时你带几个朋友到家里，窗帘拉起来，开着台灯，一谈话就是一夜，白天还不休息。妈常在早上告诉我别打搅你，说你看了一夜书了。为什么你要那么用功呢？你出去老不坐车子，妈成天要给你补袜后跟。有一次，妈患伤寒住在医院里，你就自己洗衣服。没有人给你烧饭，你就天天吃大饼油条，或是干面包，有时买些花生米当小菜。你的朋友见了，都说你好，尤其是穷朋友，从乡下来的，没有钱，都由你给他们。你还忙着给他们租房子，把你刚做的新衣服也送给他们穿，有时把妈妈的衣服也送掉了，所以家里旧衣服总是很少。我常见你带着很多钱，可是为什么还要那么节省呢？那些钱又做什么用呢？为什么你那么愿意把自己的东西送给别人呢？[1]

---

[1] 卢大容：《和爸爸一起坐牢的日子》，少年儿童出版社 1954 年 8 月第一版，第 20 页。

共产党员的骨头是铁硬的

一个阴云惨惨的下午,卢大容终于见到了他朝思暮想的爸爸。爸爸卢志英已被上刑。敌人"用'老虎凳''电椅''灌辣椒水''火烧''绞头''精神刑罚'(几天几夜不给休息和睡眠)等各种酷刑来折磨他。在坐'老虎凳'的时候,敌人一直上到了七块砖;还给他来了三次'电椅',小便都是血"。敌人还"用金钱和地位来引诱他,用迫害家人的手段来软化他"。可"他们的一切残忍无耻的手段都失败了!他们根本不懂得:共产党员的骨头是铁硬的"!

其实,卢志英出事前,卢大容并不知道他是共产党。他被敌人抓进亚尔培路(今陕西南路)2号后,听说爸爸的"犯案"跟共产党有关,卢大容还暗自嘀咕:"这事从没听见他对谁说过,怎么反倒给坏人知道了呢?是有人告诉他们的吗?那又是谁呢?"

所有的疑问直到上海解放后才真相大白。原来出卖卢志英的叛徒不是别人,正是那几个曾到他家、拉起窗帘、开着台灯、"一谈话就是一夜"的"朋友"中的一个。那"朋友"原是新四军干部,后任卢志英助手。那助手叛变后,不仅在一份近20页的自供状上"写了卢志英的番号(华东局联络部扬帆系统的负责人,又名老王)",而且还无耻"出卖"了整个"中共华东情报网的组织、党员姓名、地点、职业等",直接导致卢志英等14人被捕。(1952年,张莲舫被我公安机关捕获后的《自白书》)

卢志英,山东昌邑人。1925年加入中国共产党。1930年,调上海中共中央军委工作;1940年10月,任苏北联合抗日部队副司令员兼参谋长。1942年1月,由中共中央华中局派遣至上海,开展情报和采购军需物资等工作,在南京、上海等地从事情报工作。1947年3月在上海被捕,1948年12月27日在雨花台就义。

卢志英等人的被捕入狱是在1947年3月2日。当时坐镇亚尔培路2号、现场指挥围捕行动的中统上海特派员办事处第四行动大队大队长郭潜(本名郭乾辉)亦是叛徒。郭潜,本名郭乾辉,叛变前是中共南方局组织部部长。据张莲舫1952年交代:"第四行动大队大队长郭乾辉在亚尔培路

卢志英

2号负责总指挥。执行抓捕任务的人是赵促成,主要助手是石先达,另外还有第一行动组的闵大钧、祝南根、王欣之。"

卢志英牺牲后一年多,张育民、卢大容母子"接到华东公安部的公函",去"现场"辨认亲人遗体。张育民通过"牙齿"认出了卢志英。卢大容则为自己"永远失去了亲爱的爸爸"而失声"痛哭"。同时,他又下定决心,一定"要用实际行动来继承爸爸的遗志,争取加入爸爸曾经为之流血、为之献出生命的伟大的中国共产党"![1]

---

[1] 卢大容:《和爸爸一起坐牢的日子》,少年儿童出版社1954年8月第一版,第50页。

我们冒着黑暗前进,向着黎明前进
——"五三〇"大逮捕的故事

1947年5月20日,汇聚南京的6 000余名各地师生,以声势浩大的示威游行向国民参政会请愿,在珠江路口惨遭反动当局的血腥镇压,当场重伤19人,被捕28人;毛泽东随即代拟新华社评论,强调指出,中国境内已有了两条战线。蒋介石进犯军和人民解放军的战争,这是第一条战线。现在又出现了第二条战线,这就是伟大的正义的学生运动和蒋介石反动政府之间的尖锐斗争。学生运动是整个人民运动的一部分。学生运动的高涨,不可避免地要促进整个人民运动的高涨。

1947年5月20日,南京、上海、苏州、杭州的学校学生举行大游行,向国民党政府示威游行

面对学生运动的空前高涨,上海警方变本加厉,又于5月30日一早,分别在静安寺电车站、沪西梵皇渡路(现万航渡路)康家桥等处,秘密逮捕孟庆远、聂崇彬、汪权民、张希文、鲍静佩、沈关兴、葛嬿月等中共地下党员、进步学生,将他们投入暗无天日的牢狱。

  五月二十九日那天,丁雪美(现名王悦玲)通知我当天回家过党组织生活。我就找个理由,向同宿舍的积极分子叶锦文、王允和说,晚上蚊子咬,我要回家取蚊帐,明晨乘头班校车回来。我家住在沪西梵皇渡路(现万航渡路),坐校车到外滩再乘电车回家。
  五月三十日早晨五点多种我离家回校,一手提蚊帐圈,一手提包,从康家桥那条长弄堂里走出来,刚走到拐弯处,迎面来了一辆黑色小汽车,到我面前突然停下,跳下两个便衣人员截住我,把我劫上车。[1]

葛嬿月被捕后,就跟孟庆远、沈关兴、聂崇彬、汪汉民、张希文等人关在一起,挨个过堂;却又只字不提具体案情,只是一个劲追问政治立场,对共产党的看法,对学潮的态度等。
  反动当局是软硬兼施,无所不用其极。硬的不行,便改用软的,玩"感化"招数。他们将关押在亚尔培路(今静安区陕西南路)2号和南市蓬莱分局的学生集中起来办"青年训导班",甚至上海市长吴国桢自己也来狱中劝降。

  有一天,吴国桢又来"探望"我们,还带来糖果、枇杷。他说了好多动听的话,说"大家都是有为青年,对政府有误解,把大家请到这里来解释解释"等。谁知念法律系的聂崇彬,早已通过探望的家长带来了国民党的六法全书作好准备。这时他打开六法全书,指着书上的条款说:"请问吴市长,按照法律规定,逮捕后要在二十四小时内进行审讯,有罪定罪,无罪释放,政府把我们抓起来这么多天,却不

---

[1] 葛嬿月:《狱中生活回忆》,原载于《上海党史资料汇编》第四编上,上海书店出版社2018年11月第一版,第143页。

进行审讯,为什么不按法律办事?"聂崇彬一席话,说得吴国桢无以解答,只得支吾着走了。[1]

7月29日傍晚,迫于外界舆论和压力,反动当局发表"六个证据确凿的共谍学生继续关押,其余同学允许保释"的消息,随即将孟庆远等人秘密监禁,与外界彻底隔断联系。学生们就动脑筋,在看守中物色对象,先后收买了一个看守和一个司务,通过他们打通了跟家长、同学和党组织的联系。

后来,敌人把我们押到亚尔培路二号,说是国民党一个姓李的中宣部长从南京来上海,找我们谈谈。他给我们讲了一个青年怎样不听他的劝告去了解放区,后来失望而逃回,诉说共产党怎么不好的故事,还分析了战争形势,国民党军如何有利,共产党怎样打败仗。其实,我们对当时的形势心里有数。自从我们被捕后,孟庆远一直注视着战争形势的发展。因此我们知道,我军虽然撤退了一些地方,那是为了集中兵力。我军打退了敌人在华东和陕北的重点进攻后,节节胜利。我们是冒着黑暗前进,我们向着黎明前进。[2]

国民党中统特务机关旧照(亚尔培路2号)

---

[1] 葛嫦月:《狱中生活回忆》,原载于《上海党史资料汇编》第四编上,上海书店出版社2018年11月第一版,第146页。

[2] 葛嫦月:《狱中生活回忆》,原载于《上海党史资料汇编》第四编上,上海书店出版社2018年11月第一版,第148页。

葛嫱月跟李槐奎、宋丕文等人一直被关到1948年3月13日才被释放。葛嫱月、李槐奎、宋丕文等人被囚禁的最后一段日子是在麦琪路（今乌鲁木齐中路）7号。当时敌人仍不死心，说是可以释放了，却还派人来审讯。他们"在二楼警卫室里，一个问，一个记，让大家坐在老虎凳上答话。审讯完，还给纸，要大家写悔过书。但大家一如既往，保护了党组织和进步同学，使敌人一无所获"。[1]

---

[1] 葛嫱月：《狱中生活回忆》，原载于《上海党史资料汇编》第四编上，上海书店出版社2018年11月第一版，第149页。

不屈者永生
——记《文萃》和"富通"事件

今日上海,上海静安的北站街道,北站街道的浙江北路191号,坐落着一处已有一个多世纪历史的老建筑,这就是始建于清光绪二十五年(公元1899年)的公共租界会审公廨。这一闻名中外的"远东第一法院",不仅在近现代中国,审理过章太炎和邹容的"苏报案"、阎瑞生谋害首届"花国总理"王莲英案,而且在上海解放初期,作为当时的上海市人民法院,还曾"为先烈复仇,为人民除害",严正公审了两大恶贯满盈的国民党特务,一是"杀害李白、秦鸿钧、张困斋三烈士"的叶丹秋,二是"'文萃'及'富通'等血案的凶手"苏麟阁。

苏麟阁,又名苏君平,湖北江陵人,早年跻身革命,加入中国共产党,曾任河北省革命共济会十二分会主任,于1933年4月30日被捕,旋即叛党,疯狂出卖同志,堕落成为"中统"干将。

抗战胜利后,苏麟阁南下上海,充任中统上海办事处行动组组长,直接插手富通、文萃两案,专在亚尔培路(今陕西南路)2号刑讯逼供。

亚尔培路2号是一幢3层小洋楼,海湾式西班牙建筑,占地10余亩,紧挨马勒公寓,本系帮闲文人金雄白(朱子家)的私人会所,每每日薄西山,必以川、闽名菜,抑或纯正法国大餐,宴请名媛腻友,常客有张爱玲、李香兰、陈彬龢们。

抗战胜利,金雄白锒铛入狱,亚尔培路2号的新主变成了国民党的所谓"王牌军"第二十六军。后来,内战爆发,东北吃紧,第二十六军慌张驰援,空出的房子就又留给了中统。

因为此时的中统已依重庆谈判有关特务机关之约定,改头换面成国民党中央党部党员通讯局,简称党通局;所以,亚尔培路2号也就随之翻牌,翻牌为季源溥治下的党通局上海办事处。

季源溥,又名季云溥,字汇川,1906年生,江苏沭城人,长期混迹于国民党特务机关,历任中统南京区、上海区区长等,曾在新疆秘密杀害毛泽民、陈潭秋等中共优秀党员,又在上海驱使苏麟阁等凶恶爪牙,残忍迫害陈子涛、骆何民、吴承德等《文萃》志士。

我跟子涛的最后一次见面,在1947年7月中旬之初。那天我和他在福州路一家广东饭馆"一枝春"吃中饭,谈话也特别多。不料从此竟成永诀,再也见不到子涛了。我们常开玩笑,说是亚尔培路2号有请。谶语成真,子涛真的被"请"去了,一去不复返![1]

《文萃》民国三十六年(1947年)新年号封面

陈子涛、骆何民、吴承德都是《文萃》中坚。《文萃》是中共领导下的进步刊物,活跃于国民党统治区,创刊于1945年10月。陈、骆、吴等人被捕后即被押送亚尔培路2号受审。季源溥、苏麟阁们先是利诱,后是威逼,一连二十多天的严刑拷打,折磨得陈、骆、吴等人死去活来,却都不曾动摇、屈服。

此后,朋友们多方打听《文萃》被捕诸人消息,所得不多,营救无从。所能做的,只是凑一点钱,转送进去。时日流逝,所能知的消息,是子涛、何民、承德在狱

---

[1] 唐振常:《风雨同舟忆〈文萃〉》,原载于《上海党史资料汇编》第四编上,上海书店出版社2018年11月第一版,第436页。

不屈者永生

富通印刷所原址

中备受酷刑，他们都不畏强暴，表现坚强。子涛在狱中还苦学英文。[1]

发生《文萃》事件的最大背景就是1947年7月4日，国民党政府委员会第六次国务会议通过蒋介石提出的所谓"以戡平共匪叛乱"的"国家总动员案"，颁布《戡平共匪叛乱总动员令》。所以，暴政之下，前有《文萃》，后有"富通"，从1947年7月18日到9月19日，从四马路（今福州路）89号到威海卫路（今威海路）587号，整个上海风声鹤唳、血雨腥风！

当时，上海威海卫路有家富通印刷所，原是在我党领导下，为开展社会文化事业而动员社会进步人士合股创办的"中国文化投资公司"的一个印刷分部，后因国民党当局禁止革命文化事业的活动，公司逐步缩小，而改为富通印刷所，经常承印一些进步刊物，引起国民党中统特务的注意。

---

[1] 唐振常：《风雨同舟忆〈文萃〉》，原载于《上海党史资料汇编》第四编上，上海书店出版社2018年11月第一版，第440页。

他们从传单上的"国""党"两字的特征入手，研究核对了市场上出售的《妇女》杂志上铅字的特征，确认这是出自同一家印刷厂后，便于1947年9月19日逮捕了该厂的大部分职工和前来该厂接洽业务的顾客。[1]

"富通"事件中的被捕人员，一如《文萃》同人，全都送亚尔培路2号刑讯，统交季源溥、苏麟阁们摧残；同时，国民党中央党部农工部副部长陆京士亦遥相呼应、配合行动，妄图动员其麾下的更多工贼，一举"击溃"上海工人运动。

但所有的敌人，所有敌人的痴心妄想，最后都以自食其果而告终。因为"黑云压城城欲摧，甲光向日金鳞开"。这正如陈子涛写在因被查封而未能为广大读者读到的第十期《文萃》新刊前言中的话："几千年的压迫快要被消除了，一百年来志士仁人奋斗以求的新中国就要诞生了，大家快行动起来，迎接这个新的伟大事变！"

关于富通印刷所多人遭逮捕的报道

---

[1] 毛齐华：《风雨征程七十春——毛齐华回忆录》，当代中国出版社1997年6月第一版，第201页。

青春的步伐
——党组织在市西中学开展的斗争

1946年夏,国民党政府上海市教育局派赵传家为校长接管西童中学,改名为市西中学。赵传家,无党派,曾经留美,学过教育行政管理。他任校长后,不同于其他市立中学那样受国民党严密的控制,加上师生中进步力量对他影响,他主张民主办校,不赞成国民党的法西斯控制。

建立教师地下党支部

赵传家

1947年9月,中共党组织派顾和进入市西中学,开辟市西教师的工作。顾和是赵传家在圣约翰大学教育系任教时的学生,应赵的聘请,毕业后来市西任英文教师兼初一(B)班的班主任。当时受地下党女中分区领导,和其他学校地下党教师组成中教支部。学校党员教师和党员学生分别编入各自支部,不发生横关系。不久,顾和介绍一名党员教师到市西任教,使得市区的市立中学有3名党员教师,由此成立市中支部,支部书记是顾和。其间,虽然学校党员教师有所流动,但革命工作始终开展正常。

当时市西中学教职员40多人,部分是工部局的老教师,年龄40左右,他们家庭负担重,只得疲于兼课,有的还有借债度日。其余就是大专毕业生,年龄20多,他们在学生时期受到过党的影响,年轻活跃而较有正义感。1947年秋,在赵校长倡议的赴昆山旅游中,顾和等教师酝酿成立教师自己的团体。年底，在全校教职员"团结就是力量"的歌声后，有位老教师提议、经大家同意成立了"美延社"，并推出正副社长。赵校长积极支持并参加美延社的活动。美延社的活动方式是聚餐、歌咏、拍照、跳舞、串门、参观和旅行等。通过大家比较乐于接受的形式，接近大家，团结大家，引导大家倾向革命，美延社成为党所领导是群众性合法的组织。当时训育主任还冷言冷语说，市西的教师经常搞这些活动，学校还成什么样子。并对赵校长的支持加以嘲笑和攻击，但大家不为所动，继续参加活动，提高觉悟，自1947年一直坚持到上海解放，并发挥了一定的作用。

罢教取得胜利

随着国民党统治的日趋崩溃，恶性的通货膨胀造成民不聊生，教师生活急骤下降，中老年教师更是贫困难熬，他们要养家活口，一个月的收入连半担大米也买不到，青年教师工资一到手也得马上去换银圆和美钞。国民党政府还把困难转嫁于家长、教师和学校。赵校长虽然多次设法募捐，但杯水车薪解决不了燃眉之急。党组织指示，派顾和加入市中教联谊会任监事。市中教联谊会是国民党控制市立中学教职员的御用机构，市西有教师参加理事和监事，并要履行手续入会。当时学校监事辞职，由于美延社

市西中学传家楼

的工作基础，顾和就接替。她了解情况，团结教师，利用合法地位开展斗争。认清当前困难是政府造成的，绝不能把矛盾转嫁给群众，要提高觉悟，不上敌人的当。在全市反饥饿、反内战的高潮中，市西全体教师于11月响应中教联谊会的罢教决定，还向国民党市政府请愿，迫使当局答应一些条件，如提高教师的待遇，每人廉价买些日用品等。在罢教中，有人说，罢教恐怕有共产党操纵，市西中学女教师多，没有什么生活负担，不知道她们为啥罢教这么起劲？顾和针锋相对地回答说，市西教师很穷，赵校长搞了尊师金、进修金，中教联谊会不是还送他"爱人如己"的匾吗？通过斗争，大家进一步认清国民党政府的反动本质，增强了团结和信心。也通过罢教，取得校中教联谊会的控制权。

悉心教育学生

顾和进入市西后，当英语老师兼班主任。她对学生开展全面教育，包括对课外活动指导。这是个女生班，如在校外同龄的孩子大多不是做家务就是进厂做工，而进市西学习，也许是她们人生转折点。因为顾和成了她们追求真理、学习文化、认识社会的启蒙老师，潜移默化地把进步思想、优秀品格和丰富知识传授给学生，使班级成为团结友爱的集体。1947年圣诞节暨庆祝1947年元旦，学校组织文艺汇演。当时抗战刚胜利，人们都希望世界人民大团结与和平，顾老师组织同学演出《世界人民大团结》，有20多同学参加演出和剧务工作，他们化装成各国的人们，包括残疾人，自己制作各种道具，并注意协调关系，充分发挥同学的聪明才智。

学生支部工作活跃

市西地下党学生支部按要求发动和组织群众，为反对国民党开展一系列工作。他们发展党员并建立地下党领导下的秘密外围组织"新青团"和进步群众组织"学友团契"。平时，党员和新青团成员广泛地、亲切地开展个别谈心，结合现实生活，揭露国民党政府压迫人民和腐败、黑暗的一面；同时揭露反动当局屈从美帝，出卖国家民族利益的行径，引导大家去探索社会进步和人民解放的道路。还在进步学生中秘密传递地下学联发行的《学生报》等进步书刊,使他们对共产党的认识由感性向理性升华,并及时了解解放战争的胜利进程。1948年12月,以"学友团契"的名义,号召同学为饥寒交迫的贫困大众募集寒衣,并及时送到住在贫民窟的群众手中,通过这一活动,对同学们进行了一次访贫问苦、社会实践的教育。

师生共护校迎解放

1948年年底,中共上海党组织明确提出,当前主要任务,不再是组织武装斗争,而是要发动和组织群众,反对国民党的破坏,进行保护工厂、企业、机关、学校,配合解放军解放和接管好上海。当时,市西中学大楼底层和操场被一支国民党部队强占,师生只能到二、三层上课。有一次操场炸药意外爆炸,周围居民为之震惊。党组织支部根据要求,发动师生对驻军做工作,他们把警告信、传单、通告不断发给国民党驻军,告诫国民党部队不要与人民为敌,不要做对不起人民的事。在内外压力下,驻军在上海解放前夕,撤离了学校。1949年,解放军准备渡江。组织上布置顾和及教师翻印解放军城市政策和约法八章,投寄上层人物。她们秘密取出学校油印机到附近教师亲属家中翻印,邮寄给市立中学的校长,也寄到赵传家校长、学校中层干部和一些教师,提出希望各按职守,护产护校,保持良好秩序,准备迎接解放的应变工作。同时联合进步学生,团结全校师生成立应变会,下设联络、救护、服务、护校等小组。当年5月25日上午解放军攻入上海市区,他们分头参加人民保安队和人民宣传队,为解放军作向导,提供敌情线索,配合解放军保护公共财产,宣传共产党的城市政策,维持社会秩序。6月初,解放军举行入城式,他们还冒着细雨,喊着口号到南京西路上热情参加欢迎解放军的入城仪式。

新中国成立后,市西中学按照赵校长倡导"好学力行"的校训,努力办学,使学校成为上海市有影响的重点中学。

人民保安队标志

肃霜天晓

——刘晓的"潜伏"故事

刘晓

1937年5月,党中央委派刘晓从延安赶赴上海,担负恢复和重建遭受严重破坏的中共上海党组织的重任。其实,刘晓的革命生涯,与上海有着割舍不断的联系。1926年,刘晓在上海加入中国共产党,随后相继参加了党领导的上海工人三次武装起义和奉贤庄行暴动。那时,同志们不知道这个初出茅庐的小伙子真名叫刘运权,只知道他叫小刘,而这个"小刘"称呼跟随了刘晓很长一段时间。后来,任弼时建议,把"小刘"两个字颠倒一下:刘小,但以"小"命名似乎不妥,就改成"刘晓"。自此以后,刘晓就终身使用任弼时为他所起的这个名字。

彼时的上海,白色恐怖笼罩,日本帝国主义又在旁虎视眈眈。考虑到复杂严峻的环境,党组织决定刘晓与其夫人张毅一同前往。张毅是来延安投身革命的学生党员,家在上海,其父曾留学日本学医,与鲁迅是同学,是国民党左派,同情和支持共产党。于是,29岁的刘晓重新踏上返沪的征程。那时的他,中等身材,脸色黑里透红,戴着眼镜,完全是一副知识分子模样,但残酷的战争和根据地艰辛的生活在他身上留下深深的痕迹。一路上,刘晓穿着一件借来的、不太合身的长衫,下面是一条西裤,脚穿皮鞋,以便看上去更像一个儒雅的商人。火车上,为掩饰浓重的乡音,大多时间他都沉默不语,或不停地吃东西,让张毅出面和别人打交道。

到达上海后,刘晓化名"刘巽斋",在南京西路威海卫路静安别墅(今属静安区）住下。张毅的父亲就在家里摆了简单的酒席招待少数至亲好友，作为张毅与刘晓结婚的婚宴。随后，在张毅父亲的建议下，上海的一家报纸上登出一则结婚启事：男方是刘巽斋，女方是张毅。用当时上海通行的举行婚礼的办法让新女婿露一露面，也便于掩护他们以后的工作。就这样，刘晓在这座"冒险家的乐园"里安顿下来。第二年9月，刘晓又化名林庚汉，在进步人士沈体兰当校长的麦伦中学任高中教师，他在上海就有了公开合法的身份和职业。

此后的十年间，刘晓冒着生命危险，以多种职业身份作掩护，坚定地、创造性地贯彻党中央关于白区工作的基本方针和策略，为抗日战争的胜利和上海、南京等大中城市的解放，作出卓越贡献。

时间来到1947年1月，为了迎接新的革命形势，中共中央成立上海分局，刘晓任分局书记。同年5月，中共中央上海分局改为中共中央上海局，管辖长江流域、西南各省及平津一部分党的组织与工作，并于必要时指导香港分局，仍以刘晓为书记，刘长胜为副书记。

1947年关勒铭金笔厂全体股东和员工合影，第三排左四为刘晓

当时，刘晓一家人本住淳化路（今襄阳北路）47弄的一幢三层楼内。抗战胜利后，相邻的两幢楼分别住进了国民党的两位接收大员，且都有中统或军统背景，刘晓认为长期与特务为邻很不安全，于是决定搬家。此时，正遇党的第三条战线"广大华行"总经理卢绪章腾屋搬家，卢便把中实新村（今静安区愚园路579弄）44号的房子让给刘晓，对外则宣称是用七八根金条将此处房屋顶下的。一楼是客厅，二楼由妻子带着孩子们居住，三楼刘晓自己单独居住，译电员朱志良住在三楼亭子间，他的对外身份是刘晓的侄子。刘晓当时以关勒铭金笔厂副总经理的身份作掩护。妻子张毅则是全职太太，其实是中央上海局领导层间的机要交通员。

在邻居们的眼里，刘晓是位老成持重、事业有成的生意人，而太太则是位称职的家庭主妇，看上去，这是个再普通不过的上海人家。这里也是中共中央上海局的一处秘密机关，但极少在此召开领导人会议，只有刘长胜经常到来，两位上海地下党领导人常常促膝长谈至深夜。

1949年5月，上海甫一解放，宁静的中实新村44号忽然响起了一阵局促的敲门声。打开大门，家人都惊呆了，门外站着的是一身戎装的刘晓，他的身旁是邓小平、陈毅，身后还有一批身穿军装的解放军战士。一番问好后，邓小平对张毅说，他们对上海地下党的领导机关长期以来始终没有遭到破坏感到奇怪，想来看看刘晓这位上海地下党"一把手"住的地方。

正好到了吃饭时间，刘晓留大家吃午饭，经过一家人的一阵忙碌，一顿简单的饭菜摆在了众人面前。据张毅回忆，当时，三子际翔看到自己父亲穿了军装回来，感到很奇怪，便向刘晓问道："你以前是做生意的，怎么会变成解放军的呢？你教教我，我学了也要变成解放军。"问得大家哈哈大笑。

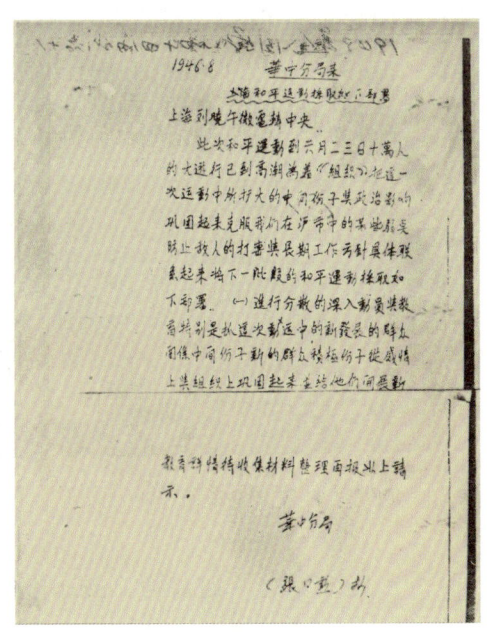

1946年8月，刘晓致中央《上海和平运动采取部署》

布道声中的牧师电台
——钟韵、赵蔚卿和地下台的故事

在刘少文情报系统中,有一个机要电台是负责上海和延安之间的联系,由钟韵负责。钟韵其实也是电影《永不消逝的电波》的人物原型之一。钟在白区秘密工作了 10 年,从事情报工作,发送电报。新中国成立后接管广州电信局工作。

钟韵是老革命,原名能铮,曾用名沈志诚,1914 年生,江西赣州人,1936 年加入中国共产党,历任红一方面军政治部保卫局干事、科员、二局谍报译电员、红四方面军西路军总部侦察科科员、参谋、八路军一二九师政治部锄奸部科长、中共中央南方局驻重庆办事处副官、政治教导员兼党总支书记等。

钟韵被周恩来派到上海,先是住在中央军委系统的一个情报交通站里;后由赵平出面,另租了一幢房子,让钟韵带上他夫人、女儿,一起搬至延平路金司徒庙(今康定路 1022 号)。但这幢房子比较大,只住三个人太引人注目,楼下必须住上一户人家作掩护。刘少文便让自己的助手赵平去找赵牧师商量。

中共秘密电台

赵牧师名叫赵蔚卿,浙江诸暨人,原先是个国民党员,后来因为反对蒋介石背叛革命,被开除出党。赵蔚卿十分同情共产党,支持共产党的革命事业。抗日战争期间,他曾经让刘少文把电台设在自己家里,结果被日军在三层阁楼上查出被捕入狱。日军对他严刑拷打审问，但是他咬紧牙关，始终没有供出刘少文；只讲电台是他搬来之前就有了，但不知道是谁放进来的，敌人无可奈何，只好让他保释出狱了。这次，赵蔚卿听说共产党设立的电台要他作掩护，毫不犹豫，一口答应，马上带着他的大女儿、小儿子住到了楼下。[1]

设在赵蔚卿家中的电台，很快就跟中共重庆办事处联络上了，但是和延安党中央却呼叫不上。后来重庆办事处派来一位姓邱的同志，在赵牧师家里抢修了一个晚上，终于沟通了和延安的联系。从此，这部电台担负起党中央对上海党组织的联络、各地办事处与上海有关机构的联络、秘密情报交换等重任。凡是往这个电台送情报的同志，都要先经过住在楼下的赵牧师家，按照规定的暗号敲门。赵牧师认定是自己人，再上楼报告钟韵。对外，国民党警察、特务，只知道那栋房子里住着一个两耳不闻窗外事、一心在教堂里讲经布道的牧师，也就很少上门找麻烦。

但是，1948年5月，意外发生了。

> 1948年5月，由于叛徒出卖，我被捕入狱，敌人从我身上搜到钟韵签收的一张来款收据，上面除了收到几百万元之外，落款只有一个钟字，我推说这是一个做生意的朋友写的借款条，其他一概都不承认，经受了严峻的考验。[2]

赵平所说的"叛徒"不是别人，正是他当时的"妻子"沙平。

原来，当时赵平"去宁波采购粮食，顺路带妻子回家乡余姚探亲，不幸被特务逮捕"。

夫妇两人被押往杭州刑讯，赵平一口咬定是商人，可是他妻子沙平

---

[1] 赵平：《设在牧师家里的秘密电台》，原载《上海党史资料汇编》第四编下，上海书店出版社2018年11月第一版，第630页。

[2] 赵平：《设在牧师家里的秘密电台》，原载《上海党史资料汇编》第四编下，上海书店出版社2018年11月第一版，第631页。

熬不过酷刑,供出了"张明",还交代了与赵同去过一趟的福民食品社。但她只是去吃过一次饭,而不知道这爿店的性质。实际上这是刘少文领导的一个重要交通站,还负责同海外的联系。赵平未按预定时间回上海,已引起刘少文的警觉,采取了一些预防措施。1948年6月30日晚上,刘约交通站负责人熊志华来碰头,布置他和福民老板、交通员郑才立即疏散。刘到福民后,正巧海外交通员老唐来送情报,刘少文刚和他谈几句话,杭州来的特务就闯上门来抓人了。[1]

当时的情景绝对是千钧一发。幸好那晚下雨,刘少文穿一身短衫裤,工人打扮,与沙平交代的"张明平时穿西装或大褂"截然不同,特务没顾上太多注意他。他乘机纵身后窗,逃离虎口。

我被捕以后,钟韵为了防止发生意外,立即撤退到了香港。赵蔚卿牧师怕再来联系的地下党同志遭受损失,仍然住在那幢房子里,一直到

1949年中共中央上海局和中共上海市委留沪迎接解放负责人合影(自左起:吴克坚、张承宗、沙文汉、刘长胜)

---

[1] 杨仲明:《记刘少文同志领导的一个秘密交通组》,原载《刘少文纪念文集》,中国人民解放军总参谋部情报部2008年11月第一版,第282页。

上海解放。[1]

其实，在整个解放战争期间，在整个刘少文情报系统中，至少包含了三张网、一个站、两部台。这三张网，既包括了赵平网、潘柱（潘静安）网，又包括了吴克坚网。所以，在福民站、钟韵台和赵平网被敌破坏后，"一直"坚持到"上海解放"的，除了赵蔚卿牧师，也还有吴克坚及其战友。吴克坚"一直"住在常德路恒德里（今633弄）148号，距离赵蔚卿牧师"一直"住着的延平路金司徒庙仅三两个街区。他们"老死不相往来"，却一起迎来了日月重光的"上海解放"！

---

[1] 赵平：《设在牧师家里的秘密电台》，原载《上海党史资料汇编》第四编下，上海书店出版社2018年11月第一版，第631页。

红色隐形人
——薛伯青与《永不消逝的电波》

电影《永不消逝的电波》讲述的是以李白烈士为原型,我党的秘密电台在上海隐蔽战线上的斗争故事。薛伯青是这部电影的摄影师,但他与它背后的故事却鲜为人知。

以一生拍摄百余部影片的业绩,薛伯青的职业生涯硕果累累。《夜半歌声》享誉至今,《钢铁运输线》《永不消逝的电波》《二泉映月》等多部影片获文化部优秀影片奖,还有《狼牙山五壮士》《东方红》等经典影片。

除此之外,这位曾在静安居住过12年的职业摄影师还有什么特殊背景吗?

1936年,"百灵庙大捷"喜讯传到上海,新华影业公司派薛伯青率"敢死摄影队"拍摄了载入中国新闻电影史的《绥远前线新闻》。1937年,他为拍《平型关大捷》转战太原、西安,结识了彭雪枫、张震、任泊生等共产党人。

1938年,薛伯青的人生出现了另一条轨迹:新四军四师联络部部长任泊生发展他加入了中共上海党组织,薛伯青以其公开身份作掩护协助任泊生开展秘密工作。1940年,薛伯青举家搬到爱文义路(今北京西路)普益里809弄19号。之后,他曾10次来往于上海与淮北根据地之间,拍摄了《新四军的部队生活》《彭雪枫追悼会》两部纪录片及大量珍贵照片。

抗战时期,张爱萍(左)于淮北抗日根据地与从上海来采访的摄影师薛伯青(右)合影

即使是这么一位红色"隐形人",他跟李白电台并没有丝毫交集;可他却意外受李白案牵连被捕入狱……

故事里出现的两个地点都在今静安辖区内:一个是薛伯青的住址普益里;另一个是薛伯青被关押的地址,威海卫路(今威海路)警备司令部大队部。

1948年12月30日凌晨,中共潘汉年系统的李白电台被敌破获。当晚,副台长俞复和陈洛(薛伯青结拜兄弟)为躲避抓捕,住在薛家亭子间。其时,薛伯青夫妇在大华影业公司拍通宵内景,并不在家。31日,薛伯青回家看到陈洛的借宿字条。晚上,得知电台被破获。而此时,敌人到陈洛家查抄,抄走了一张有薛伯青名字的通讯录。

1949年元旦早5点,陈俊(陈洛弟弟)来告知抄家之事。想起陈洛约他去参加学生史长生的婚礼,薛伯青立即派人送信让陈洛躲避。他让太太薛岱云照常去参加婚礼,自己一天待在"大华"。傍晚,他按约定去见陈俊,陈俊给了他一张飞香港的机票。他飞速思考,想起任泊生的叮嘱:遇事慢一步行动。想到岱云也去过淮北,不能抛下她不管,他毅然放弃了机票。

之后,薛伯青先去吴永刚导演家,说朋友电台出事,万一自己有不测,请他去告知"大华"吴树勋老板;自己再返回"大华",等到快戒严时才回家。当他走到普益里弄堂口,发现有两个陌生人,便绕到自家后门,从门缝中看见两位同事坐在沙发上,另外还有两个陌生人。他明白了自己的处境,"决不能连累他人",薛伯青果断敲响了家门。

开门的陌生人:"你找谁?"薛伯青:"这是我家。""你是薛伯青?""我是。"特务转身打电话报告。不久,来了一个大队长,要他交出俞复、陈洛留下的一包东西。薛伯青先指指那两位同事:"他们是我的朋友,与此事无关。请先放他们走。"

接下来,双方一直耗到深夜12点,大队长叫他先上楼。来到楼上,夫妻俩互通了一天的情况,赶紧秘密销毁一些照片和信件。忽听外面有汽车的声音,他想这次是凶多吉少了,急忙叮嘱岱云:"设法去找吴树勋……"还没等他说完,一人拿着手

薛伯青、薛岱云夫妇

枪带着十几个武装特务挤进房间,押着薛伯青下了楼。

凌晨两点,薛伯青被押到威海卫路警备司令部大队部。审讯官问过姓名、籍贯后,又让他交出那包东西,并问那二人在哪里?薛伯青说:"我在棚里拍通宵,没见他们,东西更没见到。""那你为什么送信叫陈洛躲避?""送信是说我有事不能去参加婚礼。"审讯官:"你到飞机场是想逃走?""我没去飞机场。"审讯官紧逼:"你没去?皮鞋上怎么都是泥。"薛伯青冷静对答:"皮鞋上的泥土是我到斜土路远东公司路上走的。"

随后,他被带到另一个审讯室,他照第一次的说法又说了一遍。当被问到电影厂的罢工和他去淮北的事时,审讯官话题一转:"你的领导在哪里?""我没有领导。""你没有领导会在厂中煽动罢工吗?"薛伯青答:"那事早结案了。"审讯官:"你跟李白什么关系?"薛伯青摇摇头:"我根本就不认识李白。"审讯官强硬起来:"你老实些,李白就在这里。你再不说就和你对口供,你可别自讨苦吃。"薛伯青一脸无辜:"我每天在摄影棚拍戏,什么人到我家,我怎么知道。"敌人利用疲劳战术,翻来覆去从深夜一直审到天明。

天亮后,敌人在薛伯青背上贴上"19号",将他押到楼下一个大房间。薛伯青见屋里有史长生、毛铁民(薛伯青结拜兄弟)、李白的房东潘彼得和5个外国人。

薛家,敌人把薛伯青带走后,在弄堂口派了两个特务,家里留了两特务。来往薛家的人只进不出。岱云想借买菜的机会去送消息,可有特务跟着,家里大人孩子都不让出去。于是,她变着法儿给特务讲拍电影的事:"我们家一直是拍电影的,从不跟不搭界的人有联系。"她还做好菜饭招待他们,把火盆烧旺。特务们有吃有喝地听着故事,听了她的劝说把弄堂口的特务也叫进屋里取暖。

下午,监狱让每人写条让家里送棉被。但不准薛伯青写,说他案情重大,不能透露他被关押的地方。薛伯青想,这回自己是出不去了。毛铁民问他有什么要交代,他低声说:"万一有不测,让岱云将六个孩子托付给任泊生。"

1949年1月4日上午,薛伯青被大队副提审。这个四川人反复问他元旦晚上的情况。薛伯青机警地发现他记事板上写有:今晚去马立斯新村,他知道那是老板吴树勋(四川"哥老会"老大)经常去的地方,就反复强调自己元旦晚上在"大华"。中午12点，大队长来看他的口供："这人的嘴真硬，不做工事是不肯招了，下午给他上刑。"

回到牢房，毛铁民问："怎么样？"他平静地答："下午上刑。"不一会儿，听到楼上大队副接电话的声音："是有一个穿西装的大个子。"身高1.82米的薛伯青四下看了看同牢房的人，没有比他更高的人了。心想，坏了！实际上，他们不知道，这是个救命的电话。

原来这天吃过午饭，四个特务就倒在沙发上酣睡起来，几个孩子玩耍也没把他们吵醒。薛岱云一看时机来了，本想爬窗户到邻居家打电话，又怕别人泄密。她果断决定亲自出去送信。怕特务怀疑她出过门，大冷天，她大衣也没穿，溜出弄堂，坐上三轮车直奔吴老板家。吴树勋不在家，吴太太请她放心回去，他们一定设法营救。

监狱中，整个下午过去了，薛伯青并没有被点名。

傍晚，吴树勋打电话告诉岱云，伯青关在威海卫路警备司令部，叫她送去衣服和被子。还说，他一定设法营救伯青。

监牢里，大家正为此感到疑惑，忽听外面有人和看守说话，确认了"19号"是薛伯青后，甩进来一个包袱。薛伯青一看是家里的东西，就明白外面的人已经知道自己被关在这里。他不由想起了任泊生派他进入"大华"时说过："吴树勋（国民党人，自创大华影业公司）可以利用，他对你有好处。你在工作中要博得他的信任，尽量争取他。"

1月5日上午，大队副将薛伯青叫出去，低声说："吴厂长昨天才知道你关在这里。昨晚有东西送来吗？"薛伯青点点头。"吴厂长叫我关照你安心等着，他设法救你出去。我是吴厂长的学生。"

同天，吴永刚也去找吴树勋。吴树勋："昨天，岱云已经来找过我了。我看到一张捉拿共党的名单上有伯青，上了黑名单就不好办了！我准备押上'大华公司'，再以我'哥老会'大哥的名义保他出来。"

9日，大队副又找到薛伯青："你还要再等两天。现在派人到南京去取释放你的公文，同时取回你的口供。"

11日下午4时，突然来了几个卫兵，在牢房外叫道："19号，薛伯青快收拾东西，解送虹口司令部枪毙。"全牢房的人为之一震。趁薛伯青收拾东西之际，毛铁民凑过来再次询问，薛伯青镇定地拍拍他的肩膀："没什么，就叫岱云将六个孩子交给任泊生吧。"待薛伯青上楼看到大队副和吴夫人站在一起，方知刚才是虚惊一场。大队副解释："因为事情重大，现在只有提出来，没有放出去的。叫你时只能有意这么说。"

这次意外被捕有惊无险。此时的薛伯青因任泊生在昆明被捕的原因与组织失去了联系，他孤军奋战、沉着应对，没有暴露身份。对于吴树勋的救命之恩，薛伯青下决心要给他一条光明之路。上海解放前夕，他成功策反吴树勋脱离了国民党，送他们夫妇赴香港继续经营影业公司。

九年后，恐怕连薛伯青自己都不会想到，他（1952年从华东海军调入八一电影制片厂）竟在八一厂邂逅了《永不消逝的电波》，李白、李侠（孙道临饰）跟他有不解之缘。但他严守地下工作纪律，没有对任何人提及此事，更没有炫耀自己。只是大家不解，他对那个监狱的上上下下怎么那么熟悉？！

这部1978年被选送参加南斯拉夫第七届索波特"为自由而斗争"国际电影节的影片倾注了薛伯青太多的真情实感，他透过镜头追忆自己的无悔年华，"夫妻送情报、运物资""装扮阔绰出入闹市、交际场所秘密接头""被捕入狱""智斗特务"等都是他真实的斗争经历。他虽然不认识李白，但革命者的英雄气节是相同的。他把自己的情感和意志融入一幅幅画面之中，以此表达他对李白烈士的崇敬之情。

昔日虎穴藏忠魂，今朝曙光迎来早。

走在静安繁华的街区，穿过身边熙攘的人群，你是否抑或能感觉到李白、薛伯青们的身影曾在这里匆匆走过，在冲你回眸一笑……

如果世界上有永垂不朽，那么，请相信这是一种精神——不悔。

薛伯青（左）和《永不消逝的电波》中李侠的扮演者孙道临合影于延安

战斗在敌人心脏里
——史永和重庆号起义的故事

1949年2月25日凌晨1时30分,当年中国海军的最大巡洋舰,排水量七千五百吨的重庆号,在上海吴淞口宣布起义,毛泽东、朱德致电祝贺,高度评价这一壮举"乃是爱国的国民党军事人员所应当走的唯一道路",引起国内外舆论的极大震动。

重庆号的起义,是该舰官兵在伟大的人民解放战争和人民解放运动胜利的影响下,由中共中央上海局及所属上海、南京市委等通过多条关系领导策动,由爱国士兵发动并有爱国军官参加的群众性的武装起义,其中三个地下党员各在不同的工作岗位上起了作用。[1]

重庆号巡洋舰

---

[1] 史永:《纪念重庆号巡洋舰起义四十周年》,原载《上海党史资料汇编》第四编下,上海书店出版社2018年11月第一版,第662页。

史永谦虚，只是说了"三个地下党员"，并未算入自己。其实，他不仅"曾在策反工作中参与过重庆号起义"，而且在关键时刻"起了"重要"作用"；所以他嫂子、时任中共南京市委书记的陈修良在其《党怎样领导重庆号起义的》一文中特别说到"这项工作是绝密的"，史永在这一绝密工作中"与王淇谈过几次话，大体上掌握了一些情况"。王淇是"金陵大学学生党员"王毅刚的哥哥，国民党海军尉官。他"平时对国民党反动统治不满，联络了一批下级军官与士兵，想找共产党领导策动重庆号起义"。所以，王淇等"策反关系"被史永"交给上海局策反委员会领导"后，便由王锡珍（陈约珥）牵头"将可靠人员组成一个起义委员会"。[1]

> 当时重庆号军舰停泊在上海，我向陈修良建议把王淇这个策反关系交给上海局，陈同意由她转去。以后王淇又来找我两次，提出重庆号起义要有陆上帮助等建议，我要他同上海的同志商量。这一策划关系是通过当时南京市委书记陈修良交给上海局副书记刘长胜的。上海局又由张执一（原中共中央上海局策反委员会书记）亲自交给上海局策反委员会委员王锡珍（他已于1968年逝世）领导。[2]

史永，本名沙文威，又文溶，字重叔，1910年生，浙江鄞县（今宁波市鄞州区）人，中共早期党员，长期在上海、南京、汉口、重庆等地进行隐蔽战线斗争。尤其是1941年春，史永紧急避险，从重庆去苏北，途经上海，被刘晓留下，留在上海搜集汪伪情报；他便悄然进入白克路（今凤阳路）598号，当上建承中学史地教员。

> 建承中学是一所具有光荣革命传统的学校。地下党各系统的干部，隐蔽在建承，以教师、学生身份为掩护，开展秘密工作的，先后有林珏、锡金（蒋福偮，作家）、白文（刘骏仁，作家）、周琦等同志，分属党的

---

[1] 陈修良：《党怎样领导重庆号起义的》，原载《陈修良文集》，上海社会科学院出版社1999年10月第一版，第209页。
[2] 史永：《纪念重庆号巡洋舰起义四十周年》，原载《上海党史资料汇编》第四编下，上海书店出版社2018年11月第一版，第656页。

文委、学委领导。又如史永，是地下党其他系统负责人，他以建承高中史地教师的职业为掩护，开展党的工作，从1942年至1945年抗日胜利前夕，隐蔽在建承有三年之久。[1]

全民族抗战的胜利给了一个灾难深重的老中国以和平、民主、独立、繁荣、富强的新希望。然而，峨眉山上下来的独裁者，却倒行逆施，挟洋自重，坚持与中共为敌，与中国人民为敌，再次以硝烟四起的内战，将赤县神州推到万劫不复的边缘。面对两种前途、两种命运的最后对决，史永又将工作做到了敌人的心脏。当时，国民党中执委常委朱家骅随蒋介石还都南京，已然就任教育部部长兼中央研究院院长，史永便通过长兄沙孟海的推荐，进了中央研究院总办事处任专员，从而利用这层关系，成功策反国民党B-24重型轰炸机飞行员，将重磅炸弹直接投向总统府；又精心策划原"首都警卫师"，国民党第四十五军第九十七师起义，给蒋家王朝带来巨大冲击波；还参与策动"重庆号"巡洋舰起义，从根本上动摇国民党海军的基石……

重庆号起义的部分官兵合影

---

[1] 陈源、沈天麟：《建承十年》，原载《火红的青春——上海解放前中学生运动史诗选编》，上海外语教育出版社1994年11月第一版，第146页。

在策反期间，按照地下工作原则与纪律，采取了单线联系、分头进行的原则。重庆舰内虽然已有三个党员，由于每一党员的具体情况，因此在起义前他们互不知道，当然不可能建立党的起义组织。许多决心起义的官兵，各自都争取更多可信任的人参加起义，在工作中各自秘密地串连，相互交叉发展。三个党员在起义中都各自起到他们在不同岗位上的作用。[1]

重庆号起义，一如毛泽东、朱德所言，不仅"表示国民党反动派及其主人美帝国主义已经日暮途穷"，而且还表示"他们不能阻止更多的军舰将要随着你们而来，更多的军舰、飞机和陆军部队将要起义站在人民解放军方面"。事实证明，随着重庆号而来的国民党海军还有海防第二舰队、江防第三艇队、永兴号驱逐舰、长治号旗舰和汉口巡防处炮艇队等。最后，华东军区海军在江苏泰州白马庙乡应运而生，中国人民从此有了自己的海军，而重庆号也就因此成为"参加中国人民海军建设的先锋"！

---

[1] 史永：《纪念重庆号巡洋舰起义四十周年》，原载《上海党史资料汇编》第四编下，上海书店出版社2018年11月第一版，第658—659页。

按住蒋介石脉搏的人
——沈安娜的故事

大家都知道沈安娜是中共隐蔽战线的杰出代表,一个"按住蒋介石脉搏的人"。因为她潜伏敌营十四年,以国民党中央党部速记员的身份,忍辱负重,出生入死,大量截获反动当局最高层的政治、军事情报,为中国人民解放事业做出重大贡献。然而,却未必有更多人知道沈安娜的情工生涯缘起上海,始于静安区海宁路南高寿里(今942弄)1号,一所再普通不过的中文速记学校,由一位留美学子回国创办,这位留美学子就是杨氏速记发明人、原籍浙江杭县(今杭州)的杨炳勋。

沈安娜

杨炳勋的留美是得力于叔父资助。他学成归来,获堪萨斯大学硕士学位,于1925年发表《炳勋速记》,又开办炳勋中文速记学校(后改名炳勋国音速记学校),大力推广其发明的"炳勋中文速记法"。

1929年9月,上海复旦大学成立新闻系,设速记为必修科,聘杨炳勋为速记教授,炳勋中文速记学校的社会影响随之飙升,最终引起沈安娜的关注。于是,好奇掺半,憧憬掺半,19岁女孩的双脚轻轻跨入校门,走进课堂。

那时的沈安娜还叫沈琬,来自江苏泰兴。她跟她二姐沈珉的结伴来上海,既是因为伯父和父亲的相继病逝,家道中落;更是因为追求个性解放,摆脱封建束缚,把命运掌握在自己手里,做一个独立自由、自食其力的新女性。

说来也巧,半年速成,正赶上国民党浙江省政府到炳勋中文速记学校里来招募一名速记员,校长杨炳勋决定挑选学习成绩比较好的沈安娜和另外两名男生去实习、应试。一个月后,根据成绩和表现,从三人中录用一名。

这是进政府机关工作啊,同学们都趋之若鹜,而沈安娜却一点不积极。她不愿助纣为虐,给反动派当差。

沈安娜使用过的中文速记

不料她的"不积极"被她二姐沈珉告诉了二姐夫舒曰信,舒曰信及其同学华明之又往上报,告诉了王学文。王学文二话没说,就要他们好好启发沈安娜,一定要她努力考上。

原来,此时的王学文、华明之,以及舒曰信、沈珉夫妇,不仅都是中共党员,而且都是中央特科的正式成员。王学文是华明之、舒曰信、沈珉的领导,王世英是王学文的领导。

王世英听王学文说沈珉的妹妹有可能进国民党浙江省政府当速记员,马上叫好,舒曰信、沈珉和华明之这就找沈安娜谈话,气氛非常严肃。

听舒曰信开口就说"现在浙江省政府招速记员,党组织决定派你去应试",沈安娜实在是大吃一惊。因为这一年多来,她听到的、看到的,都是国民党反动派的疯狂屠杀、血腥镇压,在她的心目中,共产党人都是些大义凛然、舍生忘死的革命志士。她万万没有想到,自己的姐姐、姐夫、学长都是共产党！令人敬佩的共产党就在自己身边！她的心灵受到了极大震动。虽然她对共产党的认识还很肤浅，对情报工作更是一无所知；但是她了解姐姐、姐夫和学长。她对他们充满信赖。她认为跟着他们走，没有错。于是她坚定地说："我要革命，我一定好好干！"

从此，从杭州到武汉，从武汉到重庆；从浙江省政府到国民党中央党部，从国民党中央党部到蒋介石身边仅数米距离；沈安娜既是国民党"特别党员"，又是共产党秘密党员。沈安娜忍辱负重，锲而不舍，为我们党拿到了敌人的核心机密。

同时，沈琬也就变成了沈安娜。沈安娜在敌人的营垒里一直坚持到了1949年4月20日，南京当局拒绝在《国内和平谈判协定（最后修正案）》上签字、国共和谈彻底破裂、由三野第七、第九兵团所组成的突击集团率先在安徽枞阳至裕溪口段突破敌长江防线当天。

新中国成立后，中国共产党从农村进入城市，从地下转到地上，工作重心亦从革命变成执政；但沈安娜的后大半生，后大半辈子的人生，却一如既往，仍是一个隐身人，不能以本真示人。她依旧战斗在党的隐蔽战线上。她始终不忘抗战之初，在重庆，在曾家岩，邓颖超曾对她说："为了党的秘密工作，要甘当无名英雄。"周恩来更是耳提面命，让她牢记："我们党的事业需要一大批无名英雄。"

英国哲学家普德曼曾说："播种一个行动，你会收获一个习惯；播种一个习惯，你会收获一个个性；播种一个个性，你会收获一个命运。"

沈安娜的命运就是"守口如瓶，防意如城"。所以，几十年来，她的一言一行、一笑一颦，总是"祇畏神明，敬惟慎独"，总是"大白若辱，大方无隅，大音希声，大象无形"。

正因为沈安娜绝对忠诚于我们党的隐蔽战线，所以，直至自己生命的最后时刻，在弥留之际，她断续说的，居然仍是："我暴露了？他们抓人了，从后门跑……"

地平线上的曙光
——曾路夫、许福闳和领袖画像的故事

许福闳永远难忘上海解放前夕的那一天,尽管当时的他年仅 16 岁。

年仅 16 岁的许福闳还是个中学生,却已光荣入党,跟同学戚国埏一起,被组织上吸收为中国共产党党员。

许福闳的党员身份很快被父亲许大纯察觉。组织上同意许福闳做父亲的工作。父亲百感交结,默然流下"两行混浊的眼泪"——

> 父亲沉默半晌,两行混浊的眼泪沿着脸颊流了下来,只沙哑着声音说了句:"你自己可要小心呀!"便骤然转身离开了。我理解父亲的心情,他知道我参加革命活动的决心已无法挽回,而国民党特务的阴险与残忍又时时威胁着儿子的生命和安全,担心、害怕啃噬着一个父亲的心……[1]

身后有了父亲和家人的认同,许福闳完成了更多组织上交办的多项任务。于是,组织上也就更信任他,于 1949 年 4 月上旬,对他做出新的布置,说:"上海即将解放,我们要做好迎接解放的各项工作。现在组织上要我们各画一幅毛主席和朱总司令的巨幅像,使上海人民在上海解放的当天就能看到领袖像,使领袖的肖像高举在我们人民宣传队伍的前面,引导我们走在上海马路上。你家比较安全,画家是否就住在你家作画。活动要非常隐蔽,不得与任

---

[1] 许福闳:《两幅油画领袖像的诞生》,原载《火红的青春——上海解放前中学学生运动史实选编》,上海外语教育出版社 1994 年 11 月第一版,第 522 页。

何外人接触，一定要采取周全的保密和安全措施。"

许福闿二话不说，马上开始了各项准备。

与此同时，曾路夫亦在广肇女学庄严宣誓：甘冒生命危险，不怕牺牲，严守秘密，经受考验，千方百计完成任务。

就这样，一个中学生，一个油画家，素昧平生，却走到一起，为了一个共同目标。

> 一天下午，我便带着一卷报纸——联络的暗号，来到北四川路国立戏剧专科学校（现虹口区教育学院实验中学所在地）对面的一幢新式里弄房屋前。我轻轻地叩响楼门，一位年约30岁的男子出来开门。他，中等身材，略显黝黑的面庞，深邃的双眼闪烁着艺术家的光芒。我们接上头后，他即问我："什么时候走？"我答："就是现在。"他转身回去，不一会工夫便拎着一只黑色的小画箱出来，后面还跟着一个20岁左右的青年人，和我一起来到了我的家。[1]

许福闿所说的那人，"中等身材"的那人，面庞"略显黝黑"的那人，"深邃的双眼闪烁着艺术家的光芒"的那人，不是别人，正是曾路夫。许多年过去，曾路夫依然清晰记得，他从此"走进了居民家的一间卧室"，在之后的"十几个日日夜夜"里，始终"足不出户，吃住都在那里，全身心地投入到油画创作上"。

> 经过十几个日日夜夜，没有干扰地平安无事地完成了两幅油画创作，然后在一天夜里，我们悄悄地离开了那个神秘而又不知名的地方，告别那亲切接待我们的同志和他的家。[2]

十多天后，解放军的炮声终于从郊外传来。许福闿在家中急切等待组织

---

[1] 许福闿：《两幅油画领袖像的诞生》，原载《火红的青春——上海解放前中学学生运动史实选编》，上海外语教育出版社1994年11月第一版，第523页。

[2] 曾路夫：《绘制巨幅油画领袖像迎接上海解放》，原载《上海党史资料汇编》第四编下，上海书店出版社2018年11月第一版，第497页。

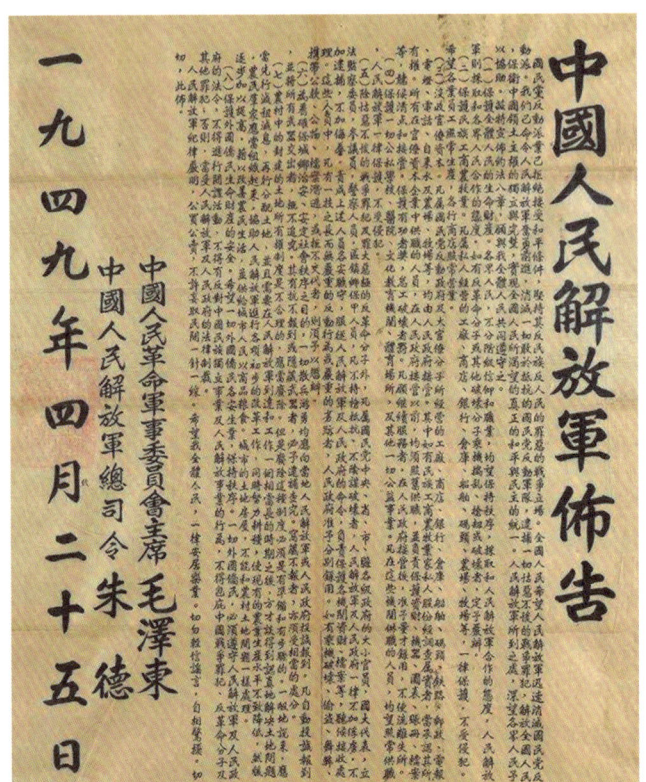

1949年4月25日,毛泽东、朱德签署发布的《中国人民解放军布告》

上的通知。因为只有全城解放,他才能将毛泽东和朱德的大幅油画像送到大街上去。他和戚国埏天天外出查看。直到5月27日上午,发现苏州河上的桥通了,解放的一天来到了,两人立即将两幅大画像从家中取出,搬上一辆三轮车。

两幅高2米、宽1.5米的大画像一在新闸路、泰兴路口出现,来来往往的行人全都站停了看,边看边交头接耳、议论纷纷:

"这是谁呀?谁的画像?"

"这是毛主席和朱总司令吗?"

"解放军刚进城,毛主席和朱总司令的像就已经有了?"

我们坐在画像后面,手扶像架,以无比激动和自豪的心情,沿新闸路,北京路,一直向前,驶向前方。这是两幅大幅油画。在画面上,毛

地平线上的曙光

人民群众迎接上海解放

主席身穿深蓝色中山装,戴红军的八角帽,就像在党的"七大"时拍的那张照片。朱总司令是穿解放军军装,戴军帽,英姿威武。画像上的毛主席,面露笑容,目光锐利,凝视着前方,仿佛他已看到了新中国航船的桅顶在地平线上显现。[1]

这是上海解放当天,最早出现在上海街头的两幅大领袖画像。1949 年 7 月 6 日,上海举行解放军入城式,这两幅大领袖画像还走在了全市游行队伍的最前面。刚解放的上海,翻身解放的上海人民,正是从这两幅大领袖画像上看到了毛主席、朱总司令的光辉形象,同时看到了新中国的喷薄曙光!

---

[1] 许福闳:《两幅油画领袖像的诞生》,原载《火红的青春——上海解放前中学学生运动史实选编》,上海外语教育出版社 1994 年 11 月第一版,第 524 页。

我们要永远记着他们

——陈尔晋、王曼霞夫妇和宋公园的故事

上海解放前，有过两个刑场，一南一北。南是龙华，北是宋公园，即而今闸北公园的前身，因园内有宋教仁墓而得名，位于共和新路1555号。

今天的闸北公园莺歌燕舞、鸟语花香，七十多年前的宋公园则是刀光剑影、血雨腥风。那是黎明前的最黑暗时刻。历史正是在那20世纪40年代的最后一个春夏之交，在一大片一大片的空旷、寂寥、荒芜、肃杀之中，惊悚见证了六批大屠杀，见证了43人的相继倒下！他们中有中共上海警委系统的钱文湘、钱凤歧、刘家栋、蒋志毅。他们中有上海交通大学的穆汉祥、史霄雯。他们中有中国农工民主党的曾伟、虞健、郭莽西、刘启伦。他们中有中国国民党革命委员会的谢超逸、孟士衡。他们中有孙文主义革命同盟的方志农、张达生、王文宗、朱大同。他们中有原新四军武工队的刘临沧。他们中有中共党员徐海峰、邹锡井、姜汉卿、钱相摩、方云卿、陈潘旭。他们中有王克仁、方元明、方于卿。他们中还有方守戁、杨新和陈尔晋、王曼霞夫妇及其尚未出世的孩子。

陈尔晋，原籍浙江杭州（一说山西太原），1911年生于天津，黄埔八期炮科二中队学员，曾任南京总统府宪兵队长，于1938年5月与王曼霞结识、成婚。

王曼霞，1913年生，安徽宿县人，1936年加入中国共产党。

没有共同的思想基础，陈尔晋和王曼霞也不会走到一起。两人既已走到一起，陈尔晋也就像《潜伏》里的余则成受左蓝影响一样受到王曼霞的更多影响。正是这种影响最终导致陈尔晋秘密入党，光荣成为中国共产党党员。

我们要永远记着他们

抗战全面爆发后，陈尔晋主动请缨，被任命为西北第一战区高炮大队大队长。中共代表团常驻西安，陈尔晋便利用独特身份，在西安秘密会见我党领导人。一次，周恩来对陈尔晋说："你已是国民党高级军官，要利用合法身份，为我党多搜集情报，特别是在统战方面要多团结、争取抗日进步将领和进步民主人士。"于是，陈尔晋随队参加了台儿庄大战、南京保卫战和武汉会战、长沙会战。他发现一些国民党高级军官参与军火走私谋利，就暗中与他们联系，凑款购买到大批子弹和望远镜，再开出国防部特别通行证，将军火物资源源不断地运到长江以北新四军控制的地区。陈尔晋还在望远镜上刻上自己的名字，还说："日后与亲人见面时以此为凭。"[1]

陈尔晋王曼霞合影

抗战胜利后，陈尔晋、王曼霞夫妇定居上海，与中共地下组织秘密接触，利用敌国防部第三编练司令部副司令兼参谋长身份，配合从苏州来沪的中共情报人员、闸北小学校长杨新以及打入淞沪警备司令部的方守戆、少校主任许建民、上海中纺公司七厂人事科主任冯瑞祥、陆自成等人，积极策反和搜集情报。

解放军攻克南京后，陈尔晋被敌委任为四兵团中将副司令兼参谋长。我三野前线指挥部便萌生了策反上海守军起义、和平解放上海的设想，命令陈尔晋执行。

---

[1] 金宝山：《陈尔晋、王曼霞夫妇潜伏在敌营》，原载《人民政协报》2014年6月26日。

陈尔晋夫妇商量后,向党组织说了具体的行动方案:策动驻江湾一线的装甲部队开进江湾机场,截断空中退路;策动第四兵团、第五十四军等各路守军,在人民解放军接近上海时,停止抵抗,放下武器,投诚起义;同时与海军等方面联络,配合行动,一举活捉蒋介石。

党组织认为此项行动可行,并当即决定派地下交通员通过封锁线,向我三野前线指挥部陈毅、粟裕等首长汇报,得到陈、粟的同意。[1]

然而,无耻叛徒的告密终使陈尔晋、杨新、陆自成等人被捕入狱。王曼霞闻讯大闹上海市警察局,亦被敌人羁押牢中。

在狱中,王曼霞忍受了肉体的巨大痛苦,始终不发一言。在另一间牢房,特务们对陈尔晋动用了各种毒刑,同样一场空。由于陈尔晋、王曼霞夫妇保守党的秘密,保护了陈修良等一批党的地下领导人安全转移。毛森无计可施,下令杀害陈尔晋、王曼霞夫妇和其他14名中共地下党员。[2]

这是1949年5月19日下午3时许。当天,我人民解放军第10兵团已占领刘行国际无线电台和刘行以东的敌军顾家宅阵地,直逼吴淞。但陈尔晋、

陈尔晋烈士证书

王曼霞烈士证书

[1] 金宝山:《陈尔晋、王曼霞夫妇潜伏在敌营》,原载《人民政协报》2014年6月26日。
[2] 金宝山:《陈尔晋、王曼霞夫妇潜伏在敌营》,原载《人民政协报》2014年6月26日。

王曼霞夫妇则被一群垂死挣扎的国民党特务押送到了宋公园，执行枪决，甚至不顾王曼霞已经怀有 2 个月身孕。

同日就义的革命者一共 17 人。他们个个大义凛然、视死如归。他们在"打倒国民党反动派"和"新中国万岁"的口号声倒下。他们的呼喊划破了上海空中的密布乌云。他们的呼喊融入了解放上海的隆隆炮声。他们生的伟大，死的光荣，是不朽的战士，壮烈献身于中国人民的解放事业。所以，他们的战友每每想起他们，油然浮上心头的总是："我们要永远记着他们，永远不忘记过去，像他们那样在最困难的时候也决不退缩，为社会主义、共产主义事业的胜利继续前进，前进！"[1]

---

[1] 黄浦：《上海解放前夕的狱中斗争》，原载《上海党史资料汇编》第四编下，上海书店出版社 2018 年 11 月第一版，第 715 页。

他，牺牲在解放前夜

——陈仲信烈士在建承中学

1949年5月25日，这是一个难忘的日子。省吾中学高三年级的级长陈仲信正担任人民保安队第二大队大队长。当时经过激战，解放军进入市区，苏州河南岸已经解放，他要到人民保安队长宁区指挥部执行任务，当他推着自行车准备出发时，同学们提醒有危险，他说我会小心的。为了执行任务，他出发了。他骑着自行车沿苏州河边小道前行时，盘踞在对岸碉堡里的残兵，突然朝他袭击，罪恶的枪弹击中他的腰部，他捂住伤口，摔倒、爬起，多次反复，坚持向目的地前进，最终倒在血泊中。党的好儿子陈仲信光荣牺牲了，时年仅20岁。

艰难的童年

陈仲信

陈仲信1929年生于浙江湖州。其父早年病逝。他小学毕业后，以优良成绩考取了《新闻日报》的助学金，免试进入中学读书。1943年，他到静安区建承中学学习，这是一所地下党领导的学校，不仅给他知识和力量，也给他革命的启蒙教育，帮助他确立了革命的人生观。由于生活清苦，学校离家远，来去全靠两条腿，午饭也是自带冷饭。读书之余，还要去排队轧户口米，假期有时还跑单帮，以补家用。生活的艰辛，他懂得求学不易，所以学习十分刻苦，以优异成绩获得学校设立的奖学金，并可免试读到高中毕业。

在他求学时，耳闻目睹日寇横行，山河破碎，政府腐败，有强烈的正义感。在学校内，他接受了爱国、民主、进步思想。历史老师向他介绍民族英雄文天祥、史可法的故事；语文课选用鲁迅、茅盾等革命作家的作品，如《狂人日记》《孔乙己》等，还有建承中学小小图书馆向他提供《西行漫记》等进步书籍，他认真阅读和思考，与同学们一起讨论，知道中国除了国民党重庆政府外，还有延安，有共产党领导的抗日根据地，有八路军、新四军，还不断向老师请教，开阔了眼界，了解了国家和社会。

灵活的掩护

学校的生活是生动活泼、丰富多彩的。有校内各种竞赛、出版刊物和壁报、组织演讲会、辩论会、文艺演出等活动，还办了工人夜校，通过这一系列的活动开展，大家自己教育了自己，认清了社会现象的本质，明确了当今青年的责任，就是要彻底推翻旧制度，建立新中国。

建承中学的抗日爱国活动，引起了敌人的注意。1945年5月的一天，日本宪兵队的便衣突然闯入学校搜捕，抓走了校长和部分师生，并坐镇学校，寻找"把柄"。正好办公室内有一些载有抗日文章的刊物，大家商量一番，要设法拿出来。陈仲信和其他同学以向老师问功课为名，一起拥进办公室，在敌人眼皮底下，机智勇敢地把刊物拿出来，并迅速转移到校外，敌人没有捞到"证据"，最后只得把被捕师生陆续放回。

投身革命活动

抗战胜利后，大家欢欣鼓舞，充满了希望。但国民党反动派又发动内战，向解放区进攻，物价飞涨、民不聊生。美帝国主义派特使前来"调停"。为了揭露美帝伪善面目，1945年12月，建承中学和其他大中学校四千余学生，以欢迎特使为名，上街游行，遭到国民党警察拦阻，并逮捕老师，引起群情激奋，当即组织请愿活动。陈仲信第一次参加全市规模的爱国学生运动，进一步看清国民党反动派的伪善面目和群众力量。1946年1月他参加了为惨遭国民党杀害的于冉等昆明四烈士举行的公祭活动。会上，他和建承师生带头高

1946年1月13日，建承中学师生参加在玉佛寺举行的万人大会，公祭昆明一二一惨案被国民党当局杀害的于再等四烈士

呼："严惩凶手""我们要游行"等口号，在游行过程中，陈仲信出色地完成地下党组织交给他散发传单的任务。这年寒假，在地下党领导下，98所大中学校又发起助学运动，成立助学联合会，指挥部设在建承中学。陈仲信和部分初中同学自动承担后勤工作，油印宣传品、打扫卫生……还编写活报剧，提供宣传。通过这些活动，为一万多名家境困难学生解决了学费问题，显示了群众团结斗争的力量。这一次次的革命实践活动，陈仲信受到了教育，得到了锻炼。他成熟了，决心为被压迫劳苦大众彻底解放而奋斗终生。1946年春天，他终于成为一名光荣的中国共产党党员。入党后，他又参加了"六二三"反内战要和平的请愿和示威游行，在这场更大的群众斗争场面中，他负责纠察和宣传工作。他一方面保护游行队伍，防止国民党军警搞武装镇压，制止特务流氓的骚扰破坏；另一方面，沿路向围观的市民演讲宣传。

在积极参加革命斗争的同时，他仍坚持不懈努力学习，学习成绩始终是班内的佼佼者。他认为学习的目的不只是为"将来有个好工作，作为学生中的一名中共党员，必须是个好学生，事事做同学的模范，这样在同学中才能享有威信，才能在学习上、思想上帮助别人，宣传革命真理群众就爱听，就能紧紧地团结群众，带领他们一起参加革命斗争"所以他勤奋学习，并利用课余时间，主动、热情、耐心地帮助同学学习。

开辟新基地

1946年暑假，陈仲信初中毕业了。毕业考试得了第二名，按学校规定，可以免试升入本校高中部，且可继续领取奖学金。但党组织为了壮大民主力量，开展学生运动，要求一批党员报考其他学校，开辟党的工作新基地。他服从组织决定，离开了培育自己成长的母校和老师，离开了在共同战斗中建立深厚情谊的战友和同学，放弃了比较优越并熟悉的学习和工作环境，经过严格考试，他考取一所教会学校，并获得了奖学金。在一个陌生的地方，他孤军作战，依靠自己力量团结群众发现和培养积极分子，打开了工作局面，使这所一潭死水的学校掀起了民主进步的浪潮。

1948年9月，党组织又调陈仲信到省吾中学插入高三年级学习，担任学生党支部组织委员，同时继续联系原来学校的工作。新中国成立前夕，党组织为了更好地教育和发动工人，决定让他把工作重心放到工人中去，他负责省吾夜校党小组工作，白天自己读书，晚上到工人夜校教课，传播革命思想，使得工人协会工作得到发展。

为了迎接上海解放，保卫上海，参加保安队工作，最后牺牲在胜利的前夜。

太阳升起的声音
——上海广播电台播报上海解放

1949年5月12日,解放上海的"上海战役"全面打响,1949年5月25日,经过16天的城市攻坚战,解放军浴血奋战,突入上海苏州河以南市区,经过三天血战,上海终得解放,配着雄壮的进行曲,无线电频道里回荡着"大上海解放了"的消息,并广播了以毛泽东和朱德的名义颁布的《约法八章》。

电台广播能如此迅速地作出反应,及时与解放军进入上海相呼应,并不是出于偶然,这离不开另外一条没有硝烟的战线上,中共上海地下组织和广大新闻工作者的共同的努力,旧上海的新闻事业的成功接管,成为中国共产党接管整个上海的关键组成部分。

青年时期的邹凡扬

1948年年底,中共上海地下组织的文委会成立记者联谊会,派张安友等人与国民党上海广播电台个别播音员、技术人员联系,动员他们团结员工,保护好电台的财产和设备。上海解放前夕,中央给上海的地下电台发来电报,指出了解放军入城后的各项注意事项,其中有一条就是:"上海人民有看报、听广播的习惯,因此解放后的第一天,就要有我们自己的报纸、电台广播。"1949年5月25日凌晨,中共地下党员邹凡扬一夜未眠观察战况,看到有国民党的败兵向东逃窜，解放军搜索前进，战线迅速向东移动，意识到上海即将解放。他带上一支左轮手枪、40发子弹和上海人民保安队臂章，带着《中国人民解放军入城布告》（即《约法八章》）与几位同事驱车前往大西路（今延安西路）7号的国民党上海电台，在乘车途中，邹凡扬写成了简短而字字千钧的"中国人民解放军今日凌晨攻入上海市区，大上海解放了"23字新闻稿。

  邹凡扬只身进入由已进城的解放军战士驻守站岗的电台，当时的电台工务科长（当时为代理台长）杨伯枢已经事先与他有过联系，经他要求当即停止原有广播，改播解放军入城布告和上海解放的新闻稿，女播音员施燕声播出了这则新闻。5月25日早上6点5分，"大上海解放了"和解放军布告的声音响彻上海。因为担心国民党电台的播音员不能完成布告和后续稿件，邹凡扬事先联系好了地下党派播音员支援。早上7时许，地下党派来的王世桢、陈奇、钱乃立、徐炜赶到电台，王世桢负责对外联系，钱乃立、徐炜、陈奇先后参加播音。

  徐炜是进步组织上海广播乐团的成员，这个乐团是后来中央广播合唱团的前身，新中国成立前长期坚守在艺术阵地上，她在1949年春天就已经接到了上级党组织安排的秘密任务，与钱乃立组成一个党小组，任务就是等解放军进入上海之时，要第一时间通过电台将消息播送出去。对广播的第一句话，徐炜记忆犹新："开头就说：同志们，朋友们，上海市民们，告诉你们一个好信息，中国共产党领导的中国人民解放军已经胜利进入了上海，上海解放了！"由于当时电台没有现场录音设备，三位党的地下文艺工作者出身的女播报员和施燕声通过口播循环着解放的喜讯，还全文播报《中国人民解放军安民布告》和《中国人民解放军入城守则》。听到广播的声音，交通大学、同济大学进步学生组成的"人民保安队"赶来保护电台，以防敌人破坏。上海广播乐团的同志们也都赶到，她们念一段文字材料，唱一段事先准备好的歌曲，有从延安电台收听到的《东方红》，有自己写的《解放大上海》还有《山那边好地方》等歌曲，欢欣鼓舞，泪流满面。

  这时，中国人民解放军还在与苏州河北岸的国民党军队进行激烈战斗，马路上原本没有行人，上海市民听到广播，纷纷涌上街头庆祝，很多人看到了整齐排坐或者和衣而卧在马路两边人行道上的解放军，赞叹不已。苏州河以北尚有国民党残部负隅顽抗，一些工厂、商店的职工打开收音机，放大音

原大西路7号（今延安西路129号），上海人民广播电台原址旧照

量，对着国民党军播放新闻和布告，形成宣传攻势，迫使守军投降，强烈瓦解了敌军士气。当时的上海广播电台是上海功率最大的官办电台，覆盖华东，台湾也能听到，正在江苏丹阳待命的上海军管会接管人员（包括后来任命的上海人民广播电台第一任台长周新武）听到消息，立即出发赶赴上海；台湾的报纸根据这次广播编发了新闻；驻沪外国通讯社把这条广播新闻转发到了世界各地。

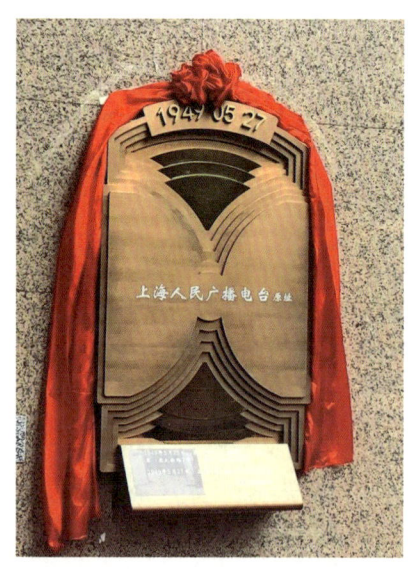

上海人民广播电视台原址铭牌

5月25日当晚，华东新华广播电台参加接管的人员奉命从江苏丹阳出发，26日晚进入上海市区。27日晨，周新武等27名干部乘车到大西路7号上海广播电台，召集电台全体人员，宣读了上海市军事管制委员会主任陈毅、副主任粟裕签署的命令："上海广播电台为国民党宣传机关，兹任命周新武为本会接收专员，代表本会前往办理接管事宜"，国民党上海台台长陈辅屏接命令后，表示绝对服从。具体移交工作由杨伯枢办理，接管联络员华坚负责联系。

完成了对国民党办的上海广播电台的接管，上海人民广播电台宣告成立。5月

27日晚，参与接管的播音员夏之平、苏珮以"上海人民广播电台"呼号向全市人民广播，先由夏之平播出以中国人民解放军总司令朱德、副总司令彭德怀名义发布的布告；苏珮播出了上海人民广播电台的第一次新闻，在上海解放的同一天，上海人民广播电台诞生了，这座新生的电台和重生的上海一道，共同迎接了黎明曙光。从此，上海人民广播事业与新中国同频共振，翻开了历史上新的一页。

上海人民广播电台在1951年迁至北京东路2号广播大楼，1996年又搬到虹桥路1376号今天的广播大厦。2019年5月26日，上海人民广播电台在原大西路7号附近设立上海人民广播电台原址铭牌，以此铭记这个发出上海解放第一声的地方。

后　记

经过一年多的精心组织和加紧编纂,《红色静安——首部党章诞生地的100个故事》终于付梓出版了。作为静安党史人向建党百年的献礼之作,付出再多艰辛和再多努力,我们也感到非常值得和欣慰。

自《红色印记——上海市静安区重要革命遗址通览》一书2016年出版之后,受到静安区各界干部群众的欢迎,为静安区红色文化的建设、红色基因的传承做出了应有的贡献。为迎接建党百年华诞,并为静安区正在开展的党史学习教育活动提供更加丰富的素材,中共静安区委党史研究室自我加压,勇于担当,推陈出新,编辑出版《红色静安》。该书不同于《红色印记》以革命遗址为叙述单元,本书则以一百年、一百位共产党人、一百个红色故事为叙述主线,进一步挖掘新史料,转换新视角,同时融入了近年来党史研究的最新发现和成果。

本书按照中共党史的不同历史发展阶段,结合静安区的实际情况,将100个革命人物和红色故事的编排体例按照人物出场或历史事件发生的先后顺序排列。在创作过程中,本书编委会首先确保故事的真实性、准确性以及与静安区的关联性,兼顾通俗性和可读性,每个故事配有相关图片,书后列有各位作者所引用的参考书目,以备读者进一步查证。

本书的编写和史料征集工作启动以来,得到中共上海市委党史研究室、中共一大会址纪念馆(上海革命历史博物馆筹备处)、上海市档案馆、静安区文旅局、静安区档案局、区档案馆、区方志办、区文史馆、上海市黑晶传播有限公司、上海浦东益加艺公益服务中心等单位的大力支持,并有部分图片来自网络资源。陈叔骐、陈彩琴、王俊华、张鼎、瞿熙、刘茜、一冰、叶蕾等作者提供优质稿源，沪上著名党史专家、作家叶孝慎老师悉心指导。上海文汇出版社也为本书的出版印行，付出了辛勤努力。在此，谨向他们致以最诚挚的感谢！

由于水平所限，任务紧迫，本书难免会有疏漏之处，敬请广大读者批评指正。

编　者

2021 年 6 月

参考文献

《百人访谈周恩来》，南京，江苏文艺出版社，1998年版。

博古（秦邦宪）思想研究会编：《张越霞纪念文集》，2010年。

陈蔚如：《我的特务生涯》，原载《中统内幕》，江苏古籍出版社1987年8月第一版。

《陈云文选》第一卷，人民出版社，1995年6月第一版。

陈修良：《陈修良文集》，上海社会科学出版社，1999年。

丁言模、刘小中编著：《瞿秋白年谱详编》，中央文献出版社，2008年。

丁言昭：《关露传》，上海文化出版社，2009年。

董霞飞、董云飞：《神秘的红色牧师董健吾》，北京出版社，2020年。

《20世纪20年代的上海大学》（上卷），上海：上海大学出版社。

郭德宏：《王明年谱》，社会科学文献出版社，2014年。

《火红的青春——上海解放前中学学生运动史实选编》，上海外语教育出版社，1994年11月第一版。

胡申生：《从上海大学（1922—1927）走出来的英雄烈士》，上海：上海大学出版社，2020年。

华东模范中学：《深情的回忆——上海市华东模范中学建校五十周年》，内部资料，1994年。

《胡乔木传》编写组：《我所知道的胡乔木》，当代中国出版社，2012年。

《华东战时交通通信史史料汇编　上海卷》，人民邮电出版社，1999年。

胡平：《海角旗影—台湾五十年代的红色革命与白色恐怖》，二十一世纪出版社，2013年。

《静安区地名志》，上海社会科学院出版社，1988年。

《巾帼摇篮》编委会编：《巾帼摇篮—上海女青年会夜校师生回忆录》，上海人民出版社，2000年。

建华：《追杀—中共中央特科纪实》，伊犁人民出版社，2000年。

江柯林：《刘长胜传略》，见《中共党史资料》（第41辑），中共党史出版社，1992年。

李良明、钟德涛编：《恽代英年谱》，华中师范大学出版社，2008年。

罗章龙：《椿园载记》，三联书店，1984年。

卢大容：《和爸爸一起坐牢的日子》，少年儿童出版社1954年8月第一版。

吕芳文：《陈为人传》，人民出版社，1997年。

刘晓纪念文集编辑组编：《肃霜天晓—刘晓纪念文集》，中共党史出版社，2008年。

《李立三百年诞辰纪念集》，中共党史出版社，1999年。

茅盾：《我走过的道路》人民文学出版社1981年版。

毛齐华：《风雨征程七十春——毛齐华回忆录》，当代中国出版社1997年6月第一版。

毛毛：《我的父亲邓小平》（上），中央文献出版社，1992年。

穆欣：《隐蔽战线统帅周恩来》，中国青年出版社，2013年。

秦栋、亚平：《沙文汉与陈修良》，宁波出版社，1999年。

《上海党史资料汇编》第三编中，上海书店出版社，2018年11月第一版。

上海市档案馆编：《五卅运动》，上海人民出版社，1991年。

商务印书馆善后办事处编：《上海商务印书馆被毁记》，商务印书馆，1932年。

孙遂、王志麟、张爱民：《刘少文传》，原载《刘少文纪念文集》，中国人民解放军总参谋部情报部2008年11月第一版。

《上海英烈传》第八卷，上海远东出版社，1994年5月第一版。

沈以行：《上海工人运动史》，辽宁人民出版社，1996年。

舒龙：《毛泽民》，军事科学出版社，1996年。

史君良：《聂耳传略》，上海书局，1982年。

沈谦芳编：《邹韬奋传》，三联书店，2016年。

吴葆朴、李志英、朱昱鹏编：《博古文选·年谱》，当代中国出版社，1997年。

王光远编：《陈独秀年谱（1879—1942）》，重庆出版社，1987年。

王健英著：《中共中央机关历史演变考实（1921—1949）》，中共党史出版社，2005年。

王艾村：《殷夫年谱》，上海人民出版社，2010年。

王元周：《卢绪章传》，中国对外经济贸易出版社，1999年5月第一版。

项伯龙主编：《青春的步伐—解放前上海大中学学生运动史专辑》，同济大学出版社，1999年。

《恽雨棠》，原载《中共党史人物传》第三十八卷，陕西人民出版社1988年10月第一版。

《"一大"前后——中国共产党第一次代表大会前后资料选编》二，人民出版社，1980年7月第一版。

叶佐能：《彭湃研究史料》，中共中央党校出版社，2007年。

杨尚昆：《杨尚昆回忆录》，中央文献出版社，2007年7月第二版。

中共上海市委党史研究室著：《1921—1933：中共中央在上海》，中共党史出版社，2006年。

中共中央文献研究室编：《毛泽东年谱（一八九三——一九四九）修订本上卷》，中央文献出版社，1993年。

中共中央文献研究室编：《邓小平年谱（一九〇四——一九七四）（上）》，中央文献出版社，2009年。

中共中央文献研究室编：《陈云年谱修订本 上卷》，中央文献出版社，2000年。

中共中央党史研究室著：《中国共产党历史第一卷（1921—1949）上册》，中共党史出版社，2002年。

中共中央党史研究室著：《中国共产党的九十年 新民主主义革命时期》，中共党史出版社、党建读物出版社，2016年。

中共中央文献研究室编：《任弼时年谱（一九〇四——一九五〇）》，中央文献出版社，2014年。

周可、汪信砚著：《李达年谱》，人民出版社，2016年。

中共上海市委党史资料征集委员会编：《中共上海党史大事记（1919.5—1949.5）》，知识出版社，1989年。

中共中央文献研究室编：《刘少奇年谱（一八九八——一九六九）上卷》，中央文献出版社。

《中国共产党编年史》编委会编：《中国共产党编年史（1917—1926）①》，山西人民出版社、中共党史出版社，2002年。

《中国共产党编年史》编委会编：《中国共产党编年史（1927—1936）②》，山西人民出版社、中共党史出版社，2002年。

中国中共党史学会编：《中国共产党历史组织机构辞典》，中共党史出版社、党建读物出版社，2019年8月。

中国中共党史学会编：《中国共产党历史重要会议辞典》，中共党史出版社、党建读物出版社，2019年8月。

中国中共党史学会编：《中国共产党历史重要文献辞典》，中共党史出版社、党建读物出版社，2019年8月。

中国中共党史学会编：《中国共产党历史重要事件辞典》，中共党史出版社、党建读物出版社，2019年8月。

中共中央组织部、中共中央党史研究室、中央档案馆编：《中国共产党组织史资料（1921—1997）第一卷 党的创建和大革命时期（1921.7—1927.7）》，中共党史出版社，2000年。

中共中央组织部、中共中央党史研究室、中央档案馆编：《中国共产党组织史资料（1921—1997）第二卷（上） 土地革命战争时期（1927.8—1937.7）》，中共党史出版社，2000年。

中共上海市委党史研究室编：《中国济难会革命互济会在上海》，知识出版社，1992年。

中共上海市委党史资料征集委员会：《上海工人三次武装起义研究》，知识出版社，1987年。

中共上海市闸北区委党史办公室、上海市闸北区民政局、闸北革命史料陈列馆编：《在黎明前英勇献身——记宋公园四十三烈士》，内部资料，1992年。

中共上海市闸北区委党史办公室编：《寻觅历史踪迹 感受历史辉煌——闸北革命历史遗址遗迹全景式探究》，内部资料，2013年。

中国人民政治协商会议上海市闸北区委员会文史工作委员会编：《上海市闸北区文史资料》（第5辑），1993年。

参考文献

中共中央文献研究室：《陈云传》，中央文献出版社，2005年6月第一版。

郑超麟：《郑超麟回忆录》，东方出版社，1995年3月第一版。

张国焘：《我的回忆》第二卷，东方出版社，1991年12月第一版。

中共彭州市委党史研究室编著：《那些年的青春与热血——何秉彝、何秉钧书信论文选》，中国文史出版社2015年版。

中共静安区委党史办公室：《静安英烈》(内部资料)，1991年3月。

《闸北区地名志》，百家出版社，1989年8月。

曾岚：《战斗的一生》，浙江人民出版社，1959年。

张执一：《张执一文集》，华文出版社，2006年。

郑振铎：《蛰居散记》，福建人民出版社，1982年。

张金保：《中华苏维埃准备会议》，见《张金保回忆录》，湖南人民出版社，1985年。

张元隆：《上海大学与现代名人（1922—1927）》，上海大学出版社，2011年。

中共南京市委党史工作办公室编：《青春壮歌：全国五二〇运动亲历者回忆录》，中共党史出版社，2007年。

中国革命博物馆编：《革命烈士遗书选》，贵州教育出版社，1997年。

张承宗：《红艳千般——往事回忆及其他》，学林出版社，1990年。

紫丁：《李强传》，人民出版社，2004年。

朱仲丽：《春露育我》，北方妇女儿童出版社，1987年。

中国福利会编：《中国福利会六十年》，上海画报出版社，1996年。

中共上海市委党史研究室编：《上海教师运动史（1919—1949）》，上海教育出版社，2001年。

赵平：《缅怀良师益友刘少文同志》，原载《刘少文纪念文集》，中国人民解放军总参谋部情报部，2008年11月第一版。

郑超麟：《怀旧集》，东方出版社，1995年。

中共宜宾市委党史研究室、中共长宁县委党史研究室编：《余泽鸿烈士》，2001年。